谨以此书献给芜湖一中办新学一百二十华诞

芜湖市直属高中校本课程“新课程背景下芜湖一中语文点拨教学研究”项目研究成果

语文教学的哲学与诗意

许纪友◎著

安徽师范大学出版社
ANHUI NORMAL UNIVERSITY PRESS
·芜湖·

图书在版编目(CIP)数据

语文教学的哲学与诗意 / 许纪友著 .— 芜湖：安徽师范大学出版社，2022.5
ISBN 978-7-5676-5612-3

Ⅰ. ①语… Ⅱ. ①许… Ⅲ. ①中学语文课－教学研究 Ⅳ. ①G633.302

中国版本图书馆CIP数据核字(2022)第080539号

语文教学的哲学与诗意 许纪友◎著
YUWEN JIAOXUE DE ZHEXUE YU SHIYI

责任编辑：阎　娟　　　　责任校对：李克非
装帧设计：张　玲　汤彬彬　责任印制：桑国磊
出版发行：安徽师范大学出版社
芜湖市北京东路1号安徽师范大学赭山校区
网　　址：http://www.ahnupress.com/
发 行 部：0553-3883578　5910327　5910310(传真)
印　　刷：安徽联众印刷有限公司
版　　次：2022年5月第1版
印　　次：2022年5月第1次印刷
规　　格：700 mm × 1000 mm　1/16
印　　张：19.75
字　　数：284千字
书　　号：ISBN 978-7-5676-5612-3
定　　价：48.00元

序一　念好语文教学的“三字经”

2021年5月，许纪友老师将他的书稿《语文教学的哲学与诗意》发到我的邮箱，请我抽空翻阅审核他的文章，并嘱托我为该书写一篇序言。翻阅文稿，我倍感亲切，因为书中10多篇有关点拨教学的文章就是1996年到2000年期间，许老师参加我主持的安徽省“语文点拨教学法”教改课题实验的成果，我如数家珍，耳熟能详。这是一本语文教学理论与实践相结合的语文论著，它记录了许老师从1996年调到百年名校芜湖一中20多年来一直坚守语文一线教学所爱、所思、所行的教学科研踪迹，每一篇论文，每一篇教学设计都是他的教学实践凝练的结晶。“千里之行，始于足下”，“百层之台，起于累土”。它不是凌空蹈虚之作，它是把文章写在课堂的躬行实践的一线教师的教育哲思，相信大家读完文章，同我一样，既亲切又熟悉，对有志于语文教学改革和研究的教师的专业发展有着很好的学习借鉴作用。

读完书稿，我想用《念好语文教学的“三字经”》这个标题，从以下三个方面对这本论著做点推介，不妥之处，还请许老师和各位同仁不吝指正。

第一，语文教学要念好“做真人”的“立德树人”之经。中国语文教育发展的百年历史告诉我们，教育的最大宗旨就是育人，就是培养人格健全全面发展的人。党的十九大报告明确提出：“要全面贯彻党的教育方针，落实立德树人根本任务，发展素质教育，推进教育公平，培养德智体美全面发展的社会主义建设者和接班人。”人类进入21世纪以来，世界各国教育发生了天翻地覆的变化，培养具有家国情怀和国际视野的优秀人才已然成为各国核心竞争力的共识，所以，“核心素养”被世界各国教育所推崇并实践。习近平新时代中国特色社会主义思想把“立德树人”作为培养我国新时代人才的第一要务。不忘初心、牢记使命。许老师在本书第一部分“创造真善美的人格”就开宗明义，通过把人民教育家陶行知先生的教育思想与语文教学的有效融合，努力在日常的语文阅读与写作教学中“润物细无声”地培养学生真善美的健康人格，躬行实践陶行知先生的“千教万教教人求真，千学万学学做真人”教育思想。掌灯前行，目标明确，意义非凡。

第二，语文教学要念好“讲艺术”的“工具人文”之经。《普通高中语文课程标准》（2017年版，2020年修订）明确新时代语文课程性质：“语文课程是一门学习祖国语言文字运用的综合性、实践性课程。工具性与人文性的统一，是语文课程的基本特点。”我在1982年倡导和创立“语文点拨教学法”时就说到，语文作为一门课程，工具性是其典型特征，人文性是其天然属性，这是语文课程的特点。中国古代的“文以载道”也是这个意思。所以，我提出的“点拨有‘法’而无‘模式’”的语文点拨教学法，就是深谙语文课程是工具性与人文性的辩证统一这个基本特点。语文教学要落实“工具人文”的有机统一就要“讲艺术”。许老师在本书第二部分“放飞创造的诗情”就是对语文点拨教学法“讲艺术”的点拨艺术的实践、思考和创新。文章既有从教学思想、教学理论、教学方法层面对点拨教学进行哲学思考的理论反思，又有具体实践的语文教学案例的点拨艺术的创新和发展，思考有深度，点拨有艺术，语文教学充满活力。理论引领，艺术灵动，启人睿思。

第三，语文教学要念好“创风格”的“哲理诗情”之经。刘铁芳老师谈教师专业发展时说：“10到15年的教师靠哲学，教师个人逐渐有了自己的教育哲学观。”“15到20年的教师有了宗教情怀，对待教育有了一种神圣感，教育开始成为一种天职性的实践。”（《教育者的遐思》，《人民教育》2008年第2期，第15页）语文老师专业发展到了黄金期一定要有自己的教育哲学观和对待职业的情怀，这样才能走得更远，飞得更高。《普通高中语文课程标准》（2017年版，2020年修订）明确新时代语文课程的基本理念：坚持立德树人，增强文化自信，充分发挥语文课程的育人功能；以核心素养为本，推进语文课程深层次的改革；加强实践性，促进学生语文学习方式的转变；注重时代性，构建开放、多样、有序的语文课程。语文学科主要通过“语言建构与运用”“思维发展与提升”“审美鉴赏与创造”“文化传承与理解”学科核心素养的培养，使学生逐步形成正确的价值观念、必备品格和关键能力。语文学科从“双基”到“三维目标”到“学科核心素养”的课程目标的发展记录了随着时代的进步，国家育人目标的提升，即从“知识”到“能力”到“素养”的人才培养发展的高品质要求。一个优秀的语文老师就要与时俱进，不断学习和实践语文课程改革的新思想。许老师在本书第三部分“秀出你的个性和风采”记录了他伴随语文教学改革前进的步伐，不断学习、实践和思考而形成的具有自己特色的语文教学风格。这部分内容很丰富，涉及语文课程改革和语文教学的方方面面，具有很强的指导性、示范性和操作性，有理论有案例，血肉丰满。“哲理诗情”，个性突出，风格鲜明。

最后，我想从许老师的成长发展经历谈谈教师的专业发展。我和许老师相识于1995年，这一年我作为有突出贡献的专家接到了市委组织部正式发文延长工作5年再正式退休的通知，主要分管学校教科研工作和主持“语文点拨教学法”的省级教改课题实验研究。20世纪末期，芜湖一中正是大发展时期，学校在梅博群校长的领导下各学科有计划地引进了一批30岁左右的骨干教师，许老师就是此时在原芜湖市第二十二中学席友之老师的引荐下，经曾任芜湖市教科所语文教研员、安徽省语文特级教师孟宪禹老师和现已故的芜湖一中当时分管教学的叶新庭副校长以及我的推荐从芜湖市第九中学调入芜湖一中从事语文教学工作。当时，芜湖一中对教师的引进非常严格，一是要在芜湖一中试教一年考察优秀才能引进，二是调入后一般要求从初一带到高三进行六年大循环教学。经过初中三年小循环教学考核优秀后，才能有机会到高中继续进行三年小循环教学。当时芜湖一中初中部和高中部都有，但每个年级班级数不多，招生人数也严格控制，实行精英教育，学生考进来素质高，对教师教学水平要求也高，学生能够考进芜湖一中学习，教师能够调入芜湖一中教书，师生都是感到很自豪和珍惜的，因为都是好中选优才能进入芜湖一中学习和工作的。还记得在1995年秋季开学第一周周一上午第二节课，我和梅博群校长、叶新庭副校长事先没有打招呼就直接到许老师试教的初一（2）班听课，这是我校初中电脑实验班，是个重点班。许老师上了莫怀戚的《散步》，他上课声音洪亮，思路清晰，干净利索，充满激情，给我们留下深刻的印象。学校听课考评后立即同意启动调动程序。当时，他还在芜湖市第九中学带高三两个班语文课。所以，直到1996年8月正式调入芜湖一中之前，他在两所学校带了三个班的语文课。尽管平时教学工作量很大，但他还积极加入了我主持的“语文点拨教学法”的省级教改课题实验研究，是这个课题的首批主力实验人员，在课题实验期间他发表和获奖的有关“语文点拨教学法”实验研究的论文有10多篇，成果丰富。

许老师功底深厚，治学严谨，乐于助人，喜欢教书，淡泊名利，恬淡宁静，能够坐住冷板凳，教学和管理工作充满激情并且高效简约细致。正是他长期在芜湖一中刻苦勤奋，勤于思考，善于总结，坚持教研不放松，坚守课堂教学一线不动摇，使他由一名普通的语文教师成长为百年名校芜湖一中的教务主任和分管全校教学工作的校党委委员、安徽省特级教师、安徽省首批正高级教师、安徽师范大学硕士生导师、安徽师范大学《学语文》杂志编委、芜湖市首批十大名师工作室主持人、芜湖市高层次人才。我们在本书第四部分“情蒸诗意的语文课堂”里不难看到他成长发展的轨迹。许老师读大学时专攻中国古典文献学，他曾告诉我，1984年7月，他大学毕业时，他的母校阜阳师范学院中文系（现更名为阜阳师范大学文学院）倪祥和处长、汤华泉主任、乐玲华老师和郑涛老师四位导师曾推荐他留校做中国古典文献古籍整理工作，但因他家在南方，不适应北方生活，他放弃了留在大学工作的机会来到芜湖，一直扎根芜湖的基础教育一线。许老师是一名在省内外都有一定知名度的老师，他本有很多次机会到北上广深发达地区去发展，就我所知，1999年5月上海浦东新区重点中学上南中学、2001年3月广东惠州市教育局教研室、2009年11月北京市著名的重点中学北京十二中都以较优越的人才引进待遇延请他去那里工作，2020年5月芜湖市教育局拟调他去筹建芜湖市中江中学并且担任校长主持工作，但许老师因为长期工作在百年名校芜湖一中，喜爱芜湖一中的工作氛围，这些地方他都没有去。从1984年7月大学毕业至今，他一直坚守初高中语文课堂教学一线，从未间断。他在行政管理和语文教学岗位“双肩挑”，还在“芜湖市许纪友名师工作室”担负着培养芜湖市中青年语文骨干教师的任务，工作量很大，但他激情依旧，精力充沛，雷厉风行，管理、教学、教研和培养青年教师并驾齐驱。他的这种对教育事业的热爱精神，这种对语文教学的践行精神，这种对教育科研的钻研精神，这种对青年教师扶助提携的奉献精神是值得我们有志于语文教学实践和研究的同仁借鉴和学习的，也是我乐于为许老师这本书作推介的原因。嘱我作序，欣然绍介。

是为序。

蔡澄清

2021年6月于芜湖碧桂园养正斋

序二　语文教学随想录

我爱语文的姹紫嫣红和语文课堂的哲理诗情

我爱语文的姹紫嫣红，我走进了语文教学的艺术世界；我爱语文课堂的哲理诗情，我放飞着语文教学的艺术风筝；我爱少男少女的阳光纯情，我坚守着语文教学的一方净土。

每一次走进青春涌动的语文课堂，我想我们的语文课堂教学是应该追求一点哲理、激情和诗意的。因为这是一方放飞创造诗情的绿茵，生命的跳动，灵性的宣泄，个性的张扬，传统的反叛，都荡漾在这如火如荼的青春绿波中。走进新课堂，这里的风景常新，我怎能不寻找知音？实践双主体，在我们无路可走的时候，和你握手，心心相印。演绎新语文，驿动心灵的喷泉，倾听心跳，魂兮归来。一堂成功的语文课是什么？它应该是一首抒情诗，激情澎湃；它应该是一幅风景画，目不暇接；它应该是一首交响乐，余音绕梁。

仰首是春，俯首是秋；月圆是画，月缺是诗；岁月如歌，岁月燃情；杏坛春秋，千古风流。

我思语文的哲学本色和语文教学的诗意个性

语文和语文教学都是理性与感性的交响。

大道至简。

语文就是以语言文字为载体，咬文嚼字，文以载道；听说是气质的蓄养，我在等你；读写是生命的修行，一路花开；语文是终身的伴侣，一生一会。

大巧若拙。

语文教学就是培养学生的语言文字运用能力。为了一个目标：提高学生的语文核心素养；通过两个途径：课内和课外的听说读写；利用三个载体：以文为本、以生为本和以师为本；练就四个能力：听说读写的看家本事；达到五个目标：积累整合、感受鉴赏、思考领悟、应用拓展、发现创新的全面发展。语文教学的哲学即智慧，就是智慧课堂，本色草根；语文教学的诗意即特点，就是激情个性，个性课程。

我行语文教学的智慧课堂和语文教师的专业发展

大音希声。

三句名言的教育启示：①“每堂课我都准备了一辈子。”（苏霍姆林斯基《给教师的一百条建议》）它告诉我语文教什么，这是教学内容的确定。②“我听到了，但可能忘记了；我看见了，就可能记住了；我做对了，便真正理解了。”（玛利亚·蒙台梭利）它告诉我语文怎么教，这是教学方法的选择。③“教是为了达到不需要教。”（叶圣陶语）它告诉我语文为什么教，这是学生语文核心素养的提升。

我践行：语文教学智慧课堂与诗意课堂水乳交融的绿色生态。每堂课始终恪守三个层面：①理念层面的六个意识——课程意识（课标），目标意识（内容），文本意识（体式），主体意识（学生），设计意识（教师），反思意识（研究）。②操作层面的六个精简——教学目标简明，教学内容简约，教学环节简化，教学方法简便，教学媒介简单，教学用语简练。③反思层面的六个自问——学与不学有何不同？教与不教有何不同？这样教与那样教有何不同？文本解读高度与宽度有多少？课堂预设与生成有多少？这堂课留下的亮点和启发有多少？

大智若愚。

情蒸诗意的语文和语文课堂。

我收获：语文就是语文，这是语文的魅力；我就是语文，语文教师即语文课程，这是语文的活力。拿什么奉献给学生？学生语文核心素养的提高。拿什么奉献给自己？教师自己的专业成长发展。

我追求：教师专业发展的三重境界。第一境界：做好人，人生要淡然、坦然、自然；第二境界：教好生，教学要有文本解读能力；第三境界：读好书写好文，教科研要关注前沿理论，要有教育写作能力。

我快乐：我的语文教学充满哲学与诗意。激情与诗意，积累与方法，智慧与素养，个性与风格熔于一炉，炉火纯青，悠然自得，快哉乐哉！课堂人生乃人生课堂，艺术人生乃人生艺术。

许纪友

2021年5月1日劳动节于芜湖三人斋

目　录

一　创造真善美的人格

二　放飞创造的诗情

三　秀出你的个性和风采

四 情蒸诗意的语文课堂

一 创造真善美的人格

掌灯前行　不忘初心

教育是一种事业，事业需要我们去奉献。

教育是一门科学，科学需要我们去求真。

教育是一项艺术，艺术需要我们去创新。

——题记

每一天走进朝夕相处的人生课堂，每一次面对年轻阳光的莘莘学子，每一堂总结传道授业的教学经验，在我的脑海深处，这三句题记成了我时时鞭策自己的教学箴言。今天，重温江泽民同志在庆祝北京师范大学建校一百周年大会上的讲话和江泽民同志在中国共产党第十六次全国代表大会上的报告，理论的指引，使我醍醐灌顶；实践的探索，我倍感要与时俱进。寻绎自己的教学踪迹，引发我深远的思考。

一、教育是一种事业，事业需要我们去奉献

“百年大计，教育为本。教育大计，教师为本。”（江泽民语）“捧着一颗心来，不带半根草去。”（陶行知语）教师的职业是平凡的，也是清贫艰苦的。恪尽职守，默默耕耘，无私奉献是一个教师最基本的职业修养。因为教师“是克服人类无知和恶习的大机构中的一个活跃而积极的成员，是过去历史所有高尚而伟大的人物跟新一代人之间的中介人，是那些争取真理和幸福的人的神圣遗训的保存者”，“是过去和未来之间的一个活的环节……他的事业，从表面来看虽然平凡，却是历史上最伟大

的事业之一……”（乌申斯基语，引自凯洛夫主编《教育学》，人民教育出版社1957年版，第693页）“教育者寂寞之事业，而实为神圣之天职，扶危定倾，端赖于此。”（杨昌济：《杨昌济教育思想简论》，湖南教育出版社1983年版，第21页）教师的职业具有服务于社会，为善于人类的巨大价值，所以教师工作不仅是一个重要光荣的岗位，而且是一种高尚而愉快的事业。大教育家夸美纽斯说得好：“我们对于国家的贡献，哪里还有比教导青年和教育青年更好、更伟大的呢。”（夸美纽斯：《大教学论》，人民出版社1984年版，第4页）

中华民族素有尊师重教的优良传统，“投之以桃，报之以李”（《诗经·桃夭》）。在教师面前，做学生的不论走到哪里，做出了什么业绩，他们对老师的感激和爱戴之情永远不会改变。只要你付出真心去奉献，尊重信任学生，关心爱护学生，营造和谐、民主、平等的师生关系，用真爱换取教育的回报，“时刻都不忘记自己也曾是个孩子”（苏霍姆林斯基语），平凡的教育岗位也会“花开灿烂，星灿碧空”，因为这里结出了你曾无私奉献的硕果。请看学生的真情祝福：“许老师，这个亲切的称呼曾被我呼喊整整六个年头；六年师恩，终生难忘；点滴教导，我都会铭记心头。”（2001级上海同济大学田敏）“尊敬的许老师，春风化雨，诲人不倦，教育功高，师恩永怀，您在我身上花了太多心血，请允许我暂用这张小小卡片表达我永远的谢意。”（2001级中国科学技术大学吴磊）“一日为师，终身为父，恩师昔日之谆谆教诲，有如春雨之滋润万物。”（2001级中国青年政治学院杨恺）“离开母校的这段时间里，想到老师曾经的谆谆教诲，想到老师曾经的语重心长，心里十分感动。每每为自己能进入这样一所名校学习而倍感欣慰之时，都不会忘了曾给我极大帮助的老师，真心感谢您！”（2001级南京大学陆露）“岁月飞逝如白驹过隙，真的很感激您的辛勤教诲，是您把我从一个不懂事的小女生领入了人生的象牙塔，让我能有机会在这儿策划自己的未来。”（2001级华中科技大学同济医学院杨婧）“又到新年，想起您——敬爱的许老师，想起您亲切的笑容，想起您关怀的话语，想起那段难忘的师生情。”

（2001级安徽师范大学居洋）“许老师，以前初中时我们不觉得，但到了高中才发觉自己遇到您是一件多么幸运的事，您的谆谆教诲和您努力工作的身影依然清晰地浮现，因为，您知道吗？那是多么地刻骨铭心。老师，当一届届学生从您身边走过，请相信，无论我们远在何地，永远会对着星空为您祈祷，祝您平安、健康、快乐。愿所有的祝福都伴随着您，仰首是春，俯首是秋；愿所有的快乐都萦绕着你，月圆是画，月缺是诗。”（2001级上海大学胡晶）“许老师，深深地感谢您一年来的关心和培养！短短的一年您在我们的心里打上了美丽的底色，无论走与留，我们愿做您星空里的一颗星！”（高二（2）班文理分班全体同学赠言）这里还有令我感动的一件事：今年暑假，2001届高三学生项艳到我家拜访时，带来了两瓶药酒，这是她特地在西安上大学时从西安带回来的，她说能治疗我右手关节炎。我当时十分感动，因为曾经在高三时，我有一段时间因右手腕关节炎发作，写粉笔字比较困难，我曾经无意中在课堂上说了一下，没想到，这位学生这样细心地惦记在心。

学生感谢的话语，教育回报的硕果，使我想起江泽民同志语重心长的话语：“希望我们的教师要志存高远，爱国敬业。”我们倍感人民教师职责的神圣，那就是要传授知识，传承民族精神，弘扬爱国主义，为祖国和人民培养合格人才；那就是要忠诚于人民教育事业，以培育人才、发展先进文化和推进社会进步为己任，积极引导和帮助青少年学生树立正确的世界观、人生观、价值观，教育他们立志成为中国特色社会主义建设的栋梁之材。我们要始终牢记自己的神圣职责，并在深刻的社会变革和丰富的教育实践中履行自己的职责，百折不挠、奋勇前进，实践“教育是一种事业，事业需要我们去奉献”的诺言。

二、教育是一门科学，科学需要我们去求真

“千教万教教人求真，千学万学学做真人。”“创造真善美的人格”（陶行知语）。教育作为一门科学，它有自己追求的理想目标，这个理想

目标就是求真。而“求真”的内涵有二，一是做真人，二是求真理。培养追求“真理”的“真人”是教育的最高境界，而教师首先应成为追求“真理”的“真人”。

江泽民同志说：“教书者必先强己，育人者必先律己。”因为教师的道德、品质和人格，对学生具有重要的影响。教师要注重言教，更要注重身教。教师的日常工作虽然是平凡的，但教育工作的意义却是很不平凡的。教师应该自觉加强道德修养，率先垂范，既要有脚踏实地、乐于奉献的工作态度，又要有淡泊明志、甘为人梯的精神境界，以自己的高尚人格教育和影响学生，努力成为青少年学生的良师益友，成为受到全社会尊敬的人。

我国古代《礼记·文王世子》中早就有“师也者，教之以事而喻诸德者也”之说，意思是，教师的职责是既要教学生有关具体事物的知识，又要让学生知晓立身处世的品德。苏联现代教育家苏霍姆林斯基告诫教师：“请你记住，你不仅是自己学科的教员，而且是学生的教育者、生活的导师和道德的引路人。”（苏霍姆林斯基：《给教师的建议（上）》，教育科学出版社1980年版，第96-97页）法国18世纪教育家卢梭指出，对于一个教师来说，重要的“问题不在于要他拿什么东西去教孩子，而是要他指导孩子怎样做人”（卢梭：《爱弥儿》，商务印书馆1978年版，第31页）。

今天，我们常说“亲其师，信其道”的教育箴言，它所指的就是教师通过自身高尚的人格力量给学生以良好的榜样示范，在敢于担当培养一个人的任务之前，自己必须成为一个人格高尚的人，自己必须是一个值得推崇的模范，这就是人格的魅力。“己之才学为人所尊，乃可诲人以进修之要；己之性行为人所重，乃可诲人以操履之详。”（袁采：《袁氏世范》，商务印书馆2017年版，第82页）因此，我们在具体的教育实践中应努力锻炼和形成良好的道德人格，比如：对人生有透彻而深刻的思考；对学生严格而不苛求，温和而不随便；思想开朗，不以个人好恶影响学生的看法；学识广博，足以使学生心悦诚服；有民主性，不滥用教师的权威，能和学生打成一片；言行一致，具有承认错误的胸怀；多鼓励少训斥，身教重于言教；讲课条理清晰，生动活泼，充满激情；不装腔作势，自以为是；关怀体贴每个学生；处事公平无偏私；帮助学生解决困难等。树立"以一身立教，而为师于百千万年间，其身亡而其教存"（韩愈语）的人格丰碑，真正发挥"其身正，不令则行；其身不正，虽令不从"（孔子语）的教育功能。

请看学生的真心吐露："许老师，古往今来许多世家，无非积德；天地间第一人品，还是读书。您的学识人品堪称儒者风范，山高水长。"（2001级华东师范大学吴以名）"许老师，假如我们是诗人，我们将以满腔的热情写下诗篇，赞美大海的辽阔和深远，并把它奉献给您——我们的胸怀博大、知识精深的老师。"（高二（3）班全体同学赠言）"感谢您长久以来对我的关心和照顾，我很幸运，可以遇到您这样出色的语文老师，在我喜爱文学的阳光大道上洒满了五彩斑斓的鲜花。"（2002级天津财经学院戴婧）这里也有学生成长苦恼的倾诉："开学几个月了，很难适应军校的生活，第一个月的军训，的确让我体会许多，从生理上的痛苦到心理上极大的压力，迫使我成长了很多，因为是理科类院校，对文学方面并不太重视，但熬过新生期变成老生后，我打算继续写下去，希望许老师继续指导。"（2001级中国人民解放军空军工程大学项艳）"选择民办大学我也迷惘过，也后悔过，我对于自己的未来毫无头绪，甚至拒绝去考虑未来，但现在已经将自己的情绪、心理渐渐调整过来了，也开始为将来做些打算。许老师，当我跟您说完这些，心里也轻松了许多，其实，一直都很谢谢您三年里对我的点滴帮助，真的，希望永远是您的学生。"（2001级大连翻译学院窦文静）。有的学生走进大学以后，关于自己青春情感的思考和困惑也和我诉说探讨。青春的理想，人生的真情，流淌在师生共同演绎的求真轨道上，风景美丽，目不暇接。

党的十六大报告明确提出："引导人们树立中国特色社会主义共同理想，树立正确的世界观、人生观和价值观。认真贯彻公民道德建设实施纲要，弘扬爱国主义精神，以为人民服务为核心、以集体主义为原则、以诚实守信为重点，加强社会公德、职业道德和家庭美德教育，特别要加强青少年的思想道德建设，引导人们在遵守基本行为准则的基础上，追求更高的思想道德目标。”作为一个从事基础教育的实践者，应该身体力行，师生合奏，追求教育是一门科学，科学需要我们求真的理想目标，为振兴民族精神而努力奋斗。

三、教育是一项艺术，艺术需要我们去创新

创新是一个民族生生不息的灵魂，一个民族没有创新就没有未来。当今时代，科技进步日新月异，国际竞争日趋激烈。各国之间的竞争，说到底是人才的竞争，是民族创新能力的竞争。而教育是培养人才和增强民族创新能力的基础。只有大力推进教育创新，不断发展中国特色社会主义的教育事业，才能不断为我国经济和社会发展培养高素质的劳动者、建设者、管理者和领导者。

教育创新，首先要更新教育观念，深入探索新形势下教育发展的规律，研究新情况，解决新问题。其次，要全面推进素质教育，全面提高教育质量，改革教学内容、方法和手段，使每一个受教育者充分发挥自身的潜能，激发学习的主动性，实现全面发展。第三，要充分利用现代信息和传播技术，掌握现代科学技术手段，促进教学手段的现代化，提高教学水平。第四，要关注世界教育发展的大趋势，既要继承中华民族的优秀教育传统，又要吸收人类文明的一切优秀成果。

人民教师作为先进生产力和先进文化发展的弘扬者和推动者，作为青少年学生健康成长的指导者和引路人，应努力成为无愧于党和人民的人类灵魂的工程师。要严谨治学，与时俱进。“一个好教师是这样的人，他精通他所教的科目据以建立的那门科学，热爱那门科学，并了解它的发展情况——最新的发现、正在进行的研究以及最近取得的成果。除此而外，本人若能热心于本门科学正在探讨的问题，并具备进行独立研究的能力，这样的教师则可成为学校的骄傲。”（苏霍姆林斯基：《帕夫雷

什中学》，教育科学出版社1983年版，第44页）“要想学生好学，必须先生好学。惟有学而不厌的先生，才能教出学而不厌的学生。”（《陶行知文集》，江苏人民出版社1981年版，第98页）因为“教师在工作中遇到的各种教育情况都是不会重演的，因而要求教师不断创造”（哈尔拉莫夫：《教育学教程》，教育科学出版社1983年版，第478页）。教师富有创新精神，才能培养出创新人才。教师应该具备求真务实、勇于创新、严谨自律的治学态度和学术精神，要加强终身学习，与时俱进，不断以新的知识充实自己，成为热爱学习、学会学习和终身学习的楷模。这样才能担当历史的重任，才能成为学生心中理想的明灯，光彩耀眼，“高山仰止，景行行止”。请看学生的真实评价：“下笔之前，感慨万千，觉得老师您可不是一般平庸俗人啊，与老师您相处是件令人感觉很有意思的事情，您教导起我们的时候，像位古代大儒，严谨有理，学识渊博；又像位年轻书生，意气风发，吟诗诵词，笑看天下，我们背后偷偷管您叫‘一中语文教坛巨头’，外号起得不伦不类，请您不要生气，我们不是有什么恶意，我们非常佩服您，即使是古代，老师您凭着学富五车的学识也会名扬天下。如今我在武汉读书，这儿楚天汉地，也是历史悠远，别有风格。有时幻想，请老师在黄鹤楼上喝酒吟诗，岂不快哉？”（2001级中南民族学院谢波）“您是我为数不多所敬佩的老师之一，虽然您只教了我一年半的课。不过，我在初中就对您有所耳闻了。优秀的老师，无须多宣传，就会众人皆知了。相信您也知道，在学生中，您是很受欢迎的。我觉得，一个教师，总得有自己的风格，不能盲从其他教师，您是有自己风格的。您的自信以及和学生之间的微距离，让我觉得很舒服。”（2001级北京工商大学王鑫）“‘老许’的讲课，一直就很洗练，很活跃，很精彩，时时刻刻洋溢着、飞扬着不可否认的激情。他在讲课中时常脱口而出的一些诗词歌赋或名言警句，一开始竟常吓得我一愣一愣的，因为在那以前，我从来没有见过一个人，甚至是一位语文教师能够有如此深厚的文学功底和文化造诣！后来了解了，习惯了，便由惊异转为惊叹、赞赏和崇拜。他的步履，他的声音，他的文字，他的内心，无一不浸着一种古典沉淀之外的现代派的油彩。”（2002年6月6日《大江晚报·菁菁校园》发表的芜湖一中高一（2）班赵婧的习作）

“腹有诗书气自华”。教育创新的关键是教师的创新，没有渊博学识，一切形式上的创新只不过是昙花一现。今天我们正在进行的课程改革也好，建构性研究性学习也好，现代教学手段多媒体技术的运用也好，甚至考试与素质教育之间的矛盾也好，只有教师具有创新精神和深厚功底的，教学才会游刃有余。这是创新的魅力，更是教学艺术的魅力。

此时，我不由想起江泽民同志在党的十六大报告中振聋发聩的声音：“教育是发展科学技术和培养人才的基础，在现代化建设中具有先导性全局性作用，必须摆在优先发展的战略地位……坚持教育创新，深化教育改革……全面推进素质教育，造就数以亿计的高素质劳动者、数以千万计的专门人才和一大批拔尖创新人才。加强教师队伍建设，提高教师的师德和业务水平……在全社会形成崇尚科学、鼓励创新、反对迷信和伪科学的良好氛围。”这是时代的强音、这是历史的重托，让我们共同努力，托起祖国明天的太阳。

（本文是2005年8月22日在芜湖一中保持共产党员先进性教育活动大会上宣读的长篇交流论文）

创造真善美的人格

——学习陶行知先生的人格教育思想　在语文教学中塑造健康的人格

一

去年我教初三毕业班的时候，曾布置一道《我毕业以后》的作文题目，在作文批改中使我吃了一惊的是，有一位女生这样写道："我希望毕业以后，找一个潇洒、有风度、有雄厚家产的港台商人，共度人生富贵荣华的岁月，改变祖辈贫穷的梦。"无独有偶，今年我教高三时，布置了一篇作文《人生的思考》，有一个学生在写作时，引用马南邨的《事事关心》一文中一副对联时做了如下的修改，"风声、雨声、读书声，声声伤心；家事、国事、天下事，事事无心"。这是一位学习成绩差而又无可奈何的学生的内心写照。他对前途无可奈何，心中充满着迷茫的感觉。更令我吃惊的是有一位高三学生这样写道："我追求的人生最高境界是萨达姆的坚强不屈，拿破仑的勇猛无比，希特勒横扫一切的胆魄"。我不知道在他的作文中是怎样将如此不同时代、不同类型的人物组合在一起的，但其偏激的言辞，足以见其内心的矛盾与人生观的混乱无序。在我分别找他们谈心的时候，了解到他们的各自经历确实有别于同龄的中学生。"文如其人"的含义，此刻我又深悟了许多。在反省的同时，我不得不深思，当今我们提倡"素质教育"，确是当务之急。重温陶行知先生的"千教万教教人求真，千学万学学做真人"的这一朴素的教育名言，在今天社会主义市场经济条件下，如何加强学生的健康人格的塑造，自觉抵制拜金主义的消极思想，“教做真人”，“学做真人”有着十分重要的意义。作为一个语文教师，在对学生进行人格的素质教育时，是有着它得天独厚的条件，应当为之孜孜不倦。

二

“文以载道”，“文道统一”。语文教学担当的思想品质教育的任务是我国的优良传统。“披文入情”，发挥语文学科的以情感人的优势，可以说是信手拈来，随处可见。它的主要渠道首先当然是语文课堂教学中的人格塑造。因为学生知识的获得，能力的培养，人格的塑造主要来源于课堂教学，语文教学不光是知识的传授，如果光有知识，没有健康、高尚的人格，即使培养出来，那又有何用呢？中学语文教学大纲中提出的“语文学科对于提高学生的思想道德素质和科学文化素质，培养有理想、有道德、有文化、有纪律的社会主义公民，具有重要意义”的目标又如何体现出来呢？陶行知先生在《每天四问》里说道：“道德是做人的根本。根本一坏，纵然使你有一些学问和本领，也无甚用处。否则，没有道德的人，学问和本领愈大，就能为非作恶愈大，所以我在不久以前，就提出‘人格防’来，要我们大家‘建筑人格长城’。”陶行知先生的人格教育思想在今天具有深刻的现实意义。《中国教育改革与发展纲要》中规定了我国教育的根本目标是提高整个中华民族的素质，并且将素质结构概括为身体素质、心理素质、品德素质和文化素质等四个方面。所谓素质，是指在天赋和潜能的基础上，通过教育和环境作用而形成符合社会要求的最基本的较稳定的个性特征及能力。形成这种个性特征及能力的教育称为素质教育。显然，这里说的素质已不再是生理、心理学的概念了。语文教学在素质教育中担当的角色，其优势就是以情动人的潜移默化的作用，能起到“春风风人，春雨雨人”的“润物细无声”的效果。语文教学不仅以培养学生的语言素质、文化素质和语文知识与能力为主要任务，还担当着学生思想品格的塑造任务。语文教学的最高境界是“创造真善美的人格”（陶行知语），具体表现如下：

第一，弘扬语文教材中的爱国主义主旋律，以真切动人、可感可摸的事例对学生进行爱国主义教育。当今的青年学生有两大不良倾向，一是一味向往西方的物质文明，二是面对祖国改革开放中出现的消极倾向自暴自弃，玩世不恭。因此，爱国主义教育不是几句空洞口号、政治课上几句说理能解决的问题。爱国主义是中华民族传统美德，是中华民族之魂。革命导师列宁曾指出：“爱国主义就是千百年来固定下来的对自己的祖国的一种最深厚的感情。”（《列宁选集》第3卷，人民出版社1972年版，第608页）语文教材中所表现的传统爱国主义思想俯拾即是，而且大多写得铮铮有声，鼓人心，振士气。文天祥《过零丁洋》中“留取丹心照汗青”的悲壮诗句，岳飞《满江红》中的“壮志饥餐胡虏肉，笑谈渴饮匈奴血”的呐喊，陆游《十一月四日风雨大作》中虽“僵卧孤村”但“尚思为国戍轮台”的拳拳之心，《冯婉贞》中痛击英法联军的英勇行为，《最后一课》中韩麦尔先生热爱祖国语言文字的言行……大量古今中外语文名篇正是塑造学生高尚人格的最好材料。教师在教学中以情感人的教学，比空洞的爱国主义说教要强百倍，这正如陶行知先生在谈到“国民精神”教育时所说的“用故事的方法，使平民读一课之后，看看某人很好，自己就自然而然地愿意做那人；看看某人很坏，自己就不愿意做那种人”的教育效果不谋而合，而且这也是语文学科的优势。“寸寸河山寸寸金”（清·黄遵宪《赠梁任父同年》），祖国的每一片热土都是前辈人浴血奋斗的成果，今天我们怎么能不为之奋斗、珍惜呢？“国家是大家的。爱国是个个人的本分，顾亭林先生说得好：‘天下兴亡，匹夫有责。’我觉得凡是脚站中国土地，嘴吃中国五谷，身穿中国衣服的，无论男女老少，都应当爱中国。不过各人所处地位不同，爱国的方法也不能尽同。小孩们用心读书，用力体操，学做好人，就是爱国。今天多做一分学问，多养一分元气，将来就能为国家多做一分事业，多尽一分责任。”（《陶行知全集》卷八，四川教育出版社1991年版，第54页）陶行知先生的谆谆教诲，恰好是我们今天学生的座右铭。

第二，歌德说：“想写出雄伟的风格，他也就要有雄伟的人格。”陶行知先生说：“我们处在任何的环境里面，坚强不动摇的人格及不屈不挠的精神，决不能少的，尤其在我们学生时代。”（《陶行知全集》卷二，四川教育出版社1991年版，第272页）陶渊明“不为五斗米折腰”的高风亮节，朱自清宁可饿死也不领救济粮的高尚气节，闻一多不食“嗟来之食”的民族骨气，谭嗣司“我自横刀向天笑，去留肝胆两昆仑”的浩然正气，鲁迅先生“我以我血荐轩辕”的献身精神，这些都是“雄伟人格”的写照。正因为有伟大的人格，才能有伟大的抱负，如大诗人杜甫一生为之奋斗的“致君尧舜上”的政治抱负，曹操“烈士暮年，壮心不已”的奋斗精神，毛泽东同志“数风流人物，还看今朝”的雄伟气魄，周总理“为中华之崛起而读书”的人生追求，《生命的意义》中保尔“为人类的解放而斗争”的奋斗目标，这些正是青年学生人生远大理想和不断进取的活生生的教材。可以说，在语文教材中出现的从孔孟时代的“杀身成仁”“舍生取义”到屈原的“虽九死其犹未悔”，从霍去病的“匈奴未灭，何以家为”到诸葛亮的“鞠躬尽瘁，死而后已”，从范仲淹的“先天下之忧而忧，后天下之乐而乐”到陆游的“位卑未敢忘忧国”，从顾炎武的“天下兴亡，匹夫有责”到孙中山的“驱除鞑虏，恢复中华”等伟大抱负，都是不同时代作者人格光辉的折射。这些人格的写照对培养学生的人格品质不是最好的楷模吗？正如陶行知先生在谈到人格精神时所说的“做人中人的道理很多，最要紧的是‘富贵不能淫，贫贱不能移，威武不能屈’的精神。这种精神，必须有独立的意志，独立的思想，独立的生计和耐劳的筋骨，耐饿的体肤，耐困乏的身，去做那摇不动的基础。”（《陶行知全集》卷一，四川教育出版社1991年版，第45页）

第三，王国维先生曾在《论教育之宗旨》一文中说到“美育。德育与智育之必要”。美育，是人生的艺术化。语文教学中的审美教育功能，新教学大纲中明确规定：“要培养学生健康高尚的审美观。”怎样达到“以美引善”的最高境界呢？语文教材中向我们展现出的一幅幅美的画卷正是纯净学生心灵的最好润滑剂。陶行知先生说："大凡思想与环境有密切关系"（《陶行知全集》卷一，四川教育出版社1991年版，第535页），又说到"天然环境和人格陶冶，很有密切关系"（《陶行知全集》卷八，四川教育出版社1991年版，第34页）。"美不美，故乡水"，祖国大自然的雄姿，从杏花春雨的江南到骏马秋风的塞北，无论是阴柔之美，还是阳刚之美，都是陶冶学生情操的载体。碧野笔下的那绚丽多姿的"天山景物"，峻青摄下的那灯光、星光交相辉映的"海滨仲夏夜"，杨朔采撷的那红得醉人的"香山红叶"，老舍勾勒的那和煦温馨的"济南的冬天"，朱自清漫步的那清幽朦胧的"荷塘月色"，刘白羽歌咏的那诗情画意的"长江三峡"，贺敬之遐想的那神姿仙态、柔情似梦的桂林山水，此外还有那小桥流水和碧玉的《晋祠》，雨中水墨山水画《雨中登泰山》，"八百里洞庭"旷美的《岳阳楼记》，"落霞与孤鹜齐飞，秋水共长天一色"的《滕王阁序》中对名胜古迹的介绍，祖国的山山水水不正是激发学生热爱祖国的激情的载体吗？著名的教育家乌申斯基说得好："美丽的风景对青年心灵的发展具有重大的教育影响，教育家的影响是很难和它匹敌的。"

其实，语文教材中所展现出的人性美是塑造学生人格的最好楷模。朱自清《背影》中那相依相爱的父子之情，鲁迅《一件小事》中那自我解剖、勇于自责的高尚心灵，莫怀戚《散步》中蕴含的承前启后的人生哲理，叶圣陶《夜》中那位老妇人的精神美和意志美等，他们都是平凡人中的伟大人格的写照，是人性美的光华。正如苏霍姆林斯基指出的一样："美是一种心灵体操——它使我们的精神正直、心地纯洁、情感和信念端正"（转引自《青年与美学》，中国青年出版社1986年版，第394页）。

我国明代小说家冯梦龙曾在《〈古今小说〉序》中这样说道："试今说话人当场描写，可喜可愕，可悲可涕，可歌可舞；再欲捉刀，再欲下拜，再欲决脰，再欲捐金；怯者勇，淫者贞，薄者敦，顽钝者汗下。虽小诵《孝经》《论语》，其感人未必如是之捷则深也。"他说的是说唱艺术对人的思想道德的感化作用。而梁启超曾这样谈到读小说对人的精神的影响："人之读小说也，不知不觉之间，而眼识为之迷漾，而脑筋为之摇扬，而神经为之营注；今日变一二焉，明日变一二焉，刹那刹那，相断相续；久之而此小说之境界，遂入其灵台而据之。"（梁启超：《论小说与群治之关系》，《中国美学史资料选编》（下），中华书局1981年版，第481页）由此可见，审美教育以情感人的效果是不言而喻的。而语文学科恰恰是通过诗歌、小说、散文、戏剧等文学作品来熏陶学生，培养学生正确、健康的审美观和审美情趣，完成高尚人格的塑造，达到"以美引善"的境界。正和鲁迅在谈到美和艺术的目的时所说的"虽与道德不尽相符，然其力足以渊邃人之性情，崇高人之好尚，亦可辅道德以为治"（《鲁迅全集》第七卷，人民文学出版社1963年版，第273-274页）有异曲同工之妙。

三

如果说语文阅读教学重在通过文学作品的形象描绘，激发学生"对善良的事物的钦佩感情和对邪恶势力不可容忍的态度"（苏霍姆林斯基语），那么，作文教学却重在将学生已获得的人格熏陶形成于自己的世界观的直接表达。"言为心声"，"文如其人"，一个人的思想和内心世界往往通过他笔下的人物和事件来表达出来，而作文是中学生抒写自己内心世界，表达对外部世界观察力和判断力的最好载体，也是我们进行人格塑造的最好途径。正如我国著名语文教育家刘国正先生所讲："对广大青少年进行爱国主义教育是我们每个教育工作者的历史使命。学校中的爱国主义教育是多方面的，其中语文课担负着重要任务。语文课中的作文教学，又是对青少年进行爱国主义教育的一种较好形式和手段。"（引自刘国正为《假如我有一支神笔》一书所写的"小引"），作文教学中的人格塑造，应重在以下两个方面。

第一，培养学生爱家乡和爱祖国的情感，通过描绘家乡的一座小山，一片田野，一条小河，一处景观，一种物产，通过改革开放后家乡某一点面貌变化，让他们从身边能看得到、摸得着的事物入手，使爱国成为一种具体的行动，而不是一种豪言壮语式的决心书。有一位同学在《故乡的小溪清悠悠》中写道："离我家不远有座山，一条小溪便从这里流去，流去。那清清浅浅的溪水，伴随着古老的传说，流成了一支老也流不完的诗……"热爱家乡之情，像溪水那样清纯明澈。在学习峻青的《雄关赋》时，让同学们在作文中《话说长城》，有一位同学触景生情，放声高歌《长城长》歌词于自己的作文之中，感情真挚凝重。在学习鲁迅的《〈呐喊〉自序》后，布置了《新时代的呐喊》一文，有位同学这样写道："我们要踏着鲁迅的脚印，让青春飞向茫茫的苍穹去揭开宇宙的奥秘，潜入深深的海洋探索未知的地方，在实验室里发现新的生命闪光……振兴中华，成为新时代的天骄。""情动而辞发"，热爱家乡，热爱祖国的感情就是这样地喷涌而发，人格光辉就是这样慢慢铸就。

第二，培养学生正确的人生观和价值观。没有哪一个时代像今天这样纷繁多彩，面对多姿多彩的社会生活，怎样引导中学生树立正确的人生观、价值观，塑造健康的人格？培养新时代的人才，作文教学同样有着优势。当我们学习《生命的意义》时，布置学生写了《生命的价值》一文。有位同学这样写道："谁不爱自己的青春，谁不爱自己的生命？可这又怎能和对祖国的爱相提并论呢？青春、生命，固然可贵，可这又怎能和自己的理想相比较？我们应当珍惜今天的幸福生活，立志当高远，让青春、让生命闪耀光辉。"当我们学习《驿路梨花》时，同学们很快联想到电影《孔繁森》，写出了《青藏高原上的雪莲花》《不废江河万古流》一系列讴歌孔繁森同志的读后感，以孔繁森为榜样，记录身边闪光的人和事，歌颂新时代的雷锋。当我们分析《项链》中主人公玛蒂尔德由爱慕虚荣而落入悲惨境地时，练习了《务实与务虚》，教育学生要脚踏实地而切勿贪慕虚荣。在学习《送东阳马生序》时，有位同学在作文中抒发了这样的感受："也许你要问，学习知识的路上苦不苦——摇摇头。孟子早说过，'天将降大任于斯人也，必先苦其心志，劳其筋骨……'也许你要问，学习知识的路上有怨否——摇摇头。我知道自己正耕耘，四方教室，狭小天地，正是大鹏展翅的起点，‘导弹’发射的基地。这就是我，拥有美好的希冀，拥有鸟语花香。头顶蓝天，脚踏碧毯的我，携手四季，手握书香，站在人生第二起跑线上，欢天喜地。”当我们学习司马光的《训俭示康》后，练习了《艰苦奋斗和勤俭节约过时了吗?》，培养学生艰苦朴素、珍惜劳动成果的精神。因此，指导写作更是指导做人的重要环节，要引导学生对时代需要作出发自内心的响亮回答，把小私有者的实惠观引向高尚志趣的理解，把平庸的乃至低下的情调引向高尚执着的人生追求，一句话，就是通过优化学生的心理品质，把他们引向竞争成才的道路，完成对学生的素质教育，作文教学正是书写人生篇章的最好的载体之一。

四

陶行知先生说过，“‘生活即教育’是叫教育从书本的到人生的，从狭隘的到广阔的，从字面的到手脑相长的，从耳目的到身心全顾的”（《陶行知全集》卷二，四川教育出版社1991年版，第199-200页）。又说道：“从生活与教育的关系上说，是生活决定教育。从效力说，教育要通过生活才能发出力量而成为真正的教育”（《陶行知全集》卷四，四川教育出版社1991年版，第428页）。课堂教学和作文教学的主战场是在学校，为了更好地塑造人格精神，把学生带入社会的大课堂，让他们在生活实践中去完成人格塑造，使他们真正成为健康的人，有作为的人，这正是“创造真善美的人格”最高境界，也是陶行知先生“教学做合一”思想的精髓。古人说“读万卷书，行万里路”，“纸上得来终觉浅，绝知此事要躬行”，都强调实践的重要性。新教学大纲也明确地把开展“主动性、独立性和创造性”的课外活动作为语文教学的一项重要内容。怎样去进行生活实践呢？让他们参观烈士陵园，观看爱国主义影片去接受爱国主义教育。有一位同学在参观侵华日军南京大屠杀遇难同胞纪念馆以后，在自己的作文中这样写道：“‘落后，就要挨打’，是历史留给我们的惨痛教训，那场前后持续15个年头的战争，留给我们深沉的思考，也敲响了和平的警钟，我们应当提高警惕，防微杜渐，并奋发图强，建设强大的祖国，保卫世界和平。”血的事实，活生生的材料，在人格心灵上的震撼是巨大的。让他们参观博物馆，纪念馆，家乡名胜古迹，了解家乡的历史，祖国的历史，看到祖国日新月异的变化，增强爱国意识。让他们参观热气沸腾的工厂、农村，为将来投身到现代化建设中去积淀感情基础；通过春游、夏令营活动，培养他们集体主义和吃苦耐劳的精神。让他们去帮助军烈属、孤残老人，去培养尊老爱幼，关心别人的思想品质。让他们参加希望工程捐款活动，去培养他们团结互助精神。通过诗朗诵、演讲、辩论会等形式去增强他们的思辨能力和“自我教育精神”（《陶行知全集》卷四，四川教育出版社1991年版，第466页）。让人格塑造熔铸在社会生活的大课堂之中，使他们真正成为健康、高尚、有用的人才，在社会生活的炼炉中去铸就大才，正像罗曼·罗兰所说：“唯有真实的苦难，才能驱除罗曼蒂克的幻想的苦难；唯有看到克服苦难的壮烈的悲剧，才能帮助我们担受残酷的命运；唯有抱着‘我不入地狱谁入地狱’的精神，才能挽救一个萎靡而自私的民族……不经劫难磨炼的超脱是轻佻的，逃避现实的明哲是卑怯的……我们比任何时候都更需要精神的支持，比任何时候都更需要坚忍、奋斗……”（罗曼·罗兰：《贝多芬传》，人民音乐出版社1978年版，译者序）

（本文发表于《行知研究》1997年第3期，1997年4月获芜湖市第四届陶研论文二等奖）

生活是教育的中心

——陶行知先生“生活即教育”理论对作文教学的启示

陶行知先生在论述“生活即教育”理论内质时有一段精辟的见解：“‘生活即教育’，是叫教育从书本的到人生的，从狭隘的到广阔的，从字面的到手脑相长的，从耳目的到身心全顾的。”（《陶行知全集》卷二，四川教育出版社1991年版，第199-200页）他又说：“从生活与教育的关系上说，是生活决定教育。从效力说，教育要通过生活才能发出力量而成为真正的教育。”（《陶行知全集》卷四，四川教育出版社1991年版，第428页）时下，中学生的作文写作“贫困衰弱”，令人担忧，尤其是在“应试教育”的负面影响下，中学生原本狭窄的生活被挤压得更加封闭，“为赋新词强说愁”的作文，拆开外表装饰几个新词的西洋镜，终究是捉襟见肘，淡乎寡味。“问渠哪得清如许，为有源头活水来”（宋·朱熹《观书有感》），没有鲜活的七彩生活，哪来汩汩流淌的情思呢？重研陶行知先生的“生活即教育”理论，质朴的语言，深邃的思想，为我们宕开了作文教学改革的广阔天地，躬行践履，喷涌出如许思绪……

一

启示之一：走进生活，寻找生活的闪光点。

生活是一切文学艺术取之不尽，用之不竭的唯一源泉。走进生活，走进自然，走进社会是改变作文教学贫血状况的源泉，是创造学生勃发情思的磁场。生活处处有语文，语文与生活关系密切。生活处处有文章，生活的闪光点熠熠于平平凡凡的故事中。要教会学生在有限的生活阅历中去捕捉闪光的火花，用“星星之火”去“燎起”创造的荒原，用真情荡起心中缕缕涟漪，泻出丝丝情怀，将家庭生活、学校生活、社会生活溶于笔端，挥洒出至情至美的文章，这就是“生活即教育”理论给作文教学的启迪和实践指津。正如陶行知在《生活即教育》一文中所做的譬喻和比较：“学校即社会，就好像把一只活泼的小鸟从天空里捉来关在笼里一样，它要以一个小的学校去把社会上所有的一切东西都吸收进来，所以容易弄假。社会即学校则不然，它是要把笼中的小鸟放到天空中去，使它能任意翱翔，是要把学校的一切伸张到大自然界里去。要先能做到‘社会即学校’，然后才能讲‘学校即社会’；要先能做到‘生活即教育’，然后才能讲到‘教育即生活’。这样的学校才是学校，这样的教育才是教育。”（《陶行知全集》卷二，四川教育出版社 1991 年版，第 182 页）当我们带领学生踏青时，一个个性忧郁，家庭生活较为坎坷的学生，面对自然，放歌如许人生希冀：“世界是美好的，花在开，鸟在叫，云好白，一切的一切好美丽，实在不必把自己的心锁起来，让忧郁任意泛滥。我想带着开朗的心情，伸开双臂去奔跑，向着太阳，向着我的理想飞去……”坎坷的经历，磨炼出奋斗拼搏的理想激情；融进自然，闪烁出美好充实的心灵火花。“校园的早晨像露珠一样新鲜，天空发出柔和的光辉，澄清又缥缈，偶尔听一阵高飞的鸟雀的歌唱，恰如碧海上扬起希望的白帆。那纷纷飞花和落叶，已铺得满地，脚踏上去，没有声音，没有气味，只是感觉出一点点细微柔软。这里的秋晨没有雾，于是那庄严的画面，巍峨的教学楼，熟悉的图书馆都屹立着，一切都清晰明朗，没有雾里看花水中望月的朦胧和迷茫，恰似中学生明亮清澈的眼眸，如此深邃迷人。”美丽的季节，美好的心愿，融进浓浓的秋色，融进了热爱校园生活的中学生难抑的喜悦和朝气。

人们常说生活像一首歌，只要用真心去谱写，定会写出动人的旋律。“在这十三年里，旧居给了我多少温馨，多少幸福和温暖，如今，旧居已经被拆了，那里将竖起现代化的高楼大厦。而我一提起笔，虽然怀恋旧居，但从内心里却为中山路日新月异的变化感到无比高兴。”情系旧居，胸瞻未来，改革开放的缕缕春风在中学生的心田中不也荡起甜甜的微波吗？家庭、学校、社会，自然、人文、心灵，生活的血脉流淌不竭，走进生活，中学生的写作素材源远流长，“生活即教育”的潜移默化作用将会“春风风人，春雨雨人”。正因为如此，笔者在作文教学的改革上高扬生活教育的主旋律，从起始年级经过三年时间的探索和实践，学生的习作已有36篇发表在省市级报刊上，有16人次获得国家级、省级、市级作文竞赛大奖，有4人还被推荐为省级刊物“文苑新苗”扉页人物作专题介绍。他们的文笔从稚嫩走向老辣，思想从简单走向成熟，生活从狭窄走向宽广，情感从肤浅走向深刻。“生活决定教育，教育要通过自觉的生活才能踏进更高的境界。”（《陶行知全集》卷四，四川教育出版社1991年版，第450页）这是“生活即教育”理论的实践真谛。

二

启示之二：感悟生活，架构生活与心的灵犀。

当代著名的语文教育家刘国正先生在《写作教学管窥》中说道：“中学生，十二三到十七八岁的孩子，已经阅历很多，懂得很多。大至世界和社会，小至学校和家庭，其中发生的许多事情，都会叩动他们的心弦，引起他们的关注和兴奋。他们有强烈求知欲和辨别是非的要求，他们有他们的喜怒哀乐、爱好、追求和理想，他们有一个时而变幻色彩、时而涌起波澜的生活领域。宝库就在身边，他们却视而不见，这是因为他们误认为面包和盐既非精金美玉，就不值得拾取和收藏的缘故。一旦换个角度看周围的一切，他们会如同骑在神鸟的背上降落在神奇的山谷，忽然发现身边有数不尽的珍宝。”生活中的“美是到处都有的。对于我们的眼睛，不是缺少美，而是缺少发现”（法国雕塑家罗丹语）。走进生活，色彩斑斓的生活拓宽了中学生的视野，涌起了他们心中蓄积的情感。从丰腴的生活中铸炼理智，自我教育，自我完善，需要用真心去感悟生活。“心有灵犀一点通”。生活的喜怒哀乐，生活的酸甜苦辣，通过感悟的媒介去搭起融通的桥梁，架构生活与心的灵犀。“生活无时不变，即生活无时不含有教育的意义”（《陶行知全集》卷二，四川教育出版社1991年版，第633页）。将感悟的生活提炼为自我教育的结晶，晶莹灿烂，熠熠生辉。孟子说：“天将降大任于斯人也，必先苦其心志，劳其筋骨，饿其体肤，空乏其身，行拂乱其所为，所以动心忍性，曾益其所不能”；鲁迅说：“希望是本无所谓有，无所谓无的。这正如地上的路；其实地上本没有路，走的人多了，也便成了路”；叶文玲说：“而社会人生这部深奥绵长而无页码的大书，我什么时候才能读通啊”；贾平凹说：“啊，我的小桃树啊！……你那花是会开得美的，而且会孕育出一个桃儿来的”。课文中著名作家对生活感悟所折射出的深邃的思想是指导学生顿悟生活真谛的催化剂，是开启中学生心灵的金钥匙。波澜跌起，情思涌动，走进“生活即教育”的“涅槃”之境。胡晶同学的《从〈悯农〉到一块蛋糕》摄取生活中一个小镜头：一位年轻的母亲一边在教童稚未开的小女儿学习“锄禾日当午，汗滴禾下土，谁知盘中餐，粒粒皆辛苦”，一边当小女儿不小心把一块蛋糕弄到地下准备拾起来吹一吹再吃下去的时候，她却一把抢过来顺手丢进垃圾桶，说：“别吃了，多脏啊！”此情此景，小作者写道：“乖孩子，再背一遍！”可是女孩竟什么也没背，只是呆呆地望着垃圾桶里的蛋糕……无言的细节，深蕴的褒贬，启人遐思。唐睿同学在《笑过之后深思》中叙述了自己在收看中央电视台相声节目《希望工程》，相声演员在叙述陈二柄失学后求学心切的动人之处时，声情并茂的一段话深深地触动了她的心灵：“同志们啊，我们村至今仍旧有很多失学儿童，他们也需要社会的救助啊！他们一天的生活费加学费才两角钱，可是他们连两角钱也付不起。如今，城市里上一次公共厕所都需要付两角钱，城市的同志们啊，你们每天少喝一口水，就少解一次小便，节省两角钱寄给‘希望工程’，那些失学的孩子不就有钱上学了吗？”当她听了以后捧腹大笑之际，她的父母却态度异常严肃。因此，她这样写道：“我的笑声在房间里显得那么孤独，那么刺耳……同学们，让我们以最大的热情投入到‘希望工程’之中去，让跟我们在同一个蓝天下生活的失学儿童也同样拥有一个明亮的教室，整齐的课桌，漂亮的书本……”感悟生活，付诸实践吧！因为“到处是生活，即到处是教育；整个的社会是生活的场所，亦即教育之场所。因此，我们又可以说：‘社会即学校’”（《陶行知全集》卷二，四川教育出版社1991年版，第633页）。

还是让我们听一听陈艺同学在《我学到了很多——记96优秀学生夏令营》一文中深有感触的肺腑之言：“四天的营员生活，令我感触最深的并非在经历千辛万苦后登上黄山绝顶，而是同学之间无微不至的关怀和照顾，是集体的温暖。它使我从中学到的，比平时书本上读到的还要多。

“集体生活中的每时每刻，一点一滴都教育着我们，净化着每个人的心灵，使大家的心贴得更近。渐渐地，我发觉自己变了，变得比以前更热心，更朴实：在登山时，我会主动拉别人一把；有女伴体力不支，我会帮她背背包；住旅社，为照顾高二的大姐姐，我会毫不犹豫地爬上潮湿的上铺；在天都峰休息时，我们中许多人因为把干粮丢在山下又冷又饿，我只从刚得到的一整袋蛋糕中拿了一只，其他都分给了同样饥饿的女伴；有了一瓶矿泉水，我不会忘记身边没有带水的朋友；我的伙伴冷得发抖，我会把当大衣的长衫塞给她……诸多如此小事我都会争着去做，因为我懂得了友谊的分量。

“感谢夏令营，它把我从学校小课堂引向社会大课堂，使我开阔了视野，增长了知识，更让我第一次感受到了清波如水的集体温暖，使我懂得了以后的路该怎样走……”

“通过自觉的集体生活的教育，更能发挥伟大的力量”（《陶行知全集》卷三，四川教育出版社1991年版，第419页）。感悟生活，就是感悟人生。抒写心灵，就是净化思想。“生活即教育”就是要创造机会让他们在社会的熔炉中淘洗铸炼。作文教学中的感悟生活就是要他们发现生活中的真善美，使他们的思想从稚嫩走向深刻，这既是作文教学追求的理想境界，也是生活教育的时代呼唤。

三

启示之三：创造生活，挥洒生活的美学华章。

陶行知先生说："实际生活向我们供给无穷的问题，要求不断地解决。我们朝着实际生活走，大致不至于迷路。在实际生活里问津的人，必定要破除成见，避免抄袭。我们要运用虚心的态度、精密的观察、证实的试验，才能做出创造的工作。"（《陶行知全集》卷五，四川教育出版社1991年版，第180页）作文教学应鼓励学生张扬个性，营造"花开春日，星光灿烂"的创造氛围，既要教会作文，更要教会做人，为全面提高学生的综合素质夯实坚实的基石。因为我们倡导的"素质教育要彻底摒弃应试教育的片面教育观，面向全体学生，为学生学会做人、学会求知、学会劳动、学会生活、学会健体、学会审美打下扎实的基础，使学生在德智体等方面得到全面协调的发展"（李岚清《基础教育是提高国民素质和培养跨世纪人才的奠基工程》）。"素质教育"的前瞻思想需要他们去创造生活，谱写生活崭新的美学华章。当香港回归祖国时，学生在作文中放歌："英勇的中华儿女从来就是不甘受屈辱的民族！我们应该拥有自己的晨曦，就像一只飞蛾，为了得到一丝光亮，宁愿投身火海；就像一棵大树，为了枝繁叶茂，宁可受到风雨雷电的洗礼。困难与挫折使我们变得更加理智、坚强，使我们学会勇敢地面对现实，迎接挑战，凭着祖国母亲的支持，凭着汗水和勤劳，我们终于可以在全世界面前骄傲、自豪。当朝阳红着脸出来时，我们登上了归航的船舶，带着美好的希望，带着美好梦想扑向母亲的怀抱……"历史与现实的交响，文明与沧桑的感喟，平坦与坎坷的辩证，撞击着少年学生的心扉。面对成功与希望，寄寓了他们对香港未来美好的祝愿。创造生活就要变革现实，"逃避现实的教育不是真教育。真教育必与现实格斗。在中华民族解放运动中，我们所需的是与现实格斗的真教育"（《陶行知全集》卷三，四川教育出版社1991年版，第37页）。

陶行知先生说：“实际生活说得明白些，便是日常生活。积日为年，积年为终身，实际生活便是人生一切。分析开来，战胜实际的困难，解决实际的问题，生实际的利，格实际的物，爱实际的人，求实际的未来。这些事总结起来，虽不敢概括全部人生，但人生除了这些事，还有什么？”（陶行知语，见《教育汇刊》1929年3月号）随着中学生视野的开阔，他们对社会的认识更加理智和辩证，对自身的行为和评价更加客观。正如他们在作文中所写的：“渐渐长大了，想想过去，不能不笑自己的天真和无知，对事物的认识是多么的简单和肤浅。老子说，天地有阴阳二气，它们之间相互依存，相互转化。不能只阴无阳，也不能只阳无阴。在现实的世界里，我想也是如此。有屈辱，才有兴盛；有罪恶，才有善良；有战争，才有和平；有失败，才有成功；有缺点，才有完美；随着人类的文明和进步，科学的发展和飞跃，符合人们需要的美好愿望总会实现的。”关注社会，探究人生，展望未来，憧憬美好，抒写自己蓬勃的豪情，这就是“生活即教育”的实践熏陶。生活向他们敞开了无私的怀抱，拥抱生活，拥抱明天；创造生活，创造未来。只要希望的种子撒播在同学们的心灵田野，脚踏实地，辛勤耕耘，定会创造辉煌。

“我们深信生活是教育的中心”，“我们深信教法、学法、做法的合一”（《陶行知全集》卷一，四川教育出版社1991年版，第651页）。“生活即教育”的理论为作文教学的改革开辟了广袤的原野，只要我们求真务实地去垦荒辟壤，中学生的心灵世界将会抒写得摇曳多姿，光彩照人，作文教学将会走出贫困衰弱的困境。“教学做合一”的教育思想为“生活即教育”理论的实践提供了具体的操作原则，躬行践履，作文与做人同频共振，那么作文教学的改革将为“素质教育”的探索谱写出一道亮丽的弧光，辐射星空，星光灿烂。

（本文发表于《行知研究》1998年第4期，1999年4月获芜湖市第五届陶研论文一等奖，有删改）

随“文”潜入“心” 润“人”细无声

唐代著名的大诗人杜甫在《春夜喜雨》中写道：“好雨知时节，当春乃发生。随风潜入夜，润物细无声。”诗中的“随风潜入夜，润物细无声”常被人们形容善做思想教育工作的人应掌握的方法和成功境界。怎样才能达到这种成功的境界，不仅是专门从事思想教育工作的人们孜孜以求的愿望，也是从事各门学科教学工作的老师们长期探索的一个问题。下面拟就作文教学所反映出来的德育效应谈一点粗浅的看法。

语文教学新大纲中明确规定：“语文教学要进行思想教育。思想教育要依据语文学科的特点，在语文训练中进行。要着重于思想感情的陶冶，道德品质的培养，使学生提高社会主义觉悟，初步具有辨别是非、善恶、美丑的能力。熏陶渐染，潜移默化，循环往复，逐步加深。”而且把中学语文的教学目的归总为“发展学生的智力，激发学生热爱祖国语文的感情，培养健康高尚的审美情趣，培养社会主义思想品质和爱国主义精神”。怎样完成大纲规定的任务，把德育、智育、美育三者融为一体，除了在语文学科教学的其他环节努力完成这个任务以外，我认为作文教学是对学生进行思想品德教育，完成理想教育、人格教育和素质教育的一个非常重要的途径，有着一定的研究价值。而且，只要运用得当，真正能起到潜移默化的作用。

时下，我们中学生的心态是比较复杂的。在应试教育的负面影响下，在承载升学压力的背后，有着各种复杂的动机。为适应21世纪发展而奋发竞争的和为报效祖国而求实勤奋的学生固然不少，但也有学生受市场经济大潮的直接和间接影响而产生小私有者的实用主义和拜金主义。这些问题主要集中体现在学生的人生观世界观上。怎样从实际出发，引导学生树立坚定的信仰和正确的人生观世界观，把他们引上竞争成才的道路，这是一个非常复杂而又艰难的工作，而作文教学在指导学生做人方面有着十分明显的优势和条件。

“文如其人”，“言为心声”。一个人的思想和内心世界往往通过他笔下的人物和事件来表达出来。自抒心灵的作文是中学生抒写自己内心世界，表达对外部世界观察力和判断力的最好载体。过去时代的思想教育方法在现在的中学生身上产生不了多大效应。特别是我们教育工作者难以教育和触摸的中学生三大思想障碍：早恋问题，思想上的某些糊涂观念和意志力薄弱，意志消沉问题。这三者在作文的写作中都有不同程度的表现，怎样抓住作文教学的这个优势和有利条件，寻找教育的突破口，并结合作文教学的特点，“披文入情”达到教育的目的，笔者曾就这三方面的问题，在自己所教的历届初、高中学生中进行过较长时期的跟踪调查，取得了一些较有价值的原始材料，并且做过有意识的探索和尝试。限于篇幅的原因，先就“早恋问题”怎样通过作文教学的优势和有利条件达到潜移默化的德育效果说一些具体的做法和感想。

早恋问题，是长期以来困扰老师和家长的一个棘手的问题。而且，它是目前中学生中存在的一个带有普遍性的问题，最近几年处于逐渐上升的趋势。它是一个敏感区，很难去触摸。著名作家肖复兴在他的小说中曾经多次描述过这个问题。著名社会学家、青少年问题研究专家刘达临教授也曾专门研究过这个问题。但如何去解决，他们告诉我们的方法并不能包治百病。为了探索这个问题，笔者曾有意识地在自己所教的历届初三、高三学生中做过多次作文教学的考试，其反馈回来的信息，证明笔者当初的设想是有价值的。笔者曾在初三学生的作文命题上出了一个“记一个给我留下难忘印象的人”作文题，在高三学生中出了一个“尝试”作文题。结果发现历届初三、高三学生中都有人在作文中写早恋问题。笔者在征得写作人同意以后，在作文讲评课上，在初三和高三各挑选了一篇文章作为范文进行评讲（当然是隐去姓名，保证学生的隐私权）。为了更好地说明问题，现将两篇文章的原文抄录如下，然后再作说明。

记一个给我留下难忘印象的人

我翻开日记，翻到第25页时，我默不作声地取出了那一张照片和那封已被泪水打湿了几次的信，我展开那封信，强忍着的眼泪还是流了出来，我不忍再看下去，把信放在一边，又轻轻地拿起了那张照片，台灯照在上面泛现出一道微黄的光圈，她是那样的美丽，给我留下难忘印象的就是——她！

那是一天傍晚，天下着大雨，我手拿着一把伞，放学后正准备回家。突然我看见她在一家商店门口焦急地等待着，不时地看着天，当她看到我时，我俩目光都被对方牢牢地吸引住了，她似乎想说什么，但又没有说出来，我是一个一向不爱和女孩子多说话的人，但此刻不知怎么了，走上前去，鼓足勇气说："要不要我送你回去？"她犹豫了片刻，但还是走进来了……

从此以后，我们的关系不断地发展起来了，从一开始问题目，做作业，散步，滑冰，游泳，看电影直到约会……

我觉得当时丘比特的爱神之箭已射中了我，一天晚上，我们看完电影在公园里，我们相互吐出了心里的秘密。临了，我轻轻地吻了一下她的额头。

放假了，我随父亲到南京度假，一个夏天没有回家。快开学，我刚下火车就直奔她家……从此再也没有见到她。

早恋是有危险的，我自己酿的一杯痛苦的酒只有我自己来喝，我等来的也只有这封信和那张照片。我忠告各位朋友，不要学我那样，不要再走我这条路。希望我的经历能给你们一个启发，希望你们把自己的精力用在为建设祖国四化而努力学习上吧！

尝 试

泪水从我的面颊上无声地顺势流下，淌进嘴里——又咸又甜，瞬间变成了苦味。这就是我对第一次所谓的“尝试”的最终报酬！

泪光中，我依稀记得：我和“云”是在高一时相见的。也是这么一个热天，期终考完，我当了败将，难免要寻求解脱——逛山去。山风好凉哟！顺风望去，一个红衣少女伫立着，凝望着远方发愣。

我鼓足了勇气向她迈去，“喂，阿妹，遇到什么难处吗？”她苦恼地摇摇头，显出无可奈何的样子。“是否考差了，不好回家汇报？”真是一语破的，道破难以攻克的难关，她绯红着脸，若有所思点点头。似乎我俩同病相怜，便互相交谈起来。谈人生，谈事业，亦谈爱情。同是天涯沦落人的感觉把我和“云”的心连到一起来了，那黄昏，我俩谈了许多，直到很晚才回家。

打那以后，她总是找我，借口多的是：有时借问问题之机；有时帮我洗衣服；有时送我几枝可口的冰棒……我亦隐隐约约地感到：一天没见她，心里就好像少了点什么。可能我已涉足于所谓的“爱河”了。当时亦天真地认为：作为一名男子汉大丈夫，就“无畏”地“尝试”一次吧！这样，我的成绩一发不可收拾，考分成等差数列急剧下降，有时我亦为了潇洒，去看录像、逛舞厅、上影院……

苦海无边，回头是岸，当班主任、双方家长发现之后，对我和“云”进行了谆谆教诲、循循善诱……悔恨固然迟了些，我和“云”均醒悟到了什么，不得不流泪挥手言别！难道这就是首次“尝试”的青果？是的，现实毕竟是现实！

痛苦的尝试之后必将是醒悟，醒悟之后必然是奋起！我透过泪水朦胧的视野，抛却尝试的失意，迎着烈日迈开大步向前走着，走着……

在评讲中，笔者根据这两篇文章的特点，提出了一个问题：为什么两篇文章在结尾都说“中学生早恋是一杯苦涩的酒”呢？两个人的经历不同，两个人的年龄不同，而作文中得出的结论是不谋而合，这是偶然的，还是必然的？为了从思想意识上澄清“中学生早恋是一杯苦涩的酒还是一杯甘甜的酒”，我曾仿效中央电视台上中学生欢迎的节目《第二起跑线》上的做法，在初三和高三的作文评讲课上，每班围绕着“中学生早恋是一杯苦涩的酒”和“中学生早恋是一杯甘甜的酒”这样两个辩论题目，让学生自由组合成自己所赞成的论题正方和反方，并且要求正、反两方各推荐三名代表进行辩论。在辩论的过程中，笔者发现初三和高三的学生对“早恋问题”的论述明显不同。

初三学生对“早恋问题”的看法，明显地产生于一种感官上的“互相好感”。因为他们在辩论中对于“恋爱、婚姻、家庭”这一系列的问题和责任从未提及，这说明在他们的头脑中还没有这些概念。他们所说的“互相好感”，那是生理上的好奇多于心理上的成熟。而且在论述“早恋问题”的利弊时，所举的事例大多是来源于港台言情小说中的人物故事。有的还举出他们左右隔壁邻居家的事例来证明自己的观点，这也说明“早恋问题”对他们的影响主要受港台言情小说的影响较深，同时也受到家庭周围的外部环境影响。而且，他们这个年龄对外界事物的抵御力较低。因此，从辩论中，我们可以发觉“早恋问题”在他们的头脑中是“混沌”的，有些可以说是纯粹“闹着玩”的。这样，我们就很容易找出他们在辩论中所反映出来的思想意识问题的症结，对症下药。因为他们在辩论时，为了说服对方，能够真实地说出自己的看法，也就是能够说出“心”里话。

高三学生对“早恋问题”的看法比起初三学生来说，明显地要复杂得多。他们在论述“早恋问题”的原因时，除了指出外表上的“两情相悦”以外，还认为有“早恋”对象，能够显示一个同学在班级的地位，说明他能“混”，这实际上是一种好表现自己、好出风头的虚荣心在作怪。因此，他们在论述“早恋问题”的利弊时，除了举出港台言情小说中的人物故事以外，还能够举出古今中外一些名人的恋爱故事来证明自己的观点，而且在道理上各执一端，固执己见。从辩论中，我们发现高三学生的“心理年龄”和“生理年龄”是有差别的，他们思想上装作非常成熟，而实际上自己的言行又表现出不成熟。因此，通过辩论，向我们展示了他们真实的内心世界。这样，就为教育找到了突破口和契机。

怎样利用作文教学的优势和有利条件进行教育呢？笔者在两场辩论结束时，采用了“以子之矛攻子之盾”或者“以子之盾试子之矛”的总结性评价时，分析了论点和论据之间有矛盾、论点有片面之处和论据有偏颇之处的一组，肯定了论点和论据比较一致的一组，这样，把作文教学中的议论文写作教学和德育渗透巧妙地结合在一起。而且通过辩论结果评价，使全班学生从思想意识的深层次上弄清了早恋在中学阶段是弊大于利的。学生在辩论中，双方都寻找证据来说服对方，实际上也是一种间接的自己说服自己的教育过程。这种随“文”潜入“心”的教育方式，比我们老师和家长无的放矢的空洞说教和高压政策远远要合情合理得多。而且，笔者在评析这两篇文章时，充分肯定了两篇文章写得真实，抒发真情，是写得很好的文章。正因为其文辞的真切、感情的真挚，因此，朗读起来有感染力，让学生在“纯情”的描写中，得到“理性”的教育，真正达到了“随‘文’潜入‘心’，润‘人’细无声”的教育效果。

因此，从作文教学所反馈回来的德育效果启发我们更深刻地认识到：

第一，指导写作是指导做人的重要环节。面对世纪之交的喧嚣、躁动、浮躁的负面现象，要引导学生对21世纪肩负的责任作出发自内心的响亮回答，脚踏实地，求真务实，涵养高尚的志趣，追求执着有为的人生境界，就必须充分利用各种媒介去优化学生的心理品质，把他们引上竞争成才的道路，完成对学生的素质教育。这是时代的呼唤和需要，也是每一个教育工作者的职责和孜孜奋斗的目标。而作为熔德育、智育、美育为一炉的语文学科在培养学生的社会主义道德情操、爱国主义精神和健康高尚的审美观上起着十分重要的作用。

第二，德育怎样改变单一的思想灌输模式，走向更高层次的熏陶感染和潜移默化的境界，语文教学在这方面的“渗透”作用对其他学科的德育渗透不无启发。“他山之石，可以攻玉”。作文教学中渗透的德育，启发我们不断地去探索和尝试语文教学中其他教学环节的德育效应，这是由语文教材的人文性、语文教学的情境性所决定的。语文教学中的听、说、读、写等教学环节能使学生移情入境。“一粒沙里见世界，半瓣花上说人情”。只要我们做德育的有心人，铭记陶行知先生的“善教人者，随事寓教”的箴言，用文学形象去熏陶感染，用真善美的情感去陶冶涵养，用集体的舆论去观照评价，让学生在情景交融中去辨是非，别善恶，识美丑，定能为21世纪培养“创造真善美的人格”（陶行知语）的“真人”。

（本文获芜湖市1995年学科渗透德育论文三等奖）

二　放飞创造的诗情

对点拨教学的哲学思考

马克思主义哲学是一切科学理论研究的基础。作为思维方法和范畴体系的哲学对点拨教学的理论指导和实践检验的作用是毋庸置疑的。点拨法，既然是一种教学方法，那就界定了它的实践性；它又是一种教学观念、教学原则和教学思想，其中就折射着丰腴的哲学思想。理论指导实践，实践验证理论并且丰富和发展理论，是马克思主义实践论的辩证法。在学习和运用点拨理论进行点拨教学的实践过程中，诸如点拨教学的继承与创新、方法与模式、教材与师生、教改与应试等问题，如果单纯从经验到经验去阐释，难免囿于己见，故步自封；如果从点拨教学哲学性去思考，定会有新的认识。

一、继承与创新

纵观近百年中国语文教学改革的发展轨迹，最为活跃的首推语文教学方法的演变和改革，尤其在新时期更是异彩纷呈。“点拨法”这株新葩，是蔡澄清先生在长达四十多年的教学实践中探索、积累并广泛吸纳同时代教育哲人的许多宝贵的思想和经验而倡导的一种科学性与艺术性相结合的教学方法。正如蔡澄清先生在给“点拨法”作界定时所说：“‘点拨法’是一种‘现代化’的教学方法，是因为它在总结吸收前人创建的理论与实践的基础上有了新的发展与提高，已经注入了新时代的活水。”（《语文教学方法论》，北京出版社1991年版，第70–71页）一种新的教学方法的“分娩”不是空中楼阁，更不是无源之水和无本之木，它的根系深深扎在传统教育思想和教育经验的肥沃土壤里。孔子说："不愤不启，不悱不发。举一隅不以三隅反，则不复也。"（《论语·述而》）《学记》里提道："君子之教，喻也。道而弗牵，强而弗抑，开而弗达。道而弗牵则和，强而拂抑则易，开而弗达则思。和易以思，可谓善喻矣。"叶圣陶说，老师之教，不在于全部讲授，而在于相机诱导。如此等等，这些都是点拨的"源头"。"在当代同行那里，时时可以发现点拨的艺术火花，于漪、钱梦龙、章熊、魏书生等名师的教学经验始终是点拨者追踪研究和认真学习的内容。"（蔡澄清、陈军：《谈语文点拨教学的理论基础和实际运用》，《课程·教材·教法》1996年第12期，第21页）这些又是点拨的"活水"。刘正伟先生在《中国近现代语文教育方法之嬗变及特征》中说："新时期每一种语文教学法都不再固守原有的领地，而是相互吸收、相互扩张、相互融合的态势。通过吸收其他方法的长处，不断丰富和完善自己，导读法、自学辅导法、评点法都有明确的目标体系；而单元教学法、目标教学法、问题教学法又都十分强调导读、自学和评价。真所谓你中有我，我中有你。"（《中学语文教学参考》1997年第1–2期，第7页）在学习和运用"点拨法"的过程中，人们明确一种新的教学方法与其他教学方法"你中有我，我中有你"的辩证关系，那么，对"点拨法"与"导读法"，乃至其他教学方法的区别和联系就不会那么胶柱鼓瑟了。因为马克思主义哲学的共性与个性的哲学原理告诉我们，共性存在于个性之中，是从个性中抽象概括出来的。点拨法也好，导读法也好，甚或其他教学方法等，继承和借鉴是它们的共性，而创新是它们的个性。"但是继承和借鉴决不可以变成替代自己的创造，这是决不能替代的"（《毛泽东选集》第三卷，人民出版社1991年版，第860页）。否则，另立名目，岂不多此一举？即以提问为例，点拨法要用这一形式来"点拨"，导读法也要用这一形式来"导读"，其他教学方法也要用这一形式，我们不能因为它们都采用了这一形式就认为这些教学法没有区别。因为内容决定形式，形式是为内容服务的，起决定作用的不是形式和手段，而是内容和目的。明乎此，就不会舍本逐末，纠缠于细枝末节而吹毛求疵了。

二、方法与模式

一种新的教学方法的问世，人们总是关注它的可操作性和具体模式。这是因为长期以来“没有规矩不成方圆”的传统思维模式根深蒂固于人们的思维定式中。所以，一提什么“法”，目光总是聚集于几步几阶的程式。点拨法既然是一种教学方法，理所当然不能回避方法和模式。一般来说，模式是刻板的，它是一种固定的格式或标准的样式，只能照搬或套用，而方法则是灵活多样的，它充满了灵性，它不是放之四海而皆准的万灵药膏，而要灵活机动地因材施教，到什么山上唱什么歌。点拨法所倡导的方法和模式又有别于其他教学方法的具体模式。这就是蔡澄清先生力倡的“点拨有‘法’而无‘模式’”，这是点拨的创新之论。因为在语文教学法演变和发展的漫长征程中，为了提高语文教学效率，人们不断地从科学性原则出发去量化和定格语文教学规律，这当然是令人欣喜的事。但也同时暴露出另一个弱点，忽视了语文教学自身的个性，这就是语文教学不同于数、理、化等自然科学的教学，它是通过不同课文的教学来完成传授知识、培养能力、熏陶情操的任务，而每一篇课文各是一个充满灵性的教学个体。很难想象，不同个性的课文都用同一模式或方法去教学，那不就成了“万马齐喑究可哀”的局面吗？这就显露出模式的局限性了。如果说钱梦龙先生的“三主”“四式”，魏书生先生的“六步”更注重于体现科学性，而点拨法的“无模式”恰恰更注重体现语文学科自身规律的艺术性。但是，这种艺术，不是“羚羊挂角，无迹可求”，否则，怎能成为一种新的教学方法呢？它也有“法”，指的就是“教无定法”的“法”，它只是一种教学方法而不是一种固定不变的模式。这个“法”也如同“文无定法”的“法”一样，充满了灵性与活力，而不是僵化的教条。这种“法”内容丰富，形式多样（参见蔡澄清《语文教学方法论》中示例的十种点拨术）。教者可以各擅其长，各显神通，条条大道通罗马。所以，它“不拘一格”，既有传统的教学方法的直接利用，更注重教者不断创新发展的个性，让教者在教学实践中去不断发现、丰富和发展，从而使这种“法”充满着无限生机活力，充满着语文教学艺术的灵性，是对那些把不同课文的教学同归于一个方圆之内的僵死做法的反动。因为“戴着镣铐跳舞”无论如何也展现不出优美的舞姿。点拨法的同文异法、异文同法、一文多法与那些单一的异文同法的模式相比较，其优势和灵活性不言而喻。所以，“有‘法’而无‘模式’”实际上就是对语文教学规律的科学性与艺术性相结合的最好阐释，它追求的是语文教学由“有我之境”向“无我之境”发展的境界。这种境界正是马克思主义哲学的具体问题具体对待和事物是不断运动发展规律的体现和运用，也是否定—肯定—否定的唯物辩证法对语文教学艺术指导的结晶。

三、主体与客体

教材与师生之间的协同关系是任何一种教学方法改革过程中都面临的现实问题。教材是一个稳定的客观存在，而教师和学生却是动态的充满着不同个性的发展个体。如果说教学活动是一种审美的过程的话，那么，师生与教材之间的关系就是审美主体与审美客体的关系。在点拨教学的实践过程中，教与学的认识活动过程必须做到主体与客体相统一，才能提高语文教与学的最大效益。但是，这种主体与客体的统一又是运动中的统一。从教的角度来说，老师是主体，学生是客体，老师要充分发挥自己的主导作用，通过点拨去催化知识的产生。教师是“使知识自己产生的产婆”（苏格拉底语）。教师在这里的作用是向导，是引路人，他要“尤宜致力于‘导’，导者，多方设法，使学生能逐渐自求得之”（刘国正主编：《叶圣陶教育文集》3卷，人民教育出版社1994年版，第489页），从而完成传授知识、发展能力的任务。从学的角度来说，学生又变成了主体，教材又成了客体，学生知识的获得，能力的培养，是通过教材来实现的。只有充分发挥学生的主观能动性和积极性，使学生“真心内动”（王夫之语），激趣促思，才能完成点拨任务。因此，点拨教学的教学活动规律是双主体共同发挥作用，在教师的主导下，充分调动和发挥学生的主动性，才能取得成果。而“画龙点睛”的点拨正是着眼于发挥老师和学生这两个主体的作用，充分发挥教与学的积极性。它遵循的是唯物辩证法的内因与外因相结合的规律，在教学活动中灵活运用了矛盾的主要方面和矛盾的次要方面相互转化的辩证规律。

如果我们从“因材（教材、学生）施教”的教学原则产生的实践基础来考察，我们的疑虑便会涣然冰释。在班级授课制的限制下，任何一种教学方法的改革都要面临着不同层次的学生，没有哪一种教学方法是专为某一个层次学生专门设计的，点拨法要解决这个问题，其他教学方法同样要解决这个问题。关键在于“因材（教材、学生）施教”的原则在不同教学方法的实践过程中的灵活运用问题。在点拨教学中，教材是中介，是老师教和学生学的具体内容，因而必须根据中介的不同性质与特点来“因材（教材、学生）施教”。“教亦多术矣，运用在乎人”（叶圣陶语）。我想，这是最好的阐释和回答，“点拨有‘法’而无‘模式’”的创新之论同样适用来点拨不同层次的学生。同一篇课文，在甲班可以用这样的“法”去点拨，在乙班可以用那样的“法”去点拨，何愁拨而不动呢？所以，“点拨之‘法’，求其灵活、实用、高效而已矣”（蔡澄清语）。这同样是马克思主义哲学的具体问题具体对待的哲学原理的灵活运用。因此，从主体与客体相统一的辩证关系来看，师生与教材之间的关系在点拨教学中是教师与学生、教与学的有机统一。

四、知识与能力

时下，受应试教育的影响，语文教学中“精雕细刻”的讲授之风日炽，而点拨教学的“立片言而居要”好像“很不入时”。在点拨教学的实践过程中，人们总是疑虑：“画龙点睛”式的点拨，学生能考出好成绩吗？其实，这个问题的症结在于如何认识语文教学中知识与能力的对立统一。从传授知识与发展能力的辩证关系来剖析，再高明的教师也不敢说他把每篇课文的知识传授得完整无缺，任何一个学生也不可能把他将来走上工作岗位以后需要的知识在中学里全部学尽。只有正确处理好“授之以渔”与“授之以鱼”的关系才能达到“教是为了达到不需要教”（叶圣陶语）的目的，才能真正发展学生的语文能力。所以，新教学大纲中就明确规定培养学生“使他们具有基本的阅读、写作、听话、说话的能力，养成学习语文的良好习惯”。点拨法正是从培养学生能力的远见卓识入手，不仅强调学生要学会知识，更强调要培养能力，通过种种点拨之术，“让学生自己去发现种种的法则”（叶圣陶语），“举一隅而以三隅反也”（蔡澄清语），真正把知识转化为能力。因为单靠死记硬背字、词、句、篇、语法、修辞、逻辑、文学常识等知识是不行的，怎样学会运用这些知识去解决实际问题才是能力，这种解决实际问题的能力才是学生真正的语文素质。点拨法针对语文教学中重知识传授、轻能力培养，重教材灌输、轻教法改进和学法指导的痼疾，灵活运用“相机诱导，适时点拨”的方法，充分调动学生的学习积极性，激发学生的学习兴趣，教会学生获取新知识的能力和方法，训练学生能够运用所学的知识和方法，不断补充新的知识，解决新问题，从而为学生适应未来信息社会发展的需要打下坚实的基础，按照知识、能力、素质的协同性发展原则，从素质教育的高度去提高学生的语文素质。

因为“今日的中学生是90年代、本世纪末、下世纪初各个建设领域的后备军，培养塑造他们……都应具有现代人的素质，应该思想活跃，富于理想，自学能力强，善于吸收各种信息，能不断更新自己的知识结构，勇于改革创新。语文教学就要为实现这样的培养目标打下扎实的基础”（于漪语）。所以，点拨法认为，提高学生的语文素质是根本，提高了学生的语文素质就能“提高语文教学效率，用较少的时间取得较好的成绩”（吕叔湘：《吕叔湘语文论集》，商务印书馆1983年版，第337页）。近几年的高考语文试题不就是很好的证明吗？还是蔡澄清先生的总结最具说服力。他说：“我三次教改实践证明：运用点拨法进行教学，可以解决教材多、教时少的矛盾，可以调动学生的学习积极性，提高教学效率，培养和发展学生的能力，取得较好的教学效果……都经过高考和中考的检验，都达到并超过了普通班多学一至二年的毕业水平，这些都是有检验成绩可考的。”（《关于语文点拨教学法的几个问题——答青年教师问》）实践是检验真理的唯一标准。从传授知识与发展能力的辩证统一关系来审视点拨教学，它使我们坚信任何成功的教改与应试之间的关系不但不是水火不容的矛盾，而且还是相辅相成的统一。因为改革即意味着除旧布新，在继承的基础上开拓创新，它遵循的是新事物不断战胜旧事物的新陈代谢的发展规律，而新事物有着无限的生机和活力，它是“否定之否定”的辩证法规律的生动体现和具体实践。

辩证法是马克思主义活的灵魂。恩格斯说：“辩证法是关于普遍联系的科学。”（《自然辩证法》，人民出版社1971年版，第3页）列宁说，辩证法是“最完整深刻而无片面性弊病的关于发展的学说”（《列宁选集》第2卷，人民出版社1972年版，第442页）。实践证明：如果我们用普遍联系和发展的观点来看待点拨教学实践过程中出现的这些矛盾，从哲学的高度来分析问题、解决问题，不但能避免形而上学的主观臆断，而且还能用发展变化的观点研究点拨教学实践过程中不断出现的新问题，寻找点拨教学实践的规律性，不断地积累点拨教学的实践经验，丰富、发展和完善点拨教学的科学理论，使“点拨法”这株新葩，在时代“活水”的滋溉下，充满活力。

（本文发表于《中学语文教学参考》1998年第7期，获1998年安徽省优秀教育科研论文二等奖，获1998年全国中学语文点拨教学研讨会论文一等奖，1999年经安徽省教育科学研究所推荐被评为“全国基础教育研究优秀论文”，并收入《中国基础教育改革论丛》）

辩证的灵光在闪烁

一堂语文课教什么—怎么教—为什么教，是教师在施教前的蓝图设计；当理念化成具体的教学实践时，它又是教师教学观念的真实折射。为了探索提高语文课堂教学效率之道，笔者运用蔡澄清先生创立的“点拨教学法”进行了《范进中举》的实验教学，在理论与实践相结合的探索流程中，现摘取几点随想，录为下文。

一、破与立

语文教什么，大而言之，这是有关语文学科的性质和任务的大问题。具体到一堂语文课到底教什么，小而言之，这是有关教师处理教材的观念和目的的小问题。一方面，长期以来，语文课堂教学的流程仍是单一化、模式化占上风，凯洛夫的五段式教学法流行不衰。究其原因，轻车熟路，模式固定，操作容易，无须费神。须知，这样千篇一律的处理教材方法，岂不是抹杀个性？还谈得上什么因材施教呢？无怪乎学生对语文课产生莫名的烦倦情绪，没有新鲜的活水滋溉，再好的鲜花也会慢慢枯萎的。另一方面，由于应试教育的负面影响，语文课堂教学被割裂得支离破碎，一堂完整的语文课，往往被应试要求的各个知识点网牵住，教师诚惶诚恐，唯恐知识点疏漏，语文课变成“天网恢恢，疏不而漏”的应试知识点的搜罗课，教学的灵性和活力逐渐被销蚀以至钝化。因此，一堂语文课往往是细枝末节面面俱到，其结果是只见树木，不见森林，孤零零的几个知识点飘摇在风雨之中，“墙上芦苇头重脚轻根底浅，山间竹笋嘴尖皮厚腹中空”也许就是它的效果。审视上述两种倾向，笔者针对《范进中举》一文的特点，进行了大胆取舍，在这节课的教学设计上，重点解决两个问题，一是人物形象，二是塑造人物的方法。这样一来，课堂教学中心明确，避免多中心即无中心的弊端。教师示例分析范进这个人物形象，“授之以渔”；学生学着分析胡屠户形象，“举一反三”。在求精、求专、求实上下功夫，夯实一点，辐射其余，重点突出。这样点拨，学生起码明确一两个比较深刻的问题，比起那些面面俱到、走马观花、蜻蜓点水的狂轰滥炸，其效果应该不言而喻。

其实，一堂语文课要想把什么东西都教给学生，这是不现实的。好心不一定能做成好事，更何况知识是无穷尽的，如何“教”得了呢？“教材无非是个例子”（叶圣陶语），示例引导的影响是深远的，学生学习的道路还很漫长，教师能够穷“教”不舍吗？语文这门课程犹如一棵硕大无比的知识树，每堂语文课所解决的知识与能力问题，恰如这棵树上的每一个硕果，如果一堂课让学生跳起来把所有果实都摘下来，都尝一尝滋味，那是“食而不化”的消化不良，还谈得上个中滋味吗？由此，我想，魏书生先生关于语文教学“知识树”的设计和操作，对我们不无启发。还是蔡澄清先生说得好，语文教学是一个呈螺旋式循环往复的教学过程。这堂课的知识点没有重点解决，下一堂课我们还有机会去接触。我们应该打破陈规，更新观念，解放思想，让语文课堂的学生翅膀腾飞起来，飞溅起一点灵感和智慧的火花；让破与立的辩证法在语文教学实践的肥沃土壤里生根、发芽、结果，并不断指导、矫正语文教学实践。

二、点与面

语文教学改革的终极目的都是为了提高语文课堂教学的效率，培养和发展学生的语文能力，提高学生的语文素质。如何提高语文课堂教学效率，不但要有宏观上观念的更新与解放，而且更应扎实于微观上具体实践的点滴探索，在实践的基础上总结出提高效率之道，才能令语文生命的涌泉汩汩流淌，长久不衰。语文课堂教学效率不高，步履维艰，迫使我们不得不去探索、去改革、去实践。用什么方法才能“省时力而收获丰”（蔡澄清语）？蔡澄清先生的“点要害，抓重点也”，对我们是一个很好的理论指津。

任何一篇课文都有一个触发学生思维火花的引爆点，如何撬动学生思维的杠杆，引爆其创造和勃发的动机与兴趣，关键在于找到提高效率的切入口。庖丁解牛为何游刃有余，正是由于他谙熟牛的肯綮，刀之所至，才使牛体訇然裂开。一堂语文课，教师从何处切入课文，用什么方法来解剖课文，它既是语文教师业务能力和修养高低的有效检验，更是语文课堂教学效率能否提高的前奏。在运用“点拨法”进行语文教学时，人们往往更多注重的是一个个微小问题的点拨指导。其实，每一个小问题相对于整篇课文的点拨来说，它恰恰是小小的火星。“星星之火，可以燎原”，必须凭借“大点拨”思想的确定，只有宏观上洞察全面，才有微观上应付裕如，否则，点拨教学将流于随意无序的境地，也有悖于点拨教学的理论精髓及理解操作。因此，在点拨教学实践中，它迫使我们思考与定位“小点拨”与“大点拨”的辩证关系，也就是“点”与“面”的辩证关系。在《范进中举》一文的教学过程中，我们试图从“大点拨”思想出发，设计了师生共同讨论分析范进这个人物及塑造方法的流程，然后让学生举隅推导，自己试学着分析胡屠户这个人物形象，甚至拓展到课后自己学着分析张乡绅及众邻居形象及塑造方法等宏观的“大点拨”思路，着眼于能力训练和提高课堂教学效率。为了完成“大点拨”的任务，在“小点拨”的具体实践上应具体、扎实、明确、集中，不能大而无当，游离中心。因此，笔者选择该文的高潮处——范进中举发疯情节为切入口，重点点拨“噫！好！我中了”一句中“好”字的三层内涵，“牵一发而动全身”，从中间引爆使文章訇然中开，瞻前顾后，紧扣范进“疯话”的酸甜苦辣，辅之精粹的名言俗语分析批判，范进的形象和对比与夸张的讽刺手法豁然开朗。“举一反三”，学生试着自己分析胡屠户形象及塑造方法，自然水到渠成，教师稍加点拨即可，能力与效率的提高自然是事半功倍。因此，一堂成功的语文点拨课的“点”“面”结合，应是课文知识点、能力点和效率点三者合一的有机结合，它绝不是“东一榔头西一棒槌”式的静态单一的知识点的轰炸式灌输。只有做到这样，“点拨法”才能得到真实具体的体现和运用，它既是一种教学思想、教学原则、教学观念，也是一种教学方法。

三、扶与放

语文教学如同导儿学步。“譬引儿学步，独行所切盼，逐渐去扶翼，终酬放手愿”（叶圣陶：《叶圣陶语文教育论集》上册，教育科学出版社1980年版，第1页）。“扶”与“放”的辩证关系，叶老早有切盼。时至今日，纵览我们的语文课堂教学现状，是包耶？扶耶？还是放耶？为什么封建专制的包办婚姻遭到人们强烈的反对？为什么一向恪守传统的相声演员也走下舞台，与民同乐？教师如同演员一样，只不过人生的舞台不同罢了。“他山之石，可以攻玉。”语文课堂教学包办代替，扶得过死，放不下去的现状亟须改革，否则，发展能力岂不成了一句空话？反思高考中考试题中主观表述题得分率低下不是一个很好证明吗？点拨教学的多向流程的交流方式为学生综合能力的培养创造了良好的氛围。当师生共同燃起思维的火花，经过碰撞磨合，在点化中凝聚成结晶，其含金量的高低优劣分明。演绎和归纳本是思维的两种方式，笔者无意厚此薄彼，语文课堂教学的能力培养是多元化的，手段也是多维的。点拨教学课堂实践流程在“点”与“拨”的操作上为我们提供了很好的“扶”与“放”的原则。在《范进中举》一文教学中，我们在分析“好”字内涵中，学生意见纷呈，通过师生共同点拨讨论以后，诸流同归，三层内涵被归纳而出。在分析归纳胡屠户形象时，学生表述各异，但其本质一致，求异求同，各臻其妙。“死”与“活”，“扶”与“放”，何求一隅。“举一隅而以三隅反也”（蔡澄清语），这才是能力。

"诗无达诂"。求异创新本是少年学子的创造本性，非A即B不能越雷池一步的标准答案，无疑会扼杀学生的创造激情，使语文教学背离了"语文"二字的属性。"教无定法"，教师在课堂上只有做到具有"敏锐的洞察力，争议时的拨乱力"（蔡澄清语）等多种综合能力，才能化"死"为"活"，敢"扶"敢"放"，"扶"得自如，"放"得轻松。这就是点拨教学语文课堂教学实践的辩证法。

语文课堂教学是一个多彩缤纷的艺术世界，喜怒与哀乐，创造与激情，鲜花与掌声……流淌成一弯弯清澈亮丽的小溪，让破与立、点与面、扶与放的辩证灵光，拥抱溪水，闪耀跳跃，创造辉煌。

（本文发表于《中学语文》1998年第7期，获1999年芜湖市中学语文教育教学研究论文评选二等奖）

点燃创造的星火

——点拨教学探索之一

越来越多的人认识到：21世纪教育研究的焦点将是如何培养学生的创造思维能力。站在世纪之交的教育坐标上，如果冷静审视一下我们的传统语文课堂教学，强求统一的思维定式是何其根深蒂固，而“民族没有创造，就没有未来”（恩格斯语）的世纪黄钟大吕又是那样的震撼人心，催人奋进。如何点燃学生心中蓄积的创造星火，笔者在运用蔡澄清先生创立的“点拨教学法”进行《芙蕖》一文的教学实践中，记录了几缕探索的足迹，以飨同仁。

一、营造创造的氛围

点拨教学的教学主客体关系论始终坚持：教师是教的主体，学生是学的主体，“双主体”同频共振才能碰撞出创造的火花。语文课堂教学是否充分发挥学生的学习自主性和主人翁精神，如何营造教学流程中的民主和谐的气氛，这是点燃学生创造性火花的温度和气候。没有宽松的教学氛围，创造的活力无法释放出来，只能慢慢地钝化以至销蚀。试想，一堂语文课始终是老师满堂灌，不给学生主动参与学习活动的权利，学生的创造萌芽可能会被扼杀在摇篮里。实践证明：任何科学领域里的专制结果只能是扼杀创造，抹杀个性。相反，如欧洲文艺复兴时期的文艺繁荣，马克思发现的剩余价值理论，我国对香港实行的“一国两制”方针，都是在开放民主的思维方式中挖掘出的新路子。这些实践对语文教学不都是一个很好的“他山之石”吗？时代需要创造，创造需要改革，改革需要更新观念，营造创造的氛围。因此，在设计《芙蕖》一课的教学构思时，笔者针对该文是一篇陈材出新的自读课文，在尊重每个学生都是有创造潜力的活生生的人的观念指导下，根据该文的“创新”特点，努力培养学生的创造能力，调动一切可以创造的契机，营造学生创新的氛围，因材（教材、学生）施教，坚决打破常规的由教师“导入—讲授—小结—作业”四大板块，改为在教师的创造性点拨下由学生自己“导入—朗读—质疑—讨论—小结—创新”的教学模式，把学习的主动权下放给学生，教师只是一个导演，示例点拨。结果学生在“导入”课文时就给我们创设了一个全新的感觉，有一个学生找来一首同材诗词周邦彦的《苏幕遮》一词，通过对该词中荷花之美的文学欣赏，把大家带入了一个别有洞天的创造福地，学生在未入正文之前，先已享受了一番荷花的清香馥郁，高远淡雅，为下文的创新营造了一个良好的氛围。同写荷花，实乃“奇文共欣赏，疑义相与析”，学生心中蓄积已久的思维扩散性和创新性，已然积淀，只需点燃导火线，便会一触即发。

显然，学生的创造潜力如同一个巨大的核电站，如果教师管理有方，调控得法，那么能量的释放是无法估计的。因为我们面临的是一个个充满青春活力的创造个体，每一个创造个体都拥有“奇思怪想”，只要给他们施展的英雄用武之地，创造的火花定会“花开春日，星灿碧空”。反思我们的语文课堂教学；为了灌输几个枯死的语文应试知识点，唯恐学生脱离定轨思维的缰绳。以老师的标准答案来扼杀众多创造个体的“奇思怪想”，学生由“敢想而不敢言”，慢慢地枯萎成“不想也不言”，唯命是从，唯听是记，创造的星火浇灭于僵化求同的思维定式之中。我常想，为什么有的演员可以临时改变导演的创作意图反而创造出出奇制胜的效果，而我们的语文课堂教学为什么不兼听学生的“奇思怪想”呢？教学相长，教学民主，教学新活的原则落在何处？点拨教学多维的思维方式，立体的师生活动空间，教学主客体的民主科学的创造氛围，正是我们点燃创造星火的沃土，孕育滋养着创造的幼苗。

二、点动创造的灵犀

阅读是一项复杂的心智活动，制约阅读教学的创造性因素是多棱的。文化积淀的深厚、背景知识的广博、思维品质的优良等诸多因素决定了阅读品质的含金量。阅读又是丰富多彩、富有创造性的，这是由阅读的多解性决定的。“诗无达诂”。阅读的多解性正是促进创造思维启动的杠杆，是创造火花碰撞的节点，撬动杠杆，点燃导火线，将会出现“星星之火，可以燎原”的局面。人们常说，“一千个读者心目中有一千个哈姆莱特”，任何一篇课文都有创造的火花在闪烁，如何撬动创造思维的杠杆，碰撞出创新的火花，点动创新的肯綮至关重要。由于点拨教学的课堂原则是“点重点，抓重点，析疑点”，这样就为学生独立创造开辟了广阔的思维空间，学生有充裕的时间和广阔的空间去经历创造思维的历练。教师的导演功能是点中穴道，通畅思维的血脉，点动创造的灵犀，调动一切手段激发学生的创造欲望，促使他们勇于实践和创造，让创造思维燃烧到亢奋点，这样才会一触即发，创造的活水才会汩汩流淌，熠熠生辉。因此，教师设置、创新火点，设置矛盾焦点，点拨疑难点，开启思维网点是点动学生创造灵犀的四维支柱。笔者在《芙蕖》一文的导读过程中，设置了课文最后一段的创新火点，即设置了“李渔写此文仅是表达对荷花的酷爱和无半亩方塘而植之的遗憾惋惜之情吗？是否还有言未尽意之处？”的矛盾焦点，聚焦无疑之处，点拨学生在无疑处去生疑，结果学生根据最后一段中的三处语句，知人论世，开启思维扩散的网点，运用了逻辑思维、形象思维、辩证思维、正向思维、逆向思维、求同思维、求异思维、发散思维、集合思维等方法，从不同的视角去分析，新见迭出。或从“予四命之中，此命为最”的酷爱之情，推导出李渔崇尚高洁的人生境界；或从李渔的身世背景解读“竟不得半亩方塘为安身立命之地”的矛盾心绪和难言的影射；或从“望天乞水以求之”的消极抗争与柳宗元的“故为之说，以俟夫观人风者得焉”来求同比异，宏论文人的历史悲剧。创新的闸门渐渐地宕开，教师点疑拨难，学生灵慧泉涌，学生的创造意识被激活，创造血脉被打通，创造能力得到了高品质的历练。

实践证明，学生的思维层次不只是浅层次的简单问题的回答和讨论，也不是唯师命是从的一家之言的水平面层次。对于高中学生来说，思维交锋，能创造性地参与讨论，提出自己的独立见解，是他完全具有的较高层次的思维品质。因此，如何培养学生的创造性思维品质既是新时代的需要，也是我们语文课堂教学应该直面的现实。阅读教学中允不允许学生有不同的解释，是培养学生创造思维的一个很重要的环节……每个读者都必然也有权利按自己的方式去解释作品。事实上，我们今天教《孔乙己》就是按照茅盾的解释而不是鲁迅自己的解释。那么，又如何对待学生的主观作用呢？能不能，提倡不提倡有不同的解释呢？这是我们应该深思的问题。

时代呼唤创造，创造需要点拨，语文课堂教学的创造星火需要我们语文教师去培育、去发现、去点燃。所以，爱因斯坦说：“发现一个问题比解决一个问题更重要”；陈献章说：“学贵知疑，小疑则小进，大疑则大进。疑者，觉悟之机也。一番觉悟，一番长进。”今天我们在小小的教室中培育、发现与点燃创造的星火，正是明天新理论、新发明、新创造的胚芽。

三、荡起创造的涟漪

语文课堂教学追求的理想境界是“新、实、活”。“按照美的规律来塑造物体。”（马克思语）“要想出美的办法把语文课教得美一些，让学生也学得美一些”（蔡澄清语）是点拨教学的美学追求。毋庸讳言，长期以来，我们的语文课堂教学活动还是沉闷占主导地位，偶尔有些创意，多数还是在形式上做文章，看起来热闹非凡，但能否在学生心灵上镌刻深深的印记，结果往往是事过境迁，昙花一现。“新”在花拳绣腿，“活”在表面繁荣，而“实”在何处，很难评说。一堂语文课没有高品位的创造思维品质，没有平平淡淡才是真的实质内含，“新、实、活”附着在何处呢？马克思主义哲学告诉我们，内容决定形式，形式是为内容服务的。我们不贬低形式的作用，但语文课堂教学真正的“新、实、活”应是学生创造心灵的唤醒和创造精神的铸炼。一堂语文课应让学生心灵的底片感光，让学生心中荡起创造的涟漪。而现实状况是我们的语文课堂教学往往是开头热热闹闹，中间小打小闹，结尾狗尾续貂，没有波澜起伏的高潮，更谈不上学生心旌摇荡，“凤头、猪肚、豹尾”的课堂教学艺术律动的曲线往往偏离轨道。学生满腔激情来学课文，结果普普通通地散场，弄得大汗淋漓，头脑空空、苦不堪言，美在何处？哪里还有什么激情去创新？

其实，一堂语文课如同一幕幕平平淡淡的生活戏剧，应该有酸甜苦辣，也有喜怒哀乐；有和风细雨，也有微风涟漪，朴朴实实而又缤纷壮丽。让学生在“山重水复疑无路，柳暗花明又一村”的创造丛林中去跋涉，在“新、实、活”的美学芳园中拾萃寻芳，才能荡起学生创造的涟漪，铸炼他们创新的品质。“教是为了达到不需要教”，课堂教学的“新、实、活”就是学生创造精神的楷模。在《芙蕖》一课结尾时，笔者用比较法小结了历代文人描写荷花的文章，朗诵了许多描写荷花的名言警句，调动学生已贮存的想象和联想信息，再次拨起创造的火花，小结道：“既然从古到今这么多人都在荷花上写出充满新意的妙文，而‘江山代有才人出，各领风骚数百年’，我们在座诸位学生都是新时代的才子佳人，定会‘青出于蓝而胜于蓝’，请大家各抒己见，独创新意，写出新时代的荷花。”学生在一片欢笑声中结束新课，但创造的心灵被激荡，高潮再起，心中荡起创新的激情，结果学生在本周的小练笔中大显身手，新见纷呈，奇文妙语，新人耳目。有“绿蓬掩清涟，微风扶弱芳”的婉约，有“绿影千重点点红，一片娇翠鲜欲滴”的清丽，有“莲叶摇摇，小亭慢斟”的逍遥，有“锦鳞游泳，鱼虾嬉戏”的欢娱，实乃童心真趣，各臻其妙。更有哲理遐思，启人睿智的新说：“冬之蜡梅，绛红似火；秋之黄菊，娇媚可人，其皆可胜寒，亦一憾也。综而思之，当取芙蕖之优补梅菊之过，如成之，实乃一大快事也。人之所在，是必效之，取他人之长补己所短。”“新、实、活”铸炼了学生的创造精神。被激活的创造思维，滚涌蒸腾，幻化成一片片绚丽的彩霞，创造出一篇篇华彩的篇章。

我们所处的时代比任何时候都需要创造，因为创新是我们民族不断进步的灵魂。让我们点燃创造的星火，阔步迈向新世纪吧！

（本文发表于《安徽教育论坛》2001年第1期，获中国教育学会全国中语会语文点拨教学研究中心“语文点拨教学实验研究”课题评审、推广暨学术报告会论文评选一等奖）

放飞创造的诗情

走进青春涌动的语文课堂，我想我们的语文课堂教学是应该追求一点激情和诗意的。因为这是一方放飞创造诗情的绿茵，生命的跳动，个性的张扬，传统的反叛，都荡漾在这如火如荼的青春绿波中。多少年来我们的语文课堂教学在“理性”和“规范”的思维跑道上踽踽独行，结果，我们把自己“捆死”在这个“理性”和“规范”之中，我们的学生也“僵死”在这个“理性”和“规范”之中。教学的诗意，创造的诗情，也钝化在这平庸而又枯燥的程式化课堂。而织丝缕为锦绣，凿顽石为雕刻的语文课堂教学，是莘莘学子心动的磁场。以人为本，释放创造的激情，让学生倾听自己的心跳，是语义课堂教学追求的无“我”境界。为了实现这一理想，我在近二十年的中学语文教学实践中，始终不渝地追寻着“新、实、活”的语文教学艺术，让学生在五彩的语文课堂上感受着语文的柔媚之光。

一、放飞新理念，走进新课堂

放飞求新：走进新概念课堂，这里的风景常新，我怎能不寻找知音？

我总忘不了泰戈尔的一句话：“不是锤的打击，而是水的载歌载舞，才使鹅卵石臻于完美的。”当语文教学改革的航船已经驶进21世纪的历史长河之时，当“新概念”一词广泛渗透到我们生活中各个领域之时，“新概念课堂”理应成为我们语文课堂教学改革和追求的一个新目标。

以人为本，发展个性，提高素质，努力创新是“新概念课堂”包孕的世纪之魂。一堂成功的语文课，它的内容特质应是“新概念课堂”思想的具体体现，它的表现形式应是“总把新桃换旧符”。活水长流，风景常新，语文课堂教学的艺术风筝怎能不放飞腾空？中国有句古话叫作“放长线，钓大鱼”，此语用在语文课堂教学新概念的放飞上实在是既通俗形象，又哲理隽永。风筝飞得高，是因为我们的绳子放得长，学生能力的高低取决于教师放飞绳子的尺度大小。而放飞尺度的把握又是一个教师教学观念解放与否的真实折射，是一个教师教学艺术娴熟与否的检验，是一个教师教学风采个性化鲜明与否的展现，当然更是学生创造能力铸炼与否的检测。“该出手时就出手”，走出语文课堂教学“理性”与“规范”的羁绊，走进“新概念课堂”，这里的风景常新，我怎能不寻找知音？

请看我们的放飞踪影，这里有你我寻找的知音。

读解《就是那一只蟋蟀》，由男女同学诗朗诵台湾著名作家余光中《乡愁》一诗导入新课，把我们带进了诗人咏唱的一个永恒的情结——故乡永远，乡情悠悠。而背景音乐马思聪的小提琴独奏曲《思乡曲》，使学生神思绵邈，学生满怀深情地感悟道：“多少次把月光哭成一条回家的小路，多少次请一颗小星遮住眼帘装作不知道家在哪一方，多少次举杯邀月，是要怎样的不辞不归才能忘记那一种扯心扯肺的痛啊……”（陈静抒《今宵别梦寒》）“《思乡曲》拉动了小提琴，五线谱向远方飘去，那一个个音符是蟋蟀跳跃的足迹，历史的书页在翻动，页页都记载着一只唱歌的蟋蟀。花木兰摇着织机，蟋蟀为之伴唱；思妇倚在门边，伴着蟋蟀的唱歌声，想念着在外的丈夫；在外奔波的人，手托一只蟋蟀，回忆着门前的桑梓树。从小到大，从春节到中秋节，从春华到秋实，从雁子往北飞到往南飞，从草垛一点一点地增高，从母亲由黑发变白发，哪一个场景没有蟋蟀歌声的陪伴？”（戴艳《故乡——我心永远》）摄取教学流程的一个小小环节的放飞镜头，它使我们坚信：放飞我们的教学理念，一堂语文课总会有星光灿烂的风景；张扬教师的教学个性，语文课堂永远流淌着生命活力；释放学生的创造激情，定会有创新成果的迭现。

因此，小到一个教学环节的放飞，大到一堂课的整体放飞，都会使课堂教学呈现百花齐放、百家争鸣的蓬勃局面，我们为何要紧握手中的缰绳诚惶诚恐呢？松松我们的手，让学生自由徜徉于语文“习得”与“学得”的百花园中，让学生自由驰骋于诗情画意的语文课堂上，寻找自己心中的语文“知音”，能力与创新在实践中走向成功。此刻，我想起中科院院士华中理工大学前任校长杨叔子教授在谈到人文精神、科学精神与创新思维关系时说过一个启人睿智的例子。他说，他10多岁读《红楼梦》时总想破译《红楼梦》中的谜语，20多岁读《红楼梦》时却沉迷于林妹妹与宝哥哥的谈情说爱，30多岁读《红楼梦》时潜心于王熙凤管理大观园的统筹方法。一堂语文课，不同的年龄，不同的性别，不同的情感体验，不同的生活经历和知识文化背景的学生在解读文本时，总会出现“仁者见仁，智者见智”的思维层面，我们把所有的学生思维都放在一个平台上控制，我们生产出来的产品将是怎么一个样子，不言而喻。我们讲以人为本，张扬学生的个性，应该尊重学生的创造个性，允许他们根据自己的年龄特征、情感体验、生活经历和知识文化背景去解读文本，释放他们的创造激情，这才是真正全新的新概念课堂。

我总想，一堂成功的语文课，它总是有新的理念、新的实践和新的成果融合其中，它应该以“点拨”为金针，以“创新”为锦绣，“鸳鸯绣成教人看，乐把金针度于人”；它应该以新概念理念滋润课堂，似水柔情，浸润着学生清纯而又鲜活的心田；它应该以新的情境氛围的创设，新的学习方法点拨，新的创造思维碰撞去演绎语文教学的艺术踪迹，留下一片春意盎然的风光。在这里，读解文本，解读一帧精美艺术；读解同学，解读一本青春文学；读解老师，解读一摞人生文化。以人为本，弘扬工具性与人文性为一体的开放式的课堂教学理念和操作模式，如同一池激情荡漾的春水，点击碎石，波澜涌起，千层飞浪，在你我心灵深处回响激荡，此情此景，学生怎能不寻找自己语文学习上的知音情结呢？星星点灯，蓦然回首，那人却在灯火阑珊处！

二、点拨新思维，实践双主体

点拨求实：在我们无路可走的时候，和你握手，心心相印。

20世纪50年代，一部东欧国家的电影，描述了一位汽车司机与一位女工程师门户不当的恋爱，却最终意外获得成功的故事。这部影片的名字叫作《2×2=5》，2×2怎么等于5？语文教师的职能就是点拨学生如何品味这个片名的文学意蕴。领悟“故事背后的情趣，以及抓住这种简朴而隽永的情趣，用一种恰如其分的简朴而隽永的语言表现出来的艺术本领”（朱光潜语），这是一种多么令人神往的艺术境界啊！一篇行文优美或明白如话的文章，受到所谓应试知识点的羁绊，非要神秘兮兮地解剖得天翻地覆，微言大义，高深莫测。其实，大家都明白，每一篇课文又不是经书，教语文不是讲经书，应注重点拨，精讲多练，以练为主，这是我国古代私塾教学的传统经验，它经过了两千多年时间的淘洗。我们今天大讲“学生为主体，教师为主导”的“双主体”论正是古人在教学实践中升华的结晶。古代的先生们讲得很少，教学活动主要是示范、领读、检查，学生在私塾里大部分时间是自己在读、在背、在写，学生的能力就是这样在“学堂”里百炼成钢。由此可见，语文课堂教学的求实精髓，其实早已蕴含在古人的教学实践中，而我们今天的语文课堂教学是否有舍本逐末之嫌呢？不能不令人深思。所以，“点拨法”就是在总结我国传统语文教学经验基础上而概括出的一个既通俗又有效的教学方法。什么是点拨法？简单点说，有两个层面的解释。第一个层面针对教学内容，就是“点重点、拨难点”；第二个层面针对创新教育，应是“点创意，拨新意”，从“点拨”走向“创新”。在我们无路可走的时候，和你握手，心心相印。

请看我们的点拨倩影，这里有你我心心相印的激动。

千古一曲《雨霖铃》，这里有太多的婉曲与风情，为了整体把握词旨，笔者通过为词命题的形式，点拨学生找出“多情自古伤离别”名句，切入题旨，从时间的延宕上寻绎难舍难分的离情别绪，移情入境，物我两融。为了解读《就是那一只蟋蟀》中的审美意象，笔者点拨蟋蟀包含了诗人咏唱的一个永恒的情结——故乡永远，乡情悠悠，在时空观照和古韵沉沉的品赏中，一缕乡愁在蟋蟀的啼叫声中与学生心心相印。更有佳词名句的点拨，使学生第一次亲密接触那些柔肠寸断和乡情难割的动人情节。撷取几朵点拨的浪花，洒下的是一路清纯的心声：“不论古，不论今，不论天荒，不论石烂，也许，岁月只是无情地流逝，但，这一闪而过的瞬间，柳词人留下了一种永恒。它不会被敦煌的黄沙所埋没，更不会被漠河的冰雪所尘封，历史为证，天地为证。人生如斯，真情亦然。这就是为什么历史记住了秦皇汉武，也同样记住了柳永。”（沐玮玮《真情如斯》）点拨“执手相看泪眼，竟无语凝噎”，引发如许创造诗情。“‘便纵有千种风情，更与何人说’，益见离愁之深，而归纳全词，犹如奔马收缰，有住而不住之势；又如众流归海，有尽而未尽之致。其以问句作结，更留有无穷意味，耐人寻味。也许‘明明知道相思苦，偏偏对你牵肠挂肚’最能表达我读此句后的心情。”（汪晨《从此无心爱良夜，任他明月下西楼》）“‘中国人有中国人的心态，中国人有中国人的耳朵，同样的黄皮肤，同样的黑头发，决定了我们有同样的情结，那就是归乡的企盼和对根的眷恋；同样的文化，同样的血脉，把我们紧紧相连，注定了那血浓于水的亲情不泯；同样的母亲，同样的故乡，使我们守望着同一个方向，海潮汹涌，海浪激荡，我心永远’。”（殷嵩《有一个地方名叫故乡》）

点拨文本的精彩之处，引发学生无尽的遐思；点燃学生的青春之火，喷发无穷的创造诗情。以“学生为主体，教师为主导”的“双主体”论是点拨教学课堂操作的规则运动，更是语文课堂教学“求实”的灵魂，它倡导把时间还给学生，把教师解放出来。在学生无路可走的时候，教师点石成金，课堂教学金光灿烂，我们何乐而不为呢？“老师你大胆地向前走”，因为海阔才能凭鱼跃，天高才能任鸟飞。

三、创造新成果，演绎新语文

创新求活：驿动心灵的喷泉，倾听心跳，魂兮归来。

近读《红楼梦启示录》，作家王蒙的一段话给我留下很深的印象，他说："在它（指《红楼梦》）的面前，任何一种评价都是事出有因的，任何一种评价又都是'自圆其说'的一家之言，正像在世界、在人生面前一样，我们感到了那种'知也无涯，生也有涯'，以'有涯'追求'无涯'的困惑和乐趣。"面对语文读本，语文教师的思维应该具有发散性和多元化，不应僵死与教条，"诗无达诂"是一个普遍的真理。列宁曾经说过："玻璃杯既是一个玻璃圆筒，又是一个饮具，这是无可争辩的。可是一个玻璃杯不仅具有这两种属性、特质或方面，而且具有许许多多其他的属性、特质、方面以及同整个外界的相互关系和'中介'。玻璃杯是一个沉重的东西，它可以作为投掷的工具。玻璃杯可以用来压纸，可以用来装捉到的蝴蝶。玻璃杯可以作为带有雕刻或图画的艺术品。"（《列宁选集》第四卷，人民出版社1972年版，第452页）一个普通的玻璃杯，可以发散出这些多元的思维点。我们今天处在一个创新的新世纪，"为创造而教，为创造而学"是新世纪的教育主旋律。从高考作文的探索导向到新的高中语文教材的编辑意图都向我们的语文教学吹来了创新教学的时代气息，语文课堂教学理应踏着时代的浪潮滚滚向前。新的高中语文教材着力在四个层面上去培养学生的能力和实践创新教育，一是整体把握，二是感悟鉴赏，三是积累记诵，四是迁移应用。整体把握和积累记诵需要方法点拨，感悟鉴赏和迁移应用需要体现创新。由于新教材的课文皆是名篇，如何解决课时少而内容多的问题更需要教师的点拨和创新。因此，围绕"点创意，拨新意"的语文教学艺术的探索，正是我们实施创新教育的努力目标。没有教师的创造性教学，何谈学生的创造性学习，千人一面、千部一腔的教学模式既不能调动起学生的学习积极性，更不能培养学生生动活泼的创造潜能。正如作家创作作品一样，一堂语文课，教师不激动，学生哪来激情？驿动师生心灵的喷泉，倾听彼此的心跳，语文课堂教学的“创新”之魂，魂兮归来。

请看师生合奏的创新乐章，这里有魂兮归来的心跳。

设计《雨霖铃》和《就是那一只蟋蟀》教学蓝图，笔者从诗意课题求美，乐画入境激情，诵品课文求新，点拨内容求实，迁移创新求活等方面营造创新的氛围，点动创造的灵犀，激活创造的激情，铸炼创造的精神。以“点评”为中心的课堂主体活动有张有弛，教师和学生同频共振，创造的火花熠熠生辉，创造的血液汩汩流淌，创新的成果层见叠出。剪辑学生课堂读写的标题即可窥斑知豹：“酒醒处云追残月，断肠人泪逝秋江”（殷嵩），“愁字打的心结”（詹妮），“苍凉的美丽”（王俊），“细雨中的梦幻”（陆娟），“长亭晚歌伤离别，今宵酒醒长相忆”（龚燕），“碧水乡情深”（欧曙），“露从今夜白，月是故乡明”（陈静抒），“一个民族的背景”（吕成），“家乡，扯不断的情丝”（沐玮玮）等。

正如有位哲人说过，给我一根杠杆，我能撬动地球。教师放飞语文课堂，学生的创造潜力便可大有作为，学生的创造思维将开出“地球上的最美的花朵”（恩格斯语）。在《就是那一只蟋蟀》“迁移创新”的教学流程中，有一个学生在两分钟之内当堂吟诵了自己创作的《明月·蟋蟀》小诗一首：“银霜洒窗棂，蟋蟀草中吟。问君愁几许，梦里恋乡情。”（汪卫）一石激起千层浪，课堂教学的创造激情在学生心中激起久久难以平静的冲击波，他们在课后练笔中尽情抒写着自己真挚的感悟：“我不记得多少次受人讥笑，我记不清多少次独自一人数着身上的伤，流浪让我明白迷茫，漂泊使我想起故乡，无论在何时何处，祖国的强大才是永远的力量。”（胡蓬《思乡》）。“上完《就是那一只蟋蟀》，回到自己的书房，我特意找了那首费翔的《故乡的云》，明知自己五音不全，却仍声嘶力竭地去唱：‘归来吧，归来吧，浪迹天涯的游子；归来吧，归来哟，我已厌倦漂泊……’”（项艳《秋的清愁》）

诗意洋溢的课堂，时时闪现瑰丽的彩虹，我们的语文课堂应该充满诗意，我们的语文课堂太需创造激情。“腹有诗书气自华”，教师满腹经绘，学生满腔激情，才能合奏起令人心动的创新之旋律。

让我们以"雄关漫道真如铁，而今迈步从头越"的探索精神，求索跋涉在中学语文教学"新、实、活"的艺术征程上，追寻"新、实、活"的语文教学艺术。

（本文发表于《教育文汇》2003年第9期，获2000年芜湖市点拨教学论文评比一等奖，获2002年芜湖市优秀教育科研论文二等奖）

在争鸣反馈中求实创新

“凤头”“猪肚”“豹尾”是古人形容文貌的颂词。导语如“凤头”、主体如“猪肚”、结语如“豹尾”是点拨教学追求的理想“三部曲”。在点拨教学的课堂教学结构中，为了全方位地提高课堂教学效率，我们不但要对“相机诱导，适时点拨”的课堂主体教学的点拨个性品质进行深入研究，而且还要把具有引爆功能的导语和反馈功能的结语的点拨个性品质挖掘出来，充分发挥导语和结语的点拨功能，从而提高点拨效率。本文暂就“争鸣反馈法”在终结性点拨中的运用举隅作些演绎。

何谓“争鸣反馈法”？就是在一篇课文学习结束之际，教师选取一两个含金量较高，能够巩固旧知，迁移新知，开阔思路，培养学生辩证分析问题的能力和求实创新能力的矛盾焦点问题，让学生去争鸣辩难的一种总结方法。它以温故知新和历练学生思维品质为宗旨，激疑促思，激趣促活，从而优化课堂教学结构，真正使点拨教学课堂教学艺术的律动曲线波澜起伏，有张有弛，避免虎头蛇尾之陈规，追求“文似看山不喜平”的“新、实、活”的艺术境界。

宋代文学家苏轼在《题西林壁》中有两句诗：“横看成岭侧成峰，远近高低各不同。”如果我们采用“拿来主义”的方法，把它“拿来”解读阅读教学中理解的多棱性，便充满着辩证的思想。当我们在总结性点拨中归纳《项链》中玛蒂尔德的形象时，我们不妨提出疑问：“玛蒂尔德是一个爱慕虚荣的人，还是一个勤劳俭朴心地善良的人？”请学生辩一辩，争一争，让他们各抒己见，各陈其理。结果，学生或从课文中寻找证据，或从时代背景去解读，知人论世，皆能成理。当教师总结到人物性格有多重性时，它又开启了学生的思维空间，通过辩难析疑，更加加深了学生对玛蒂尔德这个人物的立体理解，铸炼了学生良好的思维品质。与此相同的例子还有《读孟尝君传》中对孟尝君的不同评价，我们可以设置“孟尝君是不是鸡鸣狗盗之雄”的正反论题来进行辩论，通过辩论，让学生学会辩证地评价历史人物。而《白杨礼赞》中为什么把白杨树既比作伟丈夫，又比作好女子的矛盾设问，有效地训练了学生从不同视角去观照同一个对象的认识方法。这些总结性、矛盾性的焦点问题的争鸣，较好地训练了学生辩证思维能力和全面正确客观地看待事物的方法和观点，达到了“教者一石激起千层浪，学者三思而茅塞顿开”（蔡澄清语）的良好效果。

朱熹说：“读书无疑者，须教有疑，有疑者却要无疑，到这里方是长进。”陈献章说：“前辈谓学贵有疑，小疑则小进，大疑则大进。疑者，觉悟之机也。一番觉悟，一番长进。”语文教材中有很多看似寻常的问题，如果我们在总结时点拨一下，学生会创造出很多意想不到的新见，既温故又知新。在《芙蕖》一文的总结性点拨时，我们设置了“李渔写此文仅是表达对荷花的酷爱和无半亩方塘而植之的遗憾惋惜之情吗？是否还有言未尽意之处？”的矛盾焦点，聚焦无疑之处，点拨学生在无疑处生疑，结果学生根据最后一段中的三处语句，知人论世，开启思维扩散的网点，运用了逻辑思维、形象思维、辩证思维、正向思维、逆向思维、求同思维、求异思维、发散思维、集合思维等方法，从不同的视角去分析，新见叠出。或从“予四命之中，此命为最”的酷爱之情，推导出李渔崇尚高洁的人生境界；或从李渔的身世背景解读“竟不得半亩方塘为安身立命之地”的矛盾心绪和难言的影射；或从“望天乞水以求之”的消极抗争与柳宗元的“故为之说，以俟夫观人风者得焉”来求同比异，宏论文人的历史悲剧。创新的闸门渐渐地宕开，教师点疑拨难，学生灵慧泉涌，学生的创造意识被激活，创造血脉被打通，创造能力得到了高品质的历练。与此相同的佳例还有《祝福》中祥林嫂为什么不到40岁却“老死”了的设疑，加深了学生对祥林嫂悲剧全方位的思索，那一幅幅“丧夫图”“丧子图”“木偶图”折射了封建专制制度、封建礼教、封建迷信对她的摧残。而“中年老妪图”使她被侮辱被损害的形象内涵更加丰富了。这些创造性的思维交锋既激活了课堂气氛，也荡起了他们创造的激情，点拨了学生多维的思维方式，培养了他们在求实基础上的创新能力。

“要有一个好的结尾”（恩格斯语）是马克思、恩格斯对自己文章的严格要求，它同样是点拨教学优化课堂结构的要求。因为“相机诱导，适时点拨”（蔡澄清语）的效率如何，必须靠具有反馈功能的总结性点拨来印证。而如何进行反馈印证，“争鸣反馈法”既能巩固旧知，又能迁移新知，同时培养学生求异创新的能力。而求异创新正是青少年学生最感兴趣的问题，因为“兴趣是最好的向导，一个人做他有兴趣的事情时，总是力强而神往的”（汤吉夫《漫说体验生活》）。所以我们在总结性点拨中应充分挖掘具有辨异品质的问题进行质疑辩论，为培养学生的创新品质培育肥沃的温床，让我们在点拨教学的艺术殿堂去培育、发现与点燃创造的星火，迈向未来。

（本文被《学习和运用语文点拨教学法举隅（第三辑）》收录）

教会学生自己去发现法则

达尔文有句名言："最有价值的知识是关于方法的知识。"语文课堂教学如何处理"授之以鱼"与"授之以渔"的关系，不仅是优化课堂教学结构，提高课堂教学效率的微观目标，更是培养学生学会学习，提高自学能力的宏观目标。如果从素质教育的高度来观照它，"未来的文盲，不再是不识字的人，而是没有学会学习的人"（联合国教科文组织国际教育发展委员会：《学会生存》，教育科学出版社1997年版，第8页）。它还是培养跨世纪人才的战略目标。因此，培养"举一隅而以三隅反也"（蔡澄清语）的能力至关重要。而"举隅推导法"正是点拨教学法适应时代发展需要，提高学生语文素质的有效手段之一。

所谓"举隅推导法"，就是教师在处理课文重难点的时候，根据教学目标确定重难点以后，寻找能起到示例引导作用，具有知识发散性、思维整合性的典型重难点例子（即一隅），先由教师示例点拨学生，然后让学生自己试着或模仿或总结或迁移出其他性质类似的典型例子（即三隅），从而训练学生自学能力的一种方法。教师"举一"，学生"反三"；教师讲"一"，学生知"十"，其宗旨为了"授之以渔"，也就是"得法于课内，得益于课外"，真正放手培养学生从"学会"到"会学"的能力。

孙犁的《荷花淀》是一篇淡雅疏朗的诗情画意与朴素清新的泥土气息完美统一的短篇小说。通过人物语言的品味来折射人物的内心世界是小说的重难点，也是小说的精彩点。"夫妻话别"的对话，透视出人物的心理活动；"探夫遇敌"的对话，张扬出人物的个性；"助夫杀敌"的对话，彰明出人物的志向理想。因此，老师在处理“品味语言来折射人物”的重难点时，不妨以“夫妻话别”中水生嫂与水生的对话作为典型例子，通过情境诵读和抽换比较个别词语相结合的教学形式，品味点拨，示例引导，从而“授之以渔”。现举一例，以见一斑：

女人低着头说：“你总是很积极的。”

品味此句，教师可以读成微嗔和自豪的语气，也可以添加语气词，读成“哟，你总是很积极的”(讽刺语气)。通过比较，效果迥异。学生在教师的“举一”导引下，可以“反三”后面两个情节中人物对话的意味与情趣，从而品味出人物的个性和志向。如此点拨，既提高了课堂教学效率，也激活了课堂氛围，更提高了学生学习的主动性，避免了老师越俎代庖式的满堂灌，这是课内性质相同的重难点模仿举隅推导的佳例。与此相同的例子还有《范进中举》一文，教师以范进中举发疯为切入口，用诵读示例分析中举前后的范进形象，学生可以模仿老师的方法，用诵读去分析胡屠户、张乡绅甚至众邻居的形象。

茅盾《风景谈》的教学重难点为“散文的形与神的统一”。“形”为六幅“风景”，“神”是从“风景”中映射出来的“政治意义”，这些“政治意义”在每一幅“风景”后的议论语句中都有点化。为了夯实“形神统一”的重难点，我们选择最后两个自然段，重点赏析“北国晨号”的画面。先由教师点拨学生分析画面、声音、色彩和人的活动，并且找出点化“神”的句子“民族精神最伟大”。学生学完这幅“风景”以后，自己仿照和总结“桃林小憩”等其他五幅“风景”的“形神统一”。同样，在《眼睛与仿生学》一文中，为了突出说明事物要把握住特征这个重难点，作者在说明人眼、蛙眼等动物眼睛时，都是扣住三点来说明：一是某种眼睛的某些特点，二是在仿生学上的意义，三是应用价值及科研情况。教师点拨学生重点分析人眼、蛙眼以后，学生可以依此类推其他动物眼睛。陈群的《理想的阶梯》是一篇以具体事例作论据的典型议论文。句首提出分论点，然后列举典型事例进行论证的方法是本课的重难点。教师先选择“理想的阶梯，属于刻苦勤奋的人”重点分析，学生可以模仿总结分析后面的第二、第三个分论点。这些举隅的例子，既需模仿，又需总结变通，因为学生推导的例子与教师举隅的例子相同之中又有细微的变化。它可以训练学生思维的变通性。

鲁迅先生说："要极省俭地画出一个人的特点，最好是画他的眼睛。"《祝福》中祥林嫂的悲剧命运是通过"眼睛"来表现的。文中三次较为集中地描写了祥林嫂的眼睛。这个教学重难点，如果单纯地把鲁迅的"画眼睛"艺术仅仅看作是描写人物的眼睛，那是狭义的理解。所以蔡澄清先生说："其实，鲁迅的所谓'画眼睛'是形象的比喻，是一个理论上的概括，是艺术创作中典型化的一种手段或准则。"（《中学语文点拨教学法》，山东教育出版社1997年版，第63-64页）教师举一隅，学生可以反三隅。蔡先生还列举了学生举的许多例子："祥林嫂四次发出'我真傻'的喟叹，用来表现她凄惨无告的精神状态；《白光》中作者让封建科举制度的殉葬品陈士成三次产生'这回又完了！'的幻觉，用来表现他陷入疯癫的绝望心理；《药》中仅'这大清的天下是我们大家的'，一句话就表现出夏喻的革命民主主义的思想；《孔乙己》中，孔乙己反复说'窃书不能算偷'，画出他的迂腐；《故乡》中用'细脚伶仃的圆规'来刻画杨二嫂这个病态社会的畸形儿；《阿Q正传》中通过龙虎斗、画圆圈的描写，生动地刻画了阿Q的精神胜利法等。"（引文同上）这些像画眼睛的典型化手法的运用，其作用是："其一，让人物反复自己的语言或动作，以显示其灵魂；其二，抓住人物关键性语言，显示人物的灵魂；其三，捕捉人物外貌、性格、行为的特征，显示人物的灵魂。"（引文同上）教师示例引导分析，学生联想迁移，既发散了知识点，又掌握了分析方法，整合了思维空间，以便将来可以用这种方法去攻克新的知识堡垒，起到了"让学生自己去发现种种的法则"（叶圣陶语）的作用。

语文点拨教学法是运用启发式引导学生自学的一种方法。"教师的根本任务在于教会学生自己去吸取和运用知识的本领，帮助他们在这一方面解决一些疑难，而不是把书上的全部内容一点不漏地一一灌给学生，让他们死记硬背，不加思考地全盘吸收。”（蔡澄清语）怎样“引着他们（指学生）通过一个个阶梯走向认识”（苏霍姆林斯基语），“不待老师讲，自能读书；不等老师教，自能作文”（叶圣陶语），举隅推导，授之以渔，是实现这个目标的有效手段。只要我们在课堂教学中站在素质教育的时代制高点上，大胆革新，放手实践，不断地总结实践经验，终会走向“逐渐去扶翼，终酬放手愿”（叶圣陶语）的涅槃境界。

（本文被《学习和运用语文点拨教学法举隅（第三辑）》收录）

点睛画龙　以点带面

评价一首好诗，人们总是青睐于“诗眼”的玩味；欣赏一篇美文，人们总是陶醉于“文眼”的神韵。一堂语文课要让学生心灵的底片感光，巧摄“课眼”举足轻重。科学而艺术地捕捉教材的“课眼”是“点拨有‘法’而无‘模式’”的理论张扬和实践诠释。点拨教学流程中教师选择“课眼”的方法是变化多姿和灵动飞扬的，但其宗旨须是一切围绕“点拨”的内质，一切利于提高课堂教学效率，一切为了培养学生从学会到会学的能力。本文拟就“点睛画龙法”在整体点拨中的运用作些演绎，管中窥豹，以见一斑。

众所周知，画龙点睛是画家艺术创作的实践哲理。在语文教学中，我们逆其序而用之，点睛画龙是教师解读教材、提高语文课堂教学效率、激活学生创造思维、点动肯綮、从宏观上解剖教材重点难点的艺术化手段。这里的“睛”，就是点拨教学中整体点拨的“引爆点”或“切入点”，这里的“龙”，就是整篇课文所涉及的信息量。既然诗有“诗眼”，文有“文眼”，那么，教师在寻找“课眼”这个“睛”时，准确捕捉体现课文“诗眼”和“文眼”的关键词语或句子去撬动全篇，化解课文，其效果将是“牵一发而动全身”，达到像庖丁解牛那样，熟稔肯綮，刀之所至，牛体訇然裂开的娴熟境界。而“点睛画龙法”就是这种境界的具体运用。请看具体教例：

唐弢的《琐忆》，作者一开始就引用了鲁迅的两句诗“横眉冷对千夫指，俯首甘为孺子牛”，这两句诗既是全文的纲线，也是全文的“文眼”。抓“俯首甘为孺子牛”可引出鲁迅爱护青年的四件小事，抓“横眉冷对千夫指”可引出“攀附阔佬”等讽刺国民党反动政府的三件小事。这样，全文围绕琐事歌颂鲁迅这一中心，两方面选材的内容梳理，七件小事的叙述脉络一目了然，点睛画龙，纲举目张。这是“课眼”引爆在文章之首的佳例。此类教例甚多，如《荷塘月色》中篇首“文眼”句“心里颇不宁静”—“宁静”—“仍不宁静”的心路历程，它勾连起“小径漫步”“荷塘凝望”“故乡追忆”的生活片段；《绿》中通过“文眼”词“惊诧”—“不禁惊诧”的感情发展脉络来描绘“梅雨瀑的映衬”和“梅雨潭的女儿绿”两个景观，它们都是利用篇首文眼句引爆或切入课文的一根红线，连珠成线，珠联璧合。

小说《孔乙己》中有这样一个关键过渡句：“孔乙己是这样的使人快活，可是没有他，别人也便这么过。”我们抓住这一句，便可前溯断腿之前孔乙己“使人快活”的人生悲剧史，也可解读断腿之后他凄凉而悲惨命运的原因和根源。抓住这个关键过渡句，从中间引爆，从而辐射全篇，瞻前顾后，统筹兼顾。《在马克思墓前的讲话》一文，我们从第二段中“这个人的逝世，对于欧美战斗着的无产阶级，对于历史科学，都是不可估量的损失”这个关键句切入，围绕两个“对于”从“思想家”和“革命家”两方面来梳理评价内容，使学生全面而又重点地了解马克思对人类的伟大贡献。在《我国古代小说的发展和演变》一文教学中，扣住文章第三段萧统在《文选》中对文学定义的诠释“事出于沉思，义归乎翰藻”这两句话，为了解我国古代小说形成之前和形成之后的特征作了明确的界定，史论结合，条理分明。

同样是《孔乙己》，我们还可以采取逆转爆破的方法，从结语句来反切课文，设置悬念，引起探求的兴趣。我们不妨从“我到现在终于没有见——大约孔乙己的确死了”最后一句结语来反推孔乙己的生死命运及悲惨遭遇。同样是《绿》，我们也可以从“女儿绿”入手，展开想象，去追寻梅雨潭绿的形成及特征。同样是《项链》，我们可以从佛来思节夫人最后说出真相的话“唉！我可怜的玛蒂尔德！可是我那一挂是假的，至多值五百法郎！……”来追叙玛蒂尔德的命运与真假项链的缘结。倒嚼甘蔗，先甜后淡，这是铸炼想象力的又一境界。

在“点睛画龙法”之中，还有一种“连珠成线”的关键句，如果我们精心捕捉，定会起到珠联璧合的效果。在《记念刘和珍君》一文中，作者在开头、中间和结尾先后出现“我实在无话可说”“我还有什么话可说呢”“我说不出话”，而且都在每件事叙述之后出现。如果我们用这三句话来串联这篇文章记叙的三件事，恰好勾连了全文记叙的追叙和刘和珍的交往，揭露国民党反动政府的暴行，对死难烈士的敬仰和对国民党反动派的愤怒指斥等内容。而《为了周总理的嘱托》一文中吴吉昌反复重复的“为了周总理的嘱托”这句话也勾连了吴吉昌坎坷而又不平凡的人生之旅。

点睛画龙，一柱擎天。虽然只有一词一句，但以点带面，点面结合的整体点拨功能在此法中却水乳交融般地融合在一起。只要这位置多变的一词一句能着眼于宏观手段去点拨学生学会怎样把握课文，这种宏观统筹又契合语文教学中系统论、控制论和信息论的原理，就是一种省时、高效、有用的点拨之术，就是科学而艺术的法则。“教是为了达到不需要教”，学生由学会过渡到会学，这种方法起到很好的示例引导作用。我们曾经教会学生怎样寻找议论文的中心论点，我们曾经教会学生怎样寻找中心词中心句来概括段意，我们曾经教会学生怎样寻找点题句。同样，我们也可以教会学生怎样在不同位置寻找“文眼”句、过渡句、关键词语和句子来整体把握课文，因为任何一篇课文都有思维的引爆点，效率的提高点，教材的信息点。准确地捕捉这些切入点，就能提高教课文和学课文的效率，激发学生思维的火花，铸炼学生思维的品质，培养学生的自学能力，从熏陶渐染走向举一反三的艺术境界。这是“点拨有‘法’而无‘模式’”的实践哲理，这是“素质教育”的时代呼唤。

（本文被《学习和运用语文点拨教学法举隅（第三辑）》收录）

《包身工》的分类分项教学

教学《包身工》，我改变按包身工起床、早餐、上工时间顺序逐段分析的常规教学程序，从“字字是血”（数字说明）、“声声是泪”（议论控诉）、“人人是史”（细节写实）三方面，点拨学生从理性和形象的接榫去理解包身工制度的罪恶与腐朽，实践教得“实”、学得“活”的教学思路。

一、数字说明，字字是血

教师从报告文学的“真实性”去点拨学生认识：①根据课后“思考练习二”的要求，找出本文集中说明的段落。（明确：第24、25段。）②说明的内容是什么？（明确：插叙日本大财阀三井系三十年资本迅速膨大的事实和日本纱厂雇佣包身工的数量。）③用什么方式说明的？（明确：列举确凿数字。）④说明事物情况的作用是什么？（明确：揭露了包身工制度是帝国主义对半殖民地中国工人一种最残酷、最野蛮的剥削。）⑤学生迁移举例：第8、29段等也是列举数字说明。⑥教师总结：这一串串触目惊心的数字，都是包身工的一滴滴血汗写成的。

二、议论控诉，声声是泪

教师从议论点题的角度去点拨学生深思：①找出本文在叙事基础上议论的段落。（明确：第31、32、33段。）②议论的内容是什么？（明确：

包身工制度的反动、落后、残酷。）③用什么方法来议论的？（明确：以抒情的方式来议论。）④表达作者的思想感悟是什么？（明确：对包身工制度的愤怒斥责和对帝国主义及其走狗帮凶的严正警告。）⑤学生迁移举例：第12、16段等也是议论。⑥学生集体朗读第31—33段，加深理解。⑦教师总结：议论控诉，声声是泪，黎明的到来是无法抗拒的。

三、细节写实，人人是史

教师从“点面结合”入手去点拨学生感受：①叙述“芦柴棒”的身世、遭遇、结局。（明确：叙述她晨起烧粥情景，叙述她重病请假反遭毒打情景，细节描写她下班遭“抄身婆”搜身情景。）②“芦柴棒”这一典型形象的意义是什么？（明确：突出包身工形象的凄惨，揭露帝国主义资本家和带工老板对包身工形象的摧残，揭露帝国主义资本家和带工老板对包身工的野蛮压榨。）③学生迁移举例细节描写：第1—5段起床情景——恶劣的住宿条件，如工房的大小和躺满的人数等；第9—11段早餐情景——恶劣的饮食条件，如“板桌”“餐具”“薄粥”等；第18—23段上工劳动情景——非人的折磨，如“拿摩温”和东洋婆对小福子的“文明惩罚”。④教师点拨：作者运用细节描写由点到面，使我们对包身工的悲惨命运有一个全面又具体的印象。她们是帝国主义、封建势力和流氓特务相勾结欺压中国工人的历史见证人，她们每个人的悲惨遭遇都是一页页活生生的历史。

最后，教师点拨学生作一次写作迁移训练：《同是打工妹，但是今天……》，从“生活即教育”的角度教文育人。

教罢此文，体会有三：①以“点”带“面”，重点突出，节省了时间；②示例引导，教会迁移，发展了能力；③教学育人，联系实际，注入了活水。

（本文发表于《学语文》1998年第1期）

充分发挥义务教育教材课后练习的迁移点拨功能　扎实有序地提高初中生的阅读能力

九年制义务教育初中语文教材在大多数讲读课文和部分自读课文之后科学有序地设置了“选取与课文有关的文字材料与课文比较，以加深理解，开阔视野”的迁移阅读材料80多篇。人教社高中语文（必修）课本里，除了正式课文外，编者也补充了同步阅读材料30多篇，并且都在阅读材料后，注意对接课文，科学有序地设计了若干个迁移训练题目。如果说讲读课文、课内自读课文和课外自读课文的编写旨意是贯彻了叶圣陶先生“教材无非是例子”“教是为了达到不需要教”的阅读教学思想，那么，补充的迁移阅读材料的设置，正是体现了“得法于课内，得益于课外”的阅读教学思路。它与点拨法的倡导者蔡澄清先生主张的“迁移训练，举一反三（消化巩固，练习迁移，学以致用，发展能力）”的点拨思想不谋而合。因此，运用点拨理论，注意对接课文，充分发挥这些迁移阅读的点拨功能，对扎实有序地提高初中生的阅读能力将会获得有益的启迪。

但是，自从1984年高考语文试题中设置现代文阅读试题以后，章熊先生说过“要让那些读书多，会读书的考生在高考中大大地占便宜”，人们对高中生语文阅读能力的培养格外重视。相比之下，关于初中生语文阅读能力的培养就比较忽视。阅读是一种基础的智力技能，这种技能是取得学业成功的先决条件，它是由一系列的过程和行为构成的总和。难怪苏霍姆林斯基说“十年经验使我深信，学生的智力发展取决于良好的阅读能力”。因此，教材的编写旨意和大纲对初中生阅读能力的18项具体要求，充分考虑初中生阅读实际，根据科学、有序、适度的原则，按照初中生阅读能力层递性发展的思路，从认知能力、理解能力、鉴赏能力和阅读技能四方面，注意对接课文，迁移点拨，发展能力，为初中生的阅读能力培养指明了方向。尤其是根据读练结合，“得法于课内，得益于课外”的原则编制的课外迁移阅读练习，对培养初中生的阅读能力起到很好的导向作用。下面就以课本迁移阅读练习为例，具体阐释这四种能力的点拨培养。

一、认知·迁移·运用

迁移认知，闻一知十，点拨运用。

阅读是一个复杂的认知过程和意向过程。这种过程是作为阅读主体的人对作为阅读客体的读物主观能动的反映过程。从具体的阅读过程来说，认知就是第一反映过程。由于初中生的阅读是以识记为基础的阅读，因此，夯实认知能力的培养格外重要。怎样培养认知能力？途径不外乎两条：一是教材，二是迁移材料。如果只认知教材内出现的知识点，就不能闻一以知十，所以，“举一隅而以三隅反也”（蔡澄清语）的迁移材料是培养学生认知品质的良好媒介，它在阅读能力的中枢环节上起到了输入和输出的调配作用。这种调配不光是知识的迁移重复，同时伴有知识的延伸、拓展和运用，而运用正是认知能力的培养重心。对接课文设置的迁移阅读练习正好充当了这样的双重角色，设置了很好的阅读梯度，在阅读认知能力的发展中，发挥了两种点拨效能。

其一是迁移、消化。所谓迁移、消化，就是将讲读课文或自读课文内出现的认知知识点，对接课文，在迁移阅读练习中同境出现，既使学生有“似曾相识”的熟悉感，又有一定的距离感，有一种若即若离的难度。“点拨运用，消化知识”是其意图，也是我们指导点拨认知能力训练的思路。例如，《老山界》文后节选的《六月雪》迁移材料，设置了这样一个问题：《六月雪》与《老山界》的叙事线索有什么相似之处？明确：《老山界》一文的叙事以翻山为线索，以时间变化和地点转移为顺序，学生已有认知，在讲读课文的过程中学生知道找时间转移和地点转换的标志性词语来排列推断。《六月雪》也是这样的线索，点拨学生同样需要这样去推断。经过找寻，两相比较，对时间变化和地点转移的叙事线索有清晰的认知，真正消化了知识点。如果单纯背诵记叙文线索的死概念，没有消化，不会运用，应该说，没有培养学生的认知能力。又如，《回延安》文后《跟着党走幸福长》迁移材料中"比兴手法"的认定，同样如此。只有消化了课本知识，并体现在运用上才能找到"松树不怕狂风刮，共产党员不怕杀"这两句。

其二是拓展、运用。拓展和运用是认知能力的发展，它不满足于对接课文对知识点的再现认定，而是以知识点为引爆剂，去引爆全新的课外阅读材料，"拓宽视野，发展能力"是其宗旨。例如，《统筹方法》一文告诉了学生统筹方法的基本原理，而文后节选的迁移材料《史记·孔子吴起列传》要求学生运用统筹方法的原理，试给田忌赛马输赢的情况画一张示意图，从写的角度，考察认知的运用能力。学生只有懂得了统筹方法的原理，并以之为引爆剂，才会写出"①下等马——上等马，②上等马——中等马，③中等马——下等马"的示意图。又如，为了拓展学生课外认知能力，我又补充了河南省1996年中考语文试题中根据课外阅读材料《黄河——中华民族的摇篮》出的一道阅读题：本文为什么用"摇篮"比喻黄河？请用一句话回答。明确：如果只知道什么是比喻修辞手法，不能运用它去解决为什么这样比喻，同样不能回答出"黄河孕育了中华民族的古代文化，是古代文明的发祥地之一"的答案。

二、理解·举隅·语感

迁移理解，举隅推导，点拨语感。

理解是阅读的核心和目的，它是读者用自己的语言来理解、改造或转述原文的句子和段落，把作者的思想变成读者自己的思想的过程。它与读者的知识结构、社会经验、阅读方法和阅读习惯等因素都有千丝万缕的联系。对于初中生来说，这些阅读的背景知识是有限的，因此，理解能力的内涵应是在认知基础上能否正确理解作品语言中所透视出的阅读信息。这种信息实际上就是作品语言的表层含义和深层含义的分析综合。怎样使这种认知基础上的分析综合“引路入境”（蔡澄清语）[也就是“引着他们（指学生）通过一个个阶梯走向认识”（苏霍姆林斯基语）] 是点拨初中生理解能力的主要任务。迁移材料的设置起了很好的“举隅推导”（蔡澄清语）的作用。具体来说有两点功用。

其一是分析、举隅。词语、句子、段落和篇章构成一篇完整读物，培养初中生的理解能力，不能离开这些具体语言单位的示例分析。在具体语境下，这些语言单位各自发挥特定的阅读功能，只有通过“举隅推导”，示以定式，然后才能“让学生自己去发现种种的法则”（叶圣陶语）。文无定法，但阅读应有法，点拨初中生的理解能力不能让他们不着边际地去“感悟”。例如，《荔枝蜜》文后节选了秦牧的《花蜜与峰刺》中几段话，文后有两个这样的题目：①“尝到黄澄澄、香喷喷的蜜糖的时候，会想到它”——可能想些什么？请从课文中挑出一句恰当的话作答。②“有时，就是看到出色的劳动者博采众人之长，进行卓越创造的时候，也禁不住想到它”——为什么？请引用上文中的原话作答。明确：这是两个非常好的迁移理解指代内容的训练题，从理解的角度训练学生对文章中具体句子内容的定位能力。题①由课文迁移到课外阅读材料，由讲读课文生发，学生容易找出“蜜蜂是在酿蜜，又是在酿造生活；不是为自己，而是为人类酿造最甜的生活”这句话。这种示例引导，对题②来说实际上就是举隅点拨，学生掌握了相同的理解方法，结合语境分析，也能准确定位指代内容，答案是“为了采一公斤的蜜，蜜蜂在一百万朵的鲜花上面，辛勤地飞行、酿造”这句。又如，《“畏惧错误就是毁灭进步”》一文后节选了一段文字，要求“围绕这个论点，把下列名言分别穿插到段内的恰当位置，充当论据”，这也是对接课文中论点和论据关系的示例理解来设题和解答的。

其二是综合、语感。理解能力的高低受约于学生的语感能力，所谓语感就是人们对读物语言的感悟能力。从理解的角度说就是对词语、句子、段落和篇章的敏锐接受力。无论是逻辑性语感还是艺术性语感都是在综合分析的基础上，长期涵泳，反复历练中形成的。同时，它也与读者的阅读背景知识有着十分重要的联系。古人云："读书千遍，其义自见。"这就是培养语感的手段。对于初中生来说，熟读和背诵确实是培养语感的有效手段，但更要从词语的推敲、句子的剖析、篇章结构的分析以及使用修辞手法的表达效果上去培养他们的综合分析能力，进而提高语感能力。例如，朱自清散文《春》后选读了唐代诗人杜甫的《春夜喜雨》一诗，要求试回答：①"好雨知时节"，用了什么修辞手法？为什么说是"好雨"？②"随风潜入夜，润物细无声"，"随风""潜入"写出了春雨的什么特点？"润"字怎么用得好？③这首诗哪儿是想象？这想象表明了作者的什么心情？明确：可以说，这三道习题是从对词语、句子、段落和篇章的表达效果理解上，通过综合分析去培养学生语感的佳例，既要朗读涵泳，又要综合分析。题①认知拟人修辞手法是为了综合分析"好雨"蕴含的两层含义，一是人们渴望的时候及时而降，二是春天万物生长急需时及时而降。题②"随风""潜入"描摹了春雨无声、悄悄、细柔的特征，而"润"字刻画了"春雨使万物得到润泽，发荣滋长"的意态，使人感到这绵绵的春雨有知有情的个性。题③告诉我们最后两句是想象，"情随景迁"，既有作者对明日清晨美好景色的赞美，更表明了作者对和平安定生活的美好憧憬。这是结合篇章分析对具体句子的生发联想。因为朱自清的《春》在炼字、修辞等综合分析方法上对学生有示例和潜移默化作用，因此，在迁移材料中学生就能举一反三，触类旁通，使语感能力的培养有形有据。这是艺术性语感的培养。又如，在逻辑性语感的培养上，我有意迁移列举了《高中语文（必修）》第一册第177页单元知识训练中一段很短的关于说明文特征认定的迁移材料，要求同学们将这段文字标出8句顺序，然后判定：准确划出有关“能”的主要特征的那句话。明确：学生只有准确把握本段中心句的概括范围，才能找出答案为2、3两句。虽然没有与课文迁移比较，但寻找中心句的综合分析能力学生已训练过，故能准确解答。

三、鉴赏·比较·创造

迁移鉴赏，比较联想，点拨创造。

鉴赏能力是较高层次的阅读能力。培养初中生的鉴赏能力是义务教育语文大纲中明确规定的内容，但同时也要考虑初中生的实际阅读能力和要求，它与我们培养高中生的鉴赏能力是有区别的。这主要是在理解的基础上对读物的内容和形式上的特征进行比较，加深理解，迁移联想，谈一些自己的评价和看法，而且通过课内讲读课文与课外读物比较，使鉴赏能力的培养有一定的可操作性。不难发现，教材的80多篇迁移练习都是用比较方法来设立的，其中有认知上的比较，理解上的比较，还有一部分就是鉴赏的比较。因为“比较是一切理解和思维的基础，我们正是通过比较来了解世界上的一切的”（俄国教育家乌申斯基语），而且这种比较不是浅层认知上回答问题的“是什么?”，而要回答“为什么?”。并且要烛幽洞微，有自己的创见，这才是真正的鉴赏能力。黑格尔在《小逻辑》中说：“假如一个人能见出显而易见之异……我们不会说这个人有了不起的聪明……我们所要求的，是要看出异中之同，或异中之异。”这是比较追求的境界，也是为什么要用比较的方法来培养初中生具有初步创造性的鉴赏能力的理由。“迁移鉴赏”是为了“点拨创造”，这种创造性的鉴赏能力正是通过迁移材料用“比较联想”的方法来完成的。例如，《七根火柴》后面节选了《粮食的故事》一文的一个片段，并且设置了两个训练题：①文学评论界认为王愿坚的小说创作“善于捕捉（人物）性格发出耀眼光辉的那一刹那，英雄人物完成自己性格的那一瞬间”。读了课文和这个片段，你对这一评论有什么体会?怎样的“一刹那”“一瞬间”才是有“耀眼光辉”的?②如果单写“无名战士”和“孩子”的动作、行为，没有卢进勇和炊事员的内心活动来陪衬、烘托，文章会不会像现在这么感人？怎样的陪衬、烘托才具有强烈的感人力量？明确：题①告诉我们“一刹那”的内容比较好认定，一是关键时刻献火柴，一是关键时刻牺牲自己的儿子，那么“一瞬间”就是完成英雄人物性格的塑造。给我们的体会是：选取人物关键时刻的言行来展示人物性格，人物性格才能得到集中强烈的表现，产生激动人心的效果。这是“比较联想”，目的是推而广之到关键时刻的崇高行为是有“耀眼光辉”的鉴赏，这是引发的创造。题②告诉我们烘托的作用和怎样鉴赏烘托。只有写出作为烘托、陪衬的人物内心深切的感动或强烈的震动，这样的烘托、陪衬才具有强烈的感人力量。这种结论，都是通过“比较联想”得出的创造性结论。又如，《〈咏柳〉赏析》文后选录了郑谷的一首七言绝句《柳》，其中有这样一个题目：《咏柳》说“二月春风似剪刀”，这首诗说“千丝万絮惹春风”，为什么对春风的描写大不相同？明确：因为《咏柳》赞颂春风的功绩，《柳》把春风写成是被动者，为柳丝柳絮所招惹。两首诗抒发的感情不同，所以对春风的描写不同。而“两首诗抒发的感情不同”这个创造性的结论也是由“比较联想”，然后分析综合而归纳出来的。

应该说，比较鉴赏是培养初中生鉴赏能力的有效方法，所以1996年山西省、武汉市等地都采用了课内与课外相结合，运用比较阅读的方法来设计中考阅读试题，这对培养初中生的鉴赏能力起到很好的示范作用，是贯彻义务教育语文大纲对初中生鉴赏能力检测的体现。

四、阅读·方法·习惯

迁移技能，举一反三，点拨习惯。

达尔文有句名言：“最有价值的知识是关于方法的知识。”认知能力、理解能力和鉴赏能力的培养都必须依赖阅读技能的形成，而点拨阅读方法，培养阅读习惯才能形成阅读技能。阅读技能包括两点，一是读的技能，一是写的技能，也就是读和写的方法和习惯。对于读来说，精读、略读和浏览是应掌握的技能；对于写来说，批注、圈点是应掌握的技能。课外迁移材料，对接课文，示例操作，起到很好的点拨作用，真正按方法、习惯的思路来培养学生的阅读技能。

先说读的技能。《三国志》记载，诸葛亮和徐元直等人一起读书，别人“务于精熟，而亮独观其大略”，点明了精读与略读的特征。朱熹在强调精读时说“字求其训，句索其旨。未得于前，则不敢求其后；未通乎此，则不敢志乎彼”，更是讲得明确具体。所以，浏览、略读和精读是阅读的主要方式，是培养读的技能必须掌握的方法。例如，莫怀戚《散步》后面选了杨进《送小龟回家》一文，然后设问：把下面这篇文章同《散步》比较，看它们蕴含的道理有什么不同。明确：《散步》中蕴含的道理是通过写家庭成员之间的和谐关系，流露出对生活的使命感，强调的是一种理解和体谅精神。原文有“好像我背上的同她背上的加起来，就是整个世界”的“暗示引发”（蔡澄清语），而《送小龟回家》通过父母陪同儿子送小龟回家，寄寓着不能人为地制造骨肉分离的思想，有一种思家、团聚之情。原文中也有“小龟找到爸爸妈妈啦”提示。道理的概述必须经过浏览大意，略读需要部分精读关键语句来提取的过程。因此，三种阅读方法在这里既各司其职，又同舟共济，完成阅读任务。又如，《从三到万》后面引用一篇读后感并设置了两个练习：①分别指出叙述故事和引出论点的句子。②这一段的最后一句恰当吗？如果不恰当，怎样修改才能确切地说出故事的含义？明确：题①必须三种读法相结合，然后精读确定：前四个句子叙述故事，后两个句子引出论点。题②在题①的基础上必须精读才能修改成“求师不仅要虚心，而且要诚心”。此外，如《自学的好帮手——工具书》文后设置的“就下面三段话里加点的词查词典，看谁查得快，义项选得准确”，包括了三种读法的综合训练。

再谈写的技能。这里的“写”不是专指作文而言，它是指辅助阅读的书写方法和内容，如批注、圈点、写读书笔记等。徐特立先生说："不动笔墨不看书"。培养写的技能，是提高学生阅读能力的有效途径，迁移练习发挥了很好的操作示范的功用。例如，《同志的信任》文后节录的瞿秋白夫人杨之华写的回忆文章《忆秋白》，要求我们读后"请用批注的方法指出文章里哪些语句是概括叙述，哪些语句用细节描写，并说明鲁迅对瞿秋白的革命情谊"。明确：因练习五有示例操作模范，再加上本文节录的第1段中又示例操作了，学生在第2、3、4三段中再操作也就驾轻就熟了。又如，《一面》文后选录的以群《忆鲁迅先生》的片段，然后设题：下边摘录的是一则描写鲁迅外貌的片段，阅读时用直线画出外貌，用浪纹线画出评价。这是圈点。此外，如《鲁提辖拳打镇关西》文后选录的《水浒传》中描述鲁达智斗泼皮的文字，设题：这个片段中，哪些地方写出鲁达粗中有细、勇而有谋的特点？画出来，并与课文中所写鲁达粗中有细、勇而有谋的特点作比较，体会作者塑造人物的手法。这是批注与圈点相结合的综合训练。为了说明这种技能的重要性，我又迁移了1994年南京市中考语文试题是怎样设题考查这种阅读技能的。阅读《向沙漠进军》中一段文字，然后设题：圈点批注是我国传统的读书方法，请用此法答题——①用横线画出这段话的中心句；②在文段右侧的"旁批"内用一句话写出画横线的句子中加点的两个词的表达作用。这就是圈点和批注相结合的考查方法。

清代作家袁枚说过："蚕食桑，而所吐者丝也，非桑也；蜂采花，而所酿者蜜也，非花也。读书如吃饭，善吃饭者长精神，不善吃者生痰瘤。"（《随园诗话》）要让学生吐出好丝，酿出甜蜜，必须点拨他们善于阅读，培养他们的阅读能力。长期以来，初中生只会阅读老师讲读过的课文片段，而不会阅读课外迁移材料的痼疾怎样扭转，教材给我们做了很好的示例阐释和点拨。迁移阅读材料发挥的"得法于课内，得益于课外"的阅读价值已如上述。对接课文，科学利用，精心点拨，长期历练，不但提高了初中生的阅读能力，而且从培养学生阅读能力的层进性过程来说，还为初中生到高中生阅读能力的衔接过渡起到了铺路搭桥的作用，学生一进入高中阶段再也不会感到阅读全新课外读物的茫然和无措了。这也是研究迁移材料的点拨功能的目的和意义所在。

（本文于1999年10月获芜湖市第八届教育论文评比芜湖市教育学会三等奖）

灵活运用课后小知识实施点拨教学　充分发挥课后小知识的点拨功能

九年制义务教育初中语文教材每册课本前面“说明”中的结尾都有这样一段话：“多数课文后面介绍一则与课文有关的，有趣味的小知识（或小资料、小言论、小趣闻等），以便扩大学生视野，增加学习语文的兴趣。学生随便读读，不检查，不考试。”由于这些知识对教学不做任何要求，教师往往也视而不见，因此，忽视了它存在的作用，失去了一个很好的利用机会。其实，从教和学的角度来看，我们如果充分发挥课后这些小知识的点拨功能，往往会收到令人欣喜的效果：不但提高了语文课堂教学的效率，而且激发了学生学习语文的兴趣，而“兴致勃勃地学习，不仅是孩子们的幸福，而且也是教师的幸福”（著名教育家斯卡特金语）。据笔者统计，初中语文教材共有小知识120则。从这些小知识所涉及的内容来看，在教学中如果充分利用其点拨功能，应该有以下几个方面。

1. 互补功能。由于课后小知识和课文有关，因此，它们与课文内容往往互为补充，相辅相成。我们应该让这些小知识充分发挥其作用，渗透到教学活动的环节中去。例如，《一件珍贵的衬衫》通过叙述“一件珍贵的衬衫”的来历，歌颂周总理“那平易近人的高贵品质，对劳动人民的深切关怀，一个伟大的无产阶级革命家的本色”。为了表达这个主题，作者叙述了事情发生的原因、经过和结果。如果利用课后小知识苏叔阳的《小刘的衬衫》做比较阅读，发现《小刘的衬衫》在对小刘的身份介绍和被汽车剐了一下的前后情况交代上，在叙述总理嘱托的具体三件事上以及“第二天，周总理又派人到小刘家看望，问她有什么困难和要求”这些细节的叙述较《一件珍贵的衬衫》更细致，更清晰。两文相比，相得益彰，更加有力地表达了主题。又如，《捕蛇者说》深刻地揭露了“苛政猛于虎”的现实，我们借助课后小知识《礼记·檀弓下》介绍的“苛政猛于虎”的故事，比照“苛政毒于蛇”的社会现实，体会更深。

2. 引爆功能。点拨教学强调点要害，抓重点，拨疑难，排障碍。而怎样抓重点，拨疑难，关键在于引爆剂的选择。因此，借助课后小知识来引爆，既简洁又方便。例如，在教读《有的人》一诗时，我们利用了已经学过的《驿路梨花》一文后的郭沫若和茅盾非常敬仰鲁迅的故事切入引爆，从郭老和茅公评价鲁迅先生“我吃的是草，挤出来的是奶”“俯首甘为孺子牛”两句名言入手，设疑提问：《有的人》一诗中是否有和这两句名言意思相同的诗句？请同学们找出来。学生很快找到了“俯下身子给人民当牛马”和“情愿作野草，等着地下的火烧”两句诗。而这两句诗正是《有的人》一诗中的“诗眼”，也是鲁迅先生一生人格的写照，作者在诗中要歌颂的就是这两句。由小知识引出“诗眼”来切入引爆，自然亲切，纲举目张。当然，就《有的人》一诗来说，我们还可以利用本课“小知识”中印度诗人泰戈尔的《某人》小诗比较鉴赏，切入引爆。又如，在《谁是最可爱的人》一文教学时，我们针对学生对抗美援朝的背景不熟悉的情况，为了激起同学们对志愿军战士的喜爱之情，借助课后小知识麻扶摇作词的《中国人民志愿军战歌》，播放音乐，创设情境，感染熏陶。这种情境引爆，缩小了学生与作品中人物时代的隔膜感，起到了“润‘人’细无声”的效果。

3. 迁移功能。课后小知识的编写旨意是为了“扩大学生视野”，如果从教学的角度来审视这些小知识，它们又是迁移学生听说读写的有效材料，这些材料运用在教学中可以起到很好的迁移点拨效果。例如，《白杨礼赞》一文后附录的小知识是茅盾先生的题画诗《题白杨图》，这首五言律诗，从内容上来说正是《白杨礼赞》一文的浓缩。我们在教学中可以就这首题画诗的画面内容，要求学生在学完《白杨礼赞》一文后，作一次说明文扩写练习，从“写”的角度来迁移深化对《白杨礼赞》的理解。又如，在教完《读孟尝君传》一文后，我们根据课后小知识“鸡鸣狗盗”这一成语的来历，结合对课文的学习理解，出了一正一反两个辩论题目，正方是“孟尝君是鸡鸣狗盗之雄”，反方是“孟尝君不是鸡鸣狗盗之雄”，让学生展开辩论，从“说”的角度培养学生辩证思维的能力，既训练了学生口语表达能力，又发展了学生辩证思维的能力，加深了学生对课文内容的理解，学习王安石勇于怀疑、敢于否定传统的批判精神。

4.激趣功能。汤吉夫在《漫谈体验生活》中说：“兴趣是最好的向导，一个人做他有兴趣的事情，总是力强而又神往。”苏霍姆林斯基在《给教师的一百条建议》中说：“所有智力方面的工作都要依赖于兴趣。”蔡澄清先生在点拨法中非常重视培养学生的语文学习兴趣。他说：“点拨法把激发学生的学习兴趣也当作是教学实践中的重要一环。尤其是对待差生，更着重于兴趣的点拨。”（《语文教学方法论》，北京出版社1991年版，第82–83页）语文课后的小知识，短小精悍，幽默风趣，学生爱看。教学中抓住契机，适时点拨，激趣促思，能点燃学生主动探求知识的火花。例如，在教学《回声》这篇科学小品时，我们不妨先从课后小知识冯雪峰的《回音》这则幽默讽刺故事入手，激趣设问：（1）这则小故事利用大自然中什么现象来讽喻人们不能自高自大？（2）同学们想知道这种现象的原理吗？请在课文中划出说明这种现象原理的中心句。借助有趣的小故事，激发了学生主动探求回音现象的欲望，变被动为主动，调动了学生学习的主动性。又如，学习《竞选州长》一文，怎样领会马克·吐温的幽默讽刺艺术是趣点又是难点，为了把学生置于幽默讽刺艺术的氛围中，我们先介绍课后小知识马克·吐温讽刺一个百万富翁的小故事，激起兴趣，然后分析课文中讽刺夸张艺术手法，最后结合练习六要求学生代拟“我”退出竞选声明的全文，要带有讽刺幽默，与小故事和课文的风格一致。这样，学生自始至终都在学习实践幽默讽刺艺术的兴趣中活动，兴味盎然。

5. 举隅功能。蔡澄清先生说："学习，有一个方法问题。有了方法，等于有了进军手杖；没有方法，就等于在暗胡同中乱钻。有些学生失去学习的信心，自怨自艾，大都是没有掌握学习方法的缘故。"（《语文教学方法论》，北京出版社1991年版，第88页）点拨学习方法是点拨教学内容之一。学习方法的获得，除了师生共同探索的结晶以外，别人总结的方法也是一种点拨。课后小知识中这方面的内容俯拾即是，从谢觉哉谈写字，吕叔湘谈成语使用，叶圣陶谈分段方法到朱自清谈背诵方法，鲁迅谈读书专与博，福楼拜、蒲松龄谈写作，可以组成一个完整的学习方法系列。我们在实施点拨教学时，可以借助这些小知识因材施教，适时点拨，定能起到举一反三，"让学生自己去发现种种的法则"（叶圣陶语）的效果。例如，我们教"形声字"常识时，牵涉到"形旁"和"声旁"的辨认问题，以及由此而涉及的"错别字"的识别。课后小知识"从偏旁辨字"列举了"礻"和"衤"的解释与示例，就是举一反三的点拨方法。又如，我们进行"观察细致才能写得具体"的作文指导时，就可以利用"伦敦雾的创造者"法国著名画家莫奈画伦敦的威斯特教堂上空紫红色的雾的小知识示例说明。还可以借助《春》后古人描写春景的小知识，由于观察入微，写出了许多传诵的名句，像"春风又绿江南岸""两个黄鹂鸣翠柳""踏花归去马蹄香"中"绿""鸣""香"一字传神的故事来点拨观察，示例引导，达到"举一隅而以三隅反也"（蔡澄清语）的效果。

6. 释疑功能。语文学科是一个融工具性和人文性为一体的综合性学科，既有语文学科自身的知识系统，又涉猎广泛的文化内涵，还容纳自然科学的基本常识。但教材对课文涉及的文化内涵和自然科学方面的常识的解说容量是有限度的，而课后小知识在这方面起到了很好的补充释疑作用。例如《从宜宾到重庆》一文中，关于"僰人悬棺"的文化习俗的说明很简略，而课后小知识对"悬棺"的解说详细、具体，起到很好的补充释疑作用。又如，《卓越的科学家竺可桢》一文的教学中，多处涉及“物候学”的常识，而课后小知识恰好弥补了这方面的知识。1996年全国高考语文试题中测试的中国古代的“四书五经”的“四书”内容，就是《论语》六则后面的小知识内容。由此可见，这些小知识既有语文学科自身知识的扩展，又有文化常识和自然科学常识的解说释疑。这些知识运用在教学中能起到点拨释疑作用。

7.渗透功能。语文学科渗透德育，同样需要点拨。课后小知识融知识性、趣味性、教育性于一炉，作为德育渗透的媒体，作用显著。例如，《纪念白求恩》文后所附的挽联既是对白求恩同志的高度颂扬，也是我们应该学习的内容；《挺进报》后所录的陈然的《我的“自白”》一诗更是陈然同志视死如归英雄气概的写照；《同志的信任》后“方志敏给高易鹏的《遗信》”表达了一个共产主义战士对党的无限忠诚之魂；而《藤野先生》后所录鲁迅的《自题小像》一诗，抒发了鲁迅先生“我以我血荐轩辕”的爱国激情。这些小知识的介绍，既丰富了课文主题，更是点拨德育渗透的载体，亲切动人。配合课文进行德育渗透的点拨，能起到和风细雨的育人效果。

当然，小知识所具有的功能还远不止上述这些。但由此可见，我们不仅不能忽视它，更应该切合课文教学实际，正确灵活地加以运用，充分发挥它应有的点拨功能。如何利用呢？下面介绍几种方法。

1.利用小知识拨乱反正。在无疑处激疑，可促学生深思，深思而后释疑，达到拨乱反正目的。例如，在教《读孟尝君传》一文时，我们一开始就根据小知识的内容，激疑提问：（1）课文中出现“鸡鸣狗盗”一词几次？出现“士”一词几次？（明确：出现“鸡鸣狗盗”一词3次；出现“士”一词5次。）（2）这篇文章论述的是孟尝君得“士”的史评，那么，王安石的“士”的含义是什么？（明确：“可以南面而制秦”的“士”。）（3）“世皆称孟尝君能得士”的“士”的含义是什么？（明确：鸡鸣狗盗之徒。）（4）“鸡鸣狗盗之徒”的观点来源于何处？（明确：课后小知识《史记·孟尝君列传》节选。）（5）本篇驳论文双方争论的焦点是什么？（明确：孟尝君得到的是什么样的“士”？）借助小知识，来澄清“士”的含义，拨乱反正的目的也就达到了，课文内容的理解也就清晰明了。

2. 利用小知识拨疑为悟。学习鲁迅的作品，学生较难理解的是鲁迅作品中人物身份的真实性。诸如，“我”、寿镜吾、孔乙己、祥林嫂、阿Q、藤野先生、杨二嫂、闰土等。在教学《故乡》这篇小说时，我们根据课后小知识“《故乡》中闰土的原型”的示例介绍，适时点拨学生明确：（1）鲁迅小说中的人物形象是根据生活中人物原型虚构的，但不等于生活中的人物原型。（2）鲁迅散文中的人物是真实的，是生活中的人物原型。通过比较点拨，上述人物各自身份的真假，不说自明。因为有了这则小知识的说明，学生印象深刻，拨疑为悟。后来，在教《孔乙己》一文时，我又就孔乙己的原型是谁，介绍了孙伏园先生在《鲁迅先生二三事》中所说的一段话：“《孔乙己》中的主角孔乙己，据鲁迅先生自己告我，也实有其人，此人姓孟，常在咸亨酒店喝酒，人们都叫他‘孟夫子’，其行径与《孔乙己》中所描写的差不多。”这样，又加深了学生的印象，学生再也不会迷惑不清了。

3. 利用小知识拨难为易。点拨法的宗旨是点重点，拨难点，有些课文的重点和难点，如果借助小知识来理解，涣然而释。例如《天上的街市》一诗中，作者借牛郎织女的故事，抒发了对理想生活的向往和对黑暗现实的痛恨的思想感情。学生对这一主题很难理解，发问：诗中把牛郎织女的生活写得那样自由幸福，怎么能说是对黑暗现实的痛恨呢？我们不忙于回答学生的疑问，借助小知识来点拨：（1）传说中的牛郎织女命运如何？（明确：因王母娘娘的阻挠和压制，饱受分离之苦，遭遇是不幸的。）（2）《迢迢牵牛星》的牵牛和织女的命运如何？（明确：借牵牛和织女的故事，写出一对现实中夫妇因受人为的阻隔而久别的愁苦心情，遭遇也是不幸的。）（3）造成传说中的牛郎织女和《迢迢牵牛星》中的一对夫妇命运不幸的原因分别是什么？（明确：一是专制的王母娘娘的阻挠，一是人为的阻隔。）（4）这种阻挠和阻隔实际上是什么现实背景的反映？（明确：封建压迫现实的反映。）（5）本文写作的时代背景是什么？（明确：“预习揭示”第三段揭示的北洋军阀混战的黑暗现实。）（6）作者为什么要把牛郎织女的生活写得这样美好？（明确：写天上生活的自由幸福是为了反衬人间生活的痛苦黑暗。因为现实是黑暗的，前面已有说明。）（7）本文抒发了作者对理想生活的向往和对黑暗现实的痛恨的思想感情的根据是什么？（明确：“你从人间想到天上”，是因为“你知道人世间的各种艰难”。——引自陈毅同志《赠郭沫若同志》（摘录），《诗刊》1959年第7期。）借助小知识，设置释疑坡度，在合情合理的分析中拨难为易，学生具体可感，避免了抽象的主题攀附。

4. 利用小知识拨暗为明。赵树理的“作品有一种新颖活泼、为老百姓喜闻乐见的大众化风格”。这是《老杨同志》一文“预习提示”的点拨。这种“大众化的风格”是如何体现出来的呢？小知识“中国民间文艺在表现方法上的特点”概括为四点，并且提问：“上述四点，是赵树理的体会，看看在《老杨同志》中是如何体现的。”如何体现？根据作品，落实到位，就是拨暗为明。我们借助小知识设计的四个问题，让学生依问解答：（1）叙述和描写的关系，不是“把叙述故事融化在描写情景中”，而是“把描写情景融化在叙述故事中”。（明确：描写广聚和小元下棋的情景融化在老杨初到阎家山的叙述故事中。）（2）“从头说起，接上去说”，因为农村读者“要求故事连贯到底，中间不要跳得接不上气”。（明确：老杨来到村公所—到老秦家吃饭—到场子扬谷，按时间顺序，连贯紧凑。）（3）“用保留故事中的种种关节来吸引读者”。（明确：用“你们忙得很！等一会闲了再说！”语言引出“广聚见他的话头有点不对，也就停住了棋，凑过来搭话”的细节。）（4）“粗细问题”，该细致的地方细写，不必细写的略写，“细致的作用在于给人以真实感”，“但为了少割裂故事的进展，为了使读者于尽可能短的时间内读完”，略写也是必要的。（明确：老杨出场的外貌描写“见他头上箍着块白毛巾，身上是白小布衫深蓝裤，脚上穿着半旧的硬鞋至少也有2斤半重”是细写。而广聚跑去告诉恒元只有一句“然后便说这人是怎样怎样一身土气”是略写。）

5. 利用小知识拨死为活。课后小知识是“死”的，但我们可以化“死”为“活”。就作文教学来说，我们就可以化“死”为“活”，充分发挥这些“死”知识的“灵活”运用的点拨功能。下面就是根据小知识所设计的一些作文题目：（1）怎样查《新华字典》（说明文）；（2）家乡的立交桥（说明文）；（3）读《我和“自由”》有感（读后感）；（4）从伯乐和千里马说起（议论文）；（5）《白毛女》当年演出的盛况（想象作文）；（6）60年后宏儿和水生相逢在故乡（想象作文）；（7）根据阎若璩穷根究底、爱因斯坦“穷根究底”、王安石“生活是无字书”三则材料，自拟题目，写一篇议论文（材料作文）；（8）根据谈迁为学著书、福楼拜勤奋写作、顾颉刚“500多万字的读书笔记”三则材料，自拟题目，写篇议论文（材料作文）。

实践证明，借助小知识在教学实践动中“相机诱导”“适时点拨”是有成效的。“一粒沙里见世界，半瓣花上说人情。”（郁达夫语）知识虽小，但能量较大，它激起的火花不只是“扩大学生的视野，增加学习语文的兴趣”，更重要的是提高了语文课堂教学的效率，发展了学生的智力和能力，这与点拨教学孜孜以求的目标是完全吻合的。

（本文获1997年安徽省中学语文教学研究会论文评选三等奖，芜湖市第七届教育论文评比芜湖市教育学会三等奖。）

点拨教学的美学意蕴

——蔡澄清语文点拨教学思想发微

语文教学的最高境界是创造美的境界。“按照美的规律来塑造物体”（马克思语），“要想出美的办法把语文课教得美一些，让学生也学得美一些”（蔡澄清语）是点拨教学的美学追求。作为一种科学性与艺术性相结合的现代化教学方法，点拨教学的理论和实践的内质中，既映现着我国古典美学的萧散简远，又容纳了时代之潮的富赡雄伟，其理论的前瞻性与我们今天正在进行的新课改理念有很多是不谋而合的，她的思想、方法、实践无不闪烁着美的倩影，贮藏着丰厚的美学意蕴，创造着鲜活的美的意象。“穿花蛱蝶深深见，点水蜻蜓款款飞”（杜甫《曲江二首》），让我们走进点拨教学寻美的历程，徜徉、欣赏、拾萃、寻芳，让点拨教学这朵奇葩在新课改的征程上再添光彩。

一、美在平淡

“一语天然万古新，豪华落尽见真淳。”

钱梦龙先生在《关于教学观的对话》中深有体会地说：“要善于对自己的实践进行理论概括，并把概括的结果尽可能简明地表达出来，或使之浓缩为一个理论术语；最好是寻常词语的组合，但表达的是全新的概念。这样的理论概括往往给人以更多的启迪。”（《中学语文教学》1998年第2期，第8页）蔡澄清先生多次强调：“我不敢说点拨教学法是我的什么发明与创造，我只不过是它的倡导者而已。”（蔡澄清等：《蔡澄清中学语文点拨教学法》，山东教育出版社1997年版，第91页）“‘点拨’这个词很普通，一般人都知道它的意思就是‘指点’。有困难了，有疑惑了，向别人请教，都这样说：‘请点拨点拨，开导开导，指点指点’。”（引文同上，第5页）“点拨”一词，“道之出口，淡乎其无味”（《老子》三十五章），而滥觞于老子的尚淡思想和审美趣味，正是中国古典美学范畴的民族特色。“平淡”作为一种很高的艺术境界，它是点拨教学倡导者在语文教学艺术的美学历程中孜孜以求的美学思想。走进点拨教学的芳园中，那些朴实的语言，深邃的思想，“清水芙蓉”的平淡之境，挥洒出蔡澄清先生四十多年语文教学实践的美学篇章，陶冶熔炼成“点拨”一词平淡而丰腴的美学内蕴。它没有惊人之语石破天惊，也没有浓妆艳抹招摇炫目，这种外表清淡而意蕴隐秀的美学境界就是语文教学理论和实践的民族特色和传统芬芳。香远益清，气象峥嵘，语文教学的绚烂色彩就是从这“无味”中散发出“真味”，如何处理新课改语文教学改革的继承和创新的问题不难从中找出答案。“高雅闲淡，自成一家之体”（白居易《与元九书》），“朴素而天下莫能与之争美”（《庄子·天道》），点拨教学的个性特质折射于这淡远、古朴的美学风景。“大巧若拙”“大辩若讷”“大音希声”“大智若愚”（《老子》）的美学哲理，是点拨教学追求的真实自我。平平淡淡才是真，它的每一点闪光的理论都根植于扎扎实实的实践土壤，四十年的教学生涯，三次脚踏实地的教改实践，熔铸成点拨教学的理论基石：

教学之道无他，求其善导而已矣！

善导者，相机诱导，适时点拨也。

点拨者，“导而弗牵，强而弗抑，开而弗达”，举一隅而以三隅反也。

点拨云何？

点者，点要害，抓重点也；拨者，拨疑难，排障碍也。

既点且拨，导引学者自求而顿悟也。

……

点拨有“法”而无“模式”。

点拨之“法”，求其灵活、实用、高效而已矣！

——蔡澄清等：《蔡澄清中学语文点拨教学法》，山东教育出版社1997年版，第3页

语文教学呼唤求真务实和返璞归真，语文教学艺术是理性和激情的碰撞，是平淡与创造的交响，是共性和个性的交融，但其理论“风骨”应是“一语天然万古新，豪华落尽见真淳”的美学意象。点拨教学的美学意蕴和审美趣味，“点拨”一词的理论涵盖，卓然独立于语文教学艺术的美学潮头，风姿绰约，风流于语文教改的时空隧道。当我们今天高标自主、合作、探究的学习方式时，其实，点拨教学思想中早已蕴涵着这一精髓。

二、美在质实

“看似寻常最奇崛，成如容易却艰辛。”

“清空”与“质实”是我国古代词论中一对美学范畴。“清空是一种萧散简远，自然恬淡的风格，……不假修饰，意境隽永且浑然天成”（《中国美学范畴词典》，中国人民大学出版社1995年版，第396页）。在点拨教学的理论与实践的探索中，人们总是惊叹于点拨教学创设的美学境界的“清空”：古雅高洁，含而不露。因此，有的学习者望而却步，“点拨教学难以摸捉”；有的实践者感喟唏嘘，“点拨教学新桃旧符”。难与易，新与旧，对立与统一，它昭示了点拨教学的美学实践是为了矫枉语文教学实践中那些“花拳绣腿”之弊，它纵览古今，视通中外，海纳百川，在具体的实践中崇尚厚重、实诚。语文教学方法众多，其宗旨皆为效率而创，皆为能力而设，皆为素质提高。点拨教学认为，方法不管新旧，关键在于“质实”，否则，如七宝楼台，炫人眼目，碎拆下来，

不成片段，只不过炫目一时。因此点拨教学的取“法”之道兼容并蓄，广纳百家。“点拨有‘法’而无‘模式’”，“点拨之‘法’，求其灵活、实用、高效而已！”一切为了“点拨”，一切围绕“点拨”，不论新“法”旧“法”，不论中“法”外“法”，吸取精华，含英咀华，夯实自己美学大厦的基石，创造“清空”“逸远”的艺术境界，使点拨教学的理论与实践永远活水流淌，散发着时代的馨香。反思今天我们正在进行的语文课堂教学改革的实践，多媒体的使用也好，自主、合作、探究的学习方式的组织也好，是流于形式主义，还是真正服务于语文课堂，点拨教学的“质实”思想给我们提供了有益的启迪。

故步自封，胶柱一隅，不是“质实”。细味蔡澄清先生举隅的十种点拨之“术”，似曾相识，却渗透个性；看似寻常，但亲切自然；理论通俗，可举一反三。“看似寻常最奇崛，成如容易却艰辛。”（王安石《题张司业诗》）举一隅可以窥全貌：导之以“点”，纵横捭阖；“讲”“问”并举，收放自如；传统朗读，情境点拨；媒体激趣，时代活水。如此等等，不胜枚举。不断吸纳，不断改造，不断创新，使点拨教学的“质实”内蕴丰厚、富赡；“清空”之境宏伟、博大。“纸上得来终觉浅，绝知此事要躬行”，“点拨方法是在实践中产生的，随着教学实践的扩展而扩展，随着地点、时间、人事、教材等因素的变化而变化”（蔡澄清等：《蔡澄清中学语文点拨教学法》，山东教育出版社1997年版，第64页）。语文教学中的美到处都是，关键在于我们是否有一双审美的眼睛，练就一双火眼金睛，才能“点石成金”。“清空”的光环折射于“质实”的雄厚、鲜活，“质实”的营养滋溉着脚踏实地的点拨艺术之花，“清空”与“质实”交相辉映，装点着语文教学艺术的一道亮丽的风景，使人流连忘返。

三、美在创造

“横看成岭侧成峰，远近高低各不同。”

吕叔湘先生说：“语文教学既是一门科学，也是一种艺术。”作为一种艺术事业，艺术就包含着创造性劳动，它反对因循守旧的方法和模式，它要求教师必须有独创性。新课改倡导“教师即课程”的理念，强调教师对课程资源的开发，要求课堂教学既要预设，还要生成，正是契合了点拨教学的创造精神，因而教师的创造性教学是培养有创造能力学生的基石。点拨教学高扬语文教学实践中“百花齐放，百家争鸣”的开放式教学旗帜，营造“花开春日，星灿碧空”的群体氛围，使“慷慨者逆声而击节，酝藉者见密而高蹈，浮慧者观绮而跃心，爱奇者闻诡而惊听”（刘勰《文心雕龙》），“不拘一格降人才”，让多元智能理论落实到具体的语文课堂教学实践。语文教学是一个流光溢彩的艺术世界，点拨教学深谙教学艺术的创造规律，追求中国古典美学的“中和”理想，躬行践履，“出新意于法度之中，寄妙理于豪放之外”（苏轼《书吴道子画后》），主张“点拨有‘法’而无‘模式’”，畅往“舍筏登岸”（王士祯《香祖笔记》卷八）的涅槃境界。“他山之石，可以攻玉”（《诗经·小雅·鹤鸣》），艺术创造中的“拿来主义”经验，滋养着点拨的血脉和精气，“至人无‘法’，非无法也，无法而法，乃为至法”（石涛《画语录·变化章》），语文教学的“千门万户曈曈日”的美景是要“总把新桃换旧符”的。除旧布新，不拘一格，这样的语文教学才充满生机与活力。汩汩情思，缕缕才情，织成一片绚丽的彩霞，映照出“日出江花红胜火，春来江水绿如蓝”的繁花争艳的春天美景。

春天是创造力勃发的时机，当我们徜徉于朱自清的《春》时，我们可以让学生描摹春天的花草树木、烟雨朦胧，去驰骋想象，用绘画点拨；当我们放歌春天生命时，我们可以让学生浅斟低唱，细语春天，用朗读点拨；当我们踏青自然，挥洒激情之时，我们可以以写促读，用创造点拨。春意盎然，春光融融，创造的火花萌芽于点拨教学艺术鲜花开放的春天。

“诗家总爱西昆好，独恨无人作郑笺。”（元好问《论诗绝句》）语文教学艺术的创造灵性不应该有过多的“郑笺”，否则“笺”得过死，终将失去气血。“诗无达诂”，“一千个读者心目中有一千个哈姆雷特”，这是语文教学艺术的创造个性。当我们在讨论玛蒂尔德爱慕虚荣时，学生说玛蒂尔德依靠自己的双手还清债务，这不是勤劳的品格吗？当我们在点拨孟尝君得“士”的内涵为“鸡鸣狗盗之徒”时，学生说孟尝君不是鸡鸣狗盗之雄吗？当我们在盛赞白杨树为树中的“伟丈夫”时，学生说为什么又赞扬白杨树为树中的“好女子”？新意叠出，创造勃发，“横看成岭侧成峰，远近高低各不同”。点拨教学开放的教学模式，多维的思维方式，引发学生创造的潜能，辐射星空，星光灿烂。

中国古典美学崇尚“天人合一”的天籁之境，而“合于天”则是审美的最高境界，语文教学艺术境界的“天”即是语文教学的科学规律。遵循规律，和谐共振，才能创造崇高的美学境界。点拨教学的美学思想就是“以天合天”“天人合一”。啜一口香茗，拾几瓣心香，原来却早已心驰神往，陶醉芬芳。

（本文被《点拨教学理论与实践（第一辑）》收录）

实践的结晶　智慧的升华

《语文教学点拨艺术丛谈》（以下简称《丛谈》）记录了点拨教学开拓者的睿智和踪迹。读罢《丛谈》，掩卷深思，一行行质朴无华的文字不时闪动着点拨的火花，顿有“心有灵犀一点通”的默契与欣喜。点拨教学探寻者追求的“新”“实”“活”的教学艺术境界在书中娓娓道来，如话家常，如数家珍，实乃“实践的结晶，智慧的升华”（刘国正先生的题词）。

“点拨法”是蔡澄清先生在长达四十多年的教学实践中探索、积累和倡导的一种科学性与艺术性相结合的现代化教学方法。《丛谈》举隅，既有点拨理论的高屋建瓴，又有点拨艺术的实践阐释，点拨教学灵动飞扬的个性特质在文章中水乳交融。理论指导实践，实践验证、丰富和发展理论，使点拨之花异彩纷呈。尤其是《丛谈》重笔阐释的“导”之以“点”的阅读课文教学的点拨艺术，是提高语文课堂教学效率的点睛之“术”之一，举一反三，受益匪浅。例如，夏衍的《包身工》，我们运用以“点”带“面”的点拨之术，从“数字说明，字字是血”“议论控诉，声声是泪”“细节描述，人人是史”三“点”，分类点拨，既重点突出，又提高了效率。教学《我国古代小说的发展及其规律》，我们采用“中间爆破”的点拨之术，以“事出于沉思，义归于瀚藻”来“牵一发而动全身”，为点拨学生了解我国古代小说的发展轨迹，找到了很好的切入口，达到了像叶圣陶先生所说的“作者思有路，遵路识斯真。作者胸有境，入境始与亲”的点拨效果。“举一隅而以三隅反也”（蔡澄清语），如此等等，《丛谈》的实践价值不言而喻。

蔡澄清先生说："我们认定'点拨法'是一种'现代化'的教学方法，是因为它在总结吸收前人创建的理论与实践的基础上有了新的发展与提高，已经注入了新时代的活水。"（《语文教学方法论》，北京出版社1991年版，第70–71页）。精读《丛读》，蔡澄清先生力倡的"点拨有'法'而无'模式'"的点拨理论精髓一以贯之。这是"点拨法"创新之论。因为在长达四十多年的教学实践中，蔡澄清先生深谙语文教学的艺术规律。"教育不仅是科学事业，而且是艺术事业"（加里宁语），它充满灵性，如同人们欣赏文学作品时的"诗无达诂""一千个读者心目中有一千个哈姆雷特"，如同文艺创作中的"文无定法"，所以"教学有法而无定法"，而这种"无法之法乃为至法"（齐白石语），它反映了语文教学艺术的灵活性和创造性。"点拨有'法'而无'模式'"的创见就是源于语文教学的艺术规律，并且指导语文教学实践。这种智慧的升华，在《丛谈》中有了淋漓尽致的展现，启人睿智。例如，《丛谈》所述作文教学的点拨指导就是很好的示例导引，受其启迪，笔者触类旁通，曾发表了《例谈竞赛作文的"新""奇""巧""活"》和《准巧新美——摭谈供料作文自拟题的艺术》两文，运用点拨理论指导竞赛作文和高考、中考供料作文的拟题艺术，开启学生的思维，"授之以渔"，理论对实践的指导作用在这里得到了很好的体现和运用。

吕淑湘先生说："语文教学既是一门科学，也是一种艺术。有了很好的教学法，如果不运用，也是白搭。把教学法运用得很好，取得很理想的效果，需要有很好的技巧，也就是要掌握教学的艺术。"为了提高语文教学效率，为了培养跨世纪的创造性人才，点拨法理应是我们要掌握的一门教学艺术。

（本文发表于《中学语文教学》1998年第11期）

三 秀出你的个性和风采

语文教改的时空对话

语文教学改革是新时期教育改革呼声最强烈的排头兵之一，十多年来，语文教改风风火火，热闹非凡；教改实践，百花齐放，异彩纷呈。然而，令人困惑的是：一方面是教改成绩显著，硕果累累；而另一方面则是语文教学仍旧“少慢差费”，效率较低。这种矛盾的怪圈如何阐释？笔者结合自己从事点拨教学实践的体会，谈一点自己的认识与想法，从理论和实践的时空观照中究寻一点灵感和启迪。

一、历史与现实的反思

革命导师列宁曾指出，进行科学研究“最可靠、最必需、最重要的就是不要忘记基本的历史联系，考察每个问题都要看某种现象在历史上怎样产生，在发展中经过了哪些主要阶段，并根据它的这种发展去考察这一事物现在是怎样的”（《列宁选集》第4卷，人民出版社1972年版，第43页）。语文教改历史悠久，风风雨雨，坎坷不平。为了适应时代发展的需要，教育思想和教育观念呈现出不断发展、改革和完善的趋势。尤其在今天，为了培养跨世纪的创造性人才，素质教育被提到议事日程，被提到了新的高度。围绕语文教育如何提高学生的素质，“人文论”与“工具论”又燃起了战火。似乎语文教改这块园地永远没有平静的港湾，世纪之交的喧嚣和躁动又让人激动，也使人迷惑。“历史是一块试金石”，当我们冷静下来，用历史的眼光来审视这变幻的世界，也许会有躁动之后的沉稳和辩证。

任何一种改革都是在总结吸收前人创建的理论和实践经验的基础上的发展与提高。改革意味着吐故纳新，但并不是全盘否定，另起炉灶。毛泽东同志在谈到对我国古代文化遗产的继承原则时有过一句精辟的论述，“剔除其封建性的糟粕，吸收其民主性的精华”。语文教改理亦如此，同样要遵循这一客观原则。如何进行语文教改，点拨法的界定给我们提供了有益的启迪。当我们今天将目光聚焦到中国和世界接轨的同时，更不应忽视历史与现实的接轨。语文教改既要吸取国外先进的教育理论和教育实践经验，但更应注重它产生的丰厚土壤——中国的语文教改应有中国的特色。当我们研究素质教育，讨论“人文性”与“工具性”之争时，绝不应矫枉过正，割断历史与现实的纽带，孤立地、片面地看问题。教育观念的更新是新事物战胜旧事物的新陈代谢的规律，它不以人们的意志为转移，是时代发展的必然。但对历史的借鉴会使它步伐迈得更稳健，基础打得更牢靠。正如点拨法，作为一种现代化的教学方法，它不是空中楼阁，不是无源之水，无本之木，它的根系深深扎在传统语文教育的理论和实践经验的基础上，扎在中国语文教改的现实土壤里，所以才会根深叶茂，才会充满生机和活力。

应试教育有其弊端，毋庸置疑，因为它不适应人的素质全面发展和提高，而素质教育着眼于学生整体素质的全面提高。但强调素质教育并不是不要考试，更不是否定传授知识，关键在于我们如何去传授知识，通过什么途径和方法去“传道、授业、解惑”，能否把知识转化为能力，是否着眼于培养创造型人才。因为众所周知，21世纪需要的创造性人才将会面临各种各样的挑战与竞争。为了适应社会发展需要，如何面临这些挑战和竞争，应试是不可避免的。毋庸讳言，应试也是创造性人才必须掌握的一种能力。只有这样，才能“物竞天择，适者生存”。我们总不能“泼洗澡水连同婴儿一起泼去”。正如“点拨法”强调“相机诱导，适时点拨”，反对僵化的“满堂灌”的填鸭式教学，并不是反对教师讲授，有时“满堂灌”只要灌得学生思维活跃，有利于提高学生的语文素质，也不失为一种“点拨”方式。我们不能搞形而上学，要讲点辩证法。同理，关于“人文性”与“工具性”之争，也不宜孤立地各执一端，相互否定，如果着眼于学生整体语文素质提高，从发展看问题，恐怕学生素质的提高，既离不开“人文性”，更离不开“工具性”。“文以载道”的“道”本身就包蕴有“人文性”内涵。我们硬是要作出非此即彼的界定，这是很不科学的，因为这既不符合时代发展的需要，也抹杀了语文教学的个性品质。在实际的具体的教学中谁也没有说过我们的语文教学只是为“工具”而教，或者只是为“人文”而教。“名副其实”关键在“实”。“正名”是为了“求实”和“副实”。要解决语文教改中的现实问题，我们还是要求真务实，既不割断历史，更要着眼现实，还要视通世界。用辩证的观点去处理和解决问题，这才是实事求是的科学态度。语文教改呼唤求新创异，但更注重脚踏实地。与其哓哓于一词之异而争论不休，不如冷静下来用历史和现实相比照的眼光来审视和研究一下现状与实际，也许就不会那样偏激了。

二、世纪跨度的观照

时下，处于世纪之交的中国语文教学如何改革，如何面临迎接21世纪的挑战问题是人们议论的焦点话题，于是有关汉语文教育的民族化、科学化、现代化等大问题成为人们思考的热点。时代呼唤现代化，人们对语文教学发展的前瞻充满着美好的憧憬，教学设备的现代化，教学方法的现代化，教学者的现代化是人们孜孜以求的时代之魂，它促使人们去更新观念，去勇敢探索，希冀早日创立汉语文教学的辉煌局面。然而，当我们将目光聚焦到美好的前景之时，不妨再回归到眼下的现实。当我们在进行语文教学改革的跨世纪前瞻的思考时，不要忘记对语文教改的现状进行理性思辨，更不要把对汉语文教育传统的回顾放在“被爱情遗忘的角落”，从过去—现状—未来的世纪跨度的时空观照中或许能折射出一点灵感和启迪。王鹏伟先生在“首届国际汉语文教育研讨会”上有一段精辟的论述：“处于世纪之交的汉语文教育改革，没有俯视古今的高度，就不可能面向未来，没有纵观中外的视野也不可能面向世界。回归传统并非意味着‘复古’，也并非意味着‘排外’，而是哲学意义上的更新升华。”（《汉语文教育走过和走向的路》，《语文教学通讯》1998年第2期，第3页），这就是语文教学改革的辩证法。

“‘传统’像无休止的长河，它滔滔不绝，一路容纳百川。上古的经验可以纳入‘传统’，中古的经验可以纳入‘传统’，近代的经验同样也可以纳入‘传统’。”（引文同上）语文教学中许多传统的精魂在今天的课堂上逐渐销蚀以至钝化。人们为了对付考试要求的各个知识点，把语文课变成了“天网恢恢，疏而不漏”的应试知识点的搜罗课，一堂语文课往往是细枝末节面面俱到，其结果是只见树木，不见森林，孤零零的几个知识点飘摇在风雨之中，“墙上芦苇头重脚轻根底浅，山间竹笋嘴尖皮厚腹中空”也许就是它的效果。就以诵读来说，传统的精华睿语不乏经验的结晶，而传统的琅琅读书声今日早已名不副实，只是成为语文课堂上一种花边点缀，须知，没有深刻的诵读体悟，学生的语文能力如何落到实处？强调诵读，是“复古”耶？还是“返璞归真”耶？如此等等，不胜枚举。“问渠哪得清如许？为有源头活水来。”“传统”这条长河，它滋溉了语文教学的几多良田，几多山川。

语文教学改革的终极目的都是为了提高语文教学的效率，培养和发展学生的语文能力，提高学生的语文素质，从而提高学生的整体素质。李岚清在《基础教育是提高国民素质和培养跨世纪人才的奠基工程》一文中说道：“素质教育要彻底摒弃应试教育的片面教育观，面向全体学生，为学生学会做人、学会求知、学会劳动、学会生活、学会健体、学会审美打下扎实的基础，使学生在德智体等方面得到全面协调的发展”。提高学生的综合素质是跨世纪创造性人才必须具备的品质，而眼下的语文教学实践中教师包办代替、扶得过死、放不下去的现状依然存在，“学生为主体，教师为主导，训练为主线”的理论与实际操作远未名副其实，当我们在号召为培养跨世纪创造性人才而教的同时，我们扪心自问：我们是否充分发挥了学生的主观能动性？我们是否充分调动了每个学生的创造潜能？学生作为学习活动主体的“人”的价值和尊严是否被尊重了？否则，培养能力从何谈起？语文教学的现代化踪影何在？反思点拨教学实践的“双主体”同频共振的理论指津和实践操作给我们的启发应该是深刻的，点拨教学从教育观点上重视人的价值和尊严，洞悉每个学生身上的创造潜力，着眼培养学生的创造能力，它遵循的是马克思主义关于人的全面发展的学说。

语文教改征途漫漫，步履维艰。激情与理性，理想与现实都是在不断运动、变化和发展的，语文教学改革只有在运动、变化和发展中俯视古今，纵览中外，并且不断地总结经验，丰富和完善自己，才能充满生机活力。脚踏实地、求真务实才能创造辉煌。教学思想、教学观念的发展，教学方法的改革和实践，都应为培养发展人才服务，这是语文教改的时代使命和历史走向。

（1998年获芜湖市中学语文教学研究会第四届年会论文三等奖）

秀出你的个性和风采

随着新课标的学习和实践，“教师即课程”已成为人们的共识。什么样的教师才是语文教学真正需要的？我们不得不迫切呼唤：语文教师，请秀出你的个性和风采吧！

语文教师本是最具有活力和独立人格的精神传道者，然而遗憾的是，在高考的重压下，沉重的升学压力使不少语文教师异化为缺乏自由思考，缺乏个性风格，缺乏特有魅力的教师。课堂教学中教师“只见树木，不见森林”的肢解课文的模式至今仍盛行不衰，与新课标所要求的“自主、合作、探究”的教学理念和方法背道而驰。

20世纪20年代，浙江上虞春晖中学是一所私立农村中学，笔者曾翻阅该校校史，翻阅夏丏尊的“爱的教育”、丰子恺的“美的教育”和朱自清的“有信仰的教育”等大师不同的个性化风格教学介绍，真是如沐春风，醍醐灌顶。名校就是名校，她名在有“个性”，名在有独立人格和精神追求的“个性大师”。审视我们身边的有些名校，表面上是特色学校，实际上仍是特色的幌子之下唯高考是尊的训练之校。所谓的“名师”也是因高考出名者居多，能有多少个“个性大师”风靡全国，声名显赫？

其实，做一个有个性风格的语文教师并非难事。一个人总有自己的特长和优点，扬己之长，再取人之长，经过磨炼融合，用10到20年的工夫，成为一名“小方之家”，还是可能的。关键在于你是否有独立的个性和精神追求。语文教师在学生眼中什么最可爱呢？我想：不管答案有多少，但至少要有个性风格。我们大学毕业已经20多年了，但是同学相聚，谈起大学生活的乐趣时，最有个性风格的老师往往不知不觉成为我们津津乐道的热门话题。

我教每一届高中，对起始年级学生都要做一项调查：就是前三周老师命题写三篇小练笔，知彼知己。芜湖一中是一所百年名校，是安徽省著名的示范高中，考入此校的学生智商和情商都极高，刚入校时还未沾染世俗之气，所写的感受应该说比较客观。第一篇文章写《我的风采》，先介绍自己；第二篇文章就是《高中老师速写》，介绍老师；第三篇文章写入校感受，题目是《青春从这里飞扬》。每届学生我都带两个班，结果有不少学生写到我。他们的描写尽管不乏溢美之词，但多少有些真实。有一次在校园行走时，偶然听见前面我所教的几个学生边走边讲，"今天下午第一节语文课，上'老许'的课是一种精神享受，不上'老许'的课是一种精神损失"，为此我偷着乐了几天。这与我从教20多年来一直追求"激情化、诗意化、个性化"的课堂教学是分不开的。

此时，我想起曾经上的一篇课文，至今回忆起来仍让我激动不已。在参加芜湖一中"教坛新星"评比时，我上流沙河《就是那一只蟋蟀》的诗歌，当男女生朗诵余光中先生的《乡愁》一诗导入新课时，我同时播放了马思聪的小提琴独奏曲《思乡曲》作伴奏。朗诵结束，我请学生自由发表感悟，这时有一位学生突然举手说："老师，我写了一首《明月·蟋蟀》诗，表达我的感悟。"他朗诵了自己的诗作。芜湖一中百年校庆之前，我和余进老师、程博雅副校长合作撰写了长诗《庆典序曲——祝福您，一中，永恒!》，供被邀请的电视台四位主持人朗诵之用。另外，我又写了一首《百年颂歌》千字散文诗。两篇文章还未在校报刊出，就提前给学生念了，学生听得如痴如醉。有一个学生也举手要写一首诗《母校情深》唱和："花好月圆又一春，老校百年更精神。同窗学子喜相逢，荟萃园里说旧情。"这正是教师个性化教学的火花点燃了他们的激情。

我常思，于漪、魏书生、钱梦龙、蔡澄清等全国著名的特级教师"特"在什么地方？大概是"特"在有个性风采和个性魅力上。语文教师没有“一招鲜”是“特”不起来的。善于朗读的读出你的个性风采，善于写作的写出你的才华，善于幽默的展现出你的风格。多读书，做真人，善思考，定会让你的个性靓起来。

（本文发表于《教育文汇》2005年第10期）

从语文课堂教学新模式说起

随着新课改实践的深入，语文课堂教学的生态发生了质的变化。与此同时，语文课堂教学的形式又陷入了一个新的模式：语文教学从1953年学习苏联“《红领巾》六步教学法”——介绍作者和写作背景、教师范读课文、解释词语、划分段落和归纳大意、总结主题思想、分析写作特点——的模式，现在又落入我姑且称之为“新课程六步教学法”——导入新课、知人论世、整体感知、品味鉴赏、合作探究、迁移练习——的窠臼。笔者因为教学和管理工作的需要，经常到外地和本校去听本学科和其他学科老师的课，发现现在这种模式大有“星星之火，可以燎原”之趋势，不光语文学科如此，数理化和政史地等其他学科也是这样。一种新的教学模式正在形成并有僵化的趋势，令人担忧。

众所周知，教师的教学是极富个性化的劳动，每个人的知识背景、气质修养与个性风格都是不同的。体现在课堂教学上的教学风格理应是百花齐放，众芳争妍。每个教师的教学特征应该是扬长补短，每个教师希望展现的都是自己的精彩一面。何况不同的文章，文本特征不一样，教学的切入点和讲解的方法当然不一样。更遑论不同的学科，其体系更是大相径庭，怎能操作模式都千篇一律呢？尽管教学流程的规律有相似之处，但是本质上应是不同的，否则，诗歌和散文的教学有何区别呢？文科和理科的教学有何差别呢？

那么，是什么原因造成这种畸形的课堂教学模式呢？我认为其主要原因是机械地理解新课改的理念，认为不具备这六个流程，就不是一堂课改课。对于各个学科来说，认为少了“合作探究”这个环节，就不具备新课改强调的培养学生“自主、合作、探究”的精神；没有“迁移练习”，就没有拓展引申，课堂上就没有开发课程资源。正如有的老师经常向我请教在写教学设计时，到底是写“三维目标”还是“教学目标”？“三维目标”是否一定要分条来写？哪一点是知识与能力？哪一点是过程和方法？哪一点是情感态度和价值观？其实，大可不必这样死板和机械地分类，我认为写“教学目标”和“三维目标”都可以，更不能非此即彼地切分“三维目标”。有些教学目标是你中有我，我中有你，你也无法切分。有则写之，无则免之，实事求是比胶柱鼓瑟不更好吗？当然，这也与我们现在有的主管教育评价的部门在大奖赛评定、职称评定及大学生招聘考核时机械的要求也有关，他们的硬性规定和评价起到推波助澜的作用。为名也好，为利也好，有时明知不对，也就人云亦云，顺其大流，湮没个性，可怜可叹又可哀哉啊。

其实，“教学有法，教无定法”，任何一种教学模式都是各具风格的教师个体创造出来的，这就是为什么我们学钱梦龙、魏书生、李镇西等名师，却又达不到他们的境界。因为这是个性风格使然，我们只能取其所长，补己之短，通过熔铸，形成自己的风格，这才真正是自己的教学模式啊。每个人风格不一样，教学模式怎能一样呢？因为分管教学的关系，我最近在学校听了高一所有学科教学检查及“一节课评优”活动的观摩课，其中“数、语、理、化”四堂课的教学很有特色，学校将这四堂课评为最有价值的课，供大家学习研讨。其中数学课就课本提供的例题讲函数概念，没有任何迁移拓展，没有使用多媒体，一支粉笔，一块黑板，讲得深入浅出，讲得生动活泼，讲得举一反三，讲得学生豁然开朗，返璞归真，这难道不是充分利用课程资源了吗？难道课本不是课程资源吗？语文课讲汉字的起源，教师以课本为引子，旁征博引，纵横捭阖，知识广博，大开学生眼界，这又是一种课程资源开发。理、化课异曲同工，物理课自始至终是教师自己边做实验，边引导学生在探究思考；而化学课自始至终是学生边做试验，教师边引导学生探究思考。两堂课同样趣味盎然，学生探究和动手能力都得到培养。如果这四堂课都严格按照六个程序来操作，没有个性会有这样精彩吗?

马克思主义哲学告诉我们，内容决定形式，形式是为内容服务的。我们遵循教学模式的规律，但我们千万不要拘泥于教学模式。试想，如果各门学科都采用这六道程序来上课，课堂教学将会是一个怎样的情景。我不敢预言，但一定是味同嚼蜡。长此以往，课堂教学的灵性和活力也会枯竭的，教师的个性与才华也会被扼杀的，这种僵化理解和运用新课改的理念就变成了一条捆绑师生的地地道道的僵蛇。但愿此风越早意识，越早断杀，否则，课堂教学又将陷入一个新的模式泥潭。

（本文发表于《语文学习》2009年第6期）

语文新课改实践者的哲学困惑及应对策略

马克思主义哲学是一切科学理论研究的基础，作为思维方法和范畴体系的哲学对语文新课改的理论指导和实践检验的作用是毋庸置疑的。随着语文新课标的学习和实践逐步深入，广大一线的中学语文教师既面临着理论上一系列哲学思考层面上的困惑，又在实践操作层面上左右为难。诸如继承与创新，“双基”与“三维目标”，接受式学习与自主、合作、探究式学习，文本观与课程资源观，必修与选修，新课改与语文高考等必须思考和实践的问题，如果单纯从经验到经验去认识、思考和实践，难免囿于己见，故步自封；如果站在语文新课改的哲学高度上去审视、领悟和执行，定会有新的认识和收获。

一、继承与创新

新一轮课程改革是我国基础教育在进入21世纪以后，国家从实施科教兴国战略的高度，从提高国民整体素质以及增强综合国力的高度，以建立具有中国特色的符合素质教育要求的基础教育课程体系为目标，根据《国务院关于基础教育改革与发展的决定》和《基础教育课程改革纲要（试行）》两个纲领性的政策文件为指导思想而实施的世纪性教育改革系统工程。因此，坚持课程改革思想不动摇的坚定性，深刻认识课程改革战略意义的重要性，正确估量课程改革实践过程中的艰巨性是广大一线语文教师应该确立的正确认识，我们不能有丝毫的抵触情绪和消极应对的策略。因为《国务院关于基础教育改革与发展的决定》中明确指出："基础教育是科教兴国的奠基工程，对提高中华民族素质、培养各级各类人才，促进社会主义现代化建设具有全局性、基础性和先导性作用。"党中央、国务院高度重视和支持，财政部拨专款用于本次课改，教育部党组直接指导，都昭示了此次课程改革的决心之大、意义重大和影响深远。

纵观近百年中国语文教学改革的发展轨迹，特别是改革开放以来20多年的语文教学改革的发展态势，语文教学改革总是勇立于我国基础教育改革潮头，轰轰烈烈并且生气蓬勃地向前发展着。因此，为了迎接此次新课改，我们既要学会运用辩证的眼光去审视语文教学改革发展的历史轨迹，继承语文教学的优秀传统，同时，又要有海纳百川的广阔胸怀，吸纳世界教育改革浪潮中的精华，融会贯通，改造创新，建立一套具有中国特色的语文教学的新体系。这是21世纪的历史重任，这是我们义不容辞的职责。

当前，在语文新课改的继承与创新的哲学范畴认识上，还存在着以下倾向：有的一线语文教师认为，中国几千年的语文教学，没有这个新观念，那个新方法，不同样涌现了屈原、李白、曹雪芹等大文豪，寻找借口拒绝新课标的学习和实践；有的语文教师认为，只要高考不改革，什么改革都是空话，站在实用主义角度旧瓶装新酒，以不变应万变，一切围着高考转，唯高考是尊，消极对付新课改的学习和实践；当然，也有思想比较激进的年轻教师，认为新课改就是除旧布新，学习理论不能领会精神实质，教学实践追求形式上翻新。这些现象都不是新课改的宗旨。因为马克思主义哲学的共性与个性的哲学原理告诉我们，共性存在于个性之中，是从个性中抽象概括出来的。新课改、新理念、新方法等，继承和借鉴是他们的共性，而创新是他们的个性。但是，"继承和借鉴决不可以变成替代自己的创造，这是决不能替代的。"（《毛泽东选集》，人民出版社1983年版，第862页）否则，另立名目，岂不多此一举？即以"双基"与"三维目标"为例，为什么要采用"三维目标"呢？它是以人为本的教育思想在新课程改革中的体现，强调将教学过程还给学生，强调师生互动，师生对话，生本对话，师本对话，确立学生的情感、态度和价值观在学习知识过程中的地位，它是传统“双基”目标的深化和发展。但同时，我们必须清醒地认识到，它又不是全盘否定“双基”，不是除旧布新，而是在“双基”基础上的进一步推进和发展。所以，从哲学层面上去思考诸如此类继承与创新的问题，就不会胶柱鼓瑟，消极应对，反而会豁然开朗，耳目一新。

二、“双基”与“三维目标”

《国务院关于基础教育改革与发展的决定》中提出：“积极开展教育教学改革和教育科学研究。继续重视基础知识、基本技能的教学并关注情感、态度的培养。”《基础教育课程改革纲要（试行）》中也指出：“改变课程过于注重知识传授的倾向，强调形成积极主动的学习态度，使获得基础知识与基本技能的过程同时成为学会学习和形成正确价值观的过程。”新课标中提出的“三维目标”是以“双基”为基础的，这一点在上述两个纲领性文件中都有明确界定。

语文课堂教学的目标正在经历着从“双基”到“双基加德育渗透”再到“三维目标”的发展过程，目前教师在课堂教学上出现了以下哲学困惑：一是新教材是按三维目标设计的，一堂语文课怎样进行“知识与能力”“过程与方法”“情感态度与价值观”的有效整合是一线教师难以把握的。因为一堂语文课，由于受不同教学内容的约束，有时教学目标偏重知识教学，这样无形中就弱化了情感态度与价值观以及过程与方法，往往顾此失彼。有时教学实践的流程中强调了过程与方法、情感态度与价值观，知识的教学又显得不扎实，教师左右为难。二是一些有一定教龄的老教师仍然以“双基”为主，过程与方法走过场，情感态度与价值观的培养贴标签。一些刚走上教学岗位不久的青年教师接受新理念快，强调课堂气氛，注意过程与方法、情感态度与价值观培养，但又忽视了“双基”的落实。三是新教材编写者一味强调知识的熏陶、体验、感悟等“习得”过程，教材编写时淡化了具体的“双基”知识体例和内容，结果广大一线语文教师根据自己的教学经验和喜好去处理“双基”知识，仁者见仁，智者见智，畸轻畸重，实际上造成了“双基”知识的弱化或落空，反而阻碍了学生能力的形成。

其实，身处第一线的广大语文教师都明白：能力是内化了的知识的综合体现，素质是活化了的知识的积淀和升华。新课程的本义是改变不合时宜的知识教学或一味只教知识不育人的现状，而不是淡化或弱化知识，它追求的是更新、更实、更活、更有用的知识。因为扎实的知识功底是提高能力、丰富情感、形成积极人生态度的基础。因此，我们的实践对策是：一定要牢牢把握知识这个根基不松手，全方位地去培养学生的能力，这才是新课标的宗旨。因为从知识与能力的辩证统一关系来审视我们的新课改，它们之间的关系是相辅相成的，而不是水火不容的矛盾。新课标强调过程与方法，情感态度与价值观，它遵循了事物是运动的，不断向前发展的自然规律，它是“否定之否定”的唯物辩证法规律的生动体现和具体实践。

三、接受式学习与自主、合作、探究式学习

语文课程标准在“基本理念”部分增加了语文课程“应继承语文教学的优秀传统”这一重要提法，在“教学建议”部分增加了“自主合作探究式的学习方式与有意义的接受性学习相辅相成”的提法，在“阅读部分”提出“要防止用集体讨论代替个人阅读，或远离书本，进行过度发挥”，以及防止滥用“合作学习”的问题。美国著名哲学心理学博士奥苏伯尔指出，那种认为接受学习必然是机械的，而发现学习必然是有意义的观点，虽然广为流传却并无根据。

韩愈说：“师者，所以传道受业解惑也。”其实，人类几千年来积累的知识通过教师有意义、有目的地传授，比由学生自己去发现它花的时间要少得多，尤其是处于基础教育阶段的中学生，课堂教学中接受学习

的方式仍是很必要的和占主要的，以他们的知识积淀去从事一切发现式学习是不切实际的。有些知识必须通过老师深入浅出的讲解，才能使他们产生有意义的联想、内化，然后才形成能力。就语文来说，有些比较难懂的文言文以及鲁迅先生的一些杂文，如果光靠学生自己去“自主、合作、探究”，仍然是不得要领的，教师的传授和讲解是必不可少的。新课标强调“自主、合作、探究”，除了培养学生的创新精神，尊重学生的主体地位以外，更重要的是针对课堂教学“满堂灌”之风而提倡的。因为，“双主体”的课堂理念尽管提出了多少年，但实际操作层面上仍是教师“一言堂”，扼杀了学生学习的主动权。但是物极必反，眼下，当“自主、合作、探究”的学习方式出现以后，语文课堂教学“三自一放”（即学生自读语文课文，自定学习内容，自选学习方法，教师放羊式管理）的教学模式日渐盛行。结果，教师对自己的教学地位茫然迷惑无所适从，出现了以下哲学困惑：一是一堂课到底谁是主体。如果完全以教师为主体，当然不符合新课标。如果完全以学生为主体，符合“自主、合作、探究”，但是又变成放羊式教学难以掌控。“双主体”又如何体现？二是是否每一堂课都要用“自主、合作、探究”方式去操作。因为有的课，学生没有能力去自主、合作、探究，教师非主导不可啊！我们的执行策略是：必须明确，无论采取哪种学习方式，没有教师的主导作用，学生的“自主、合作、探究”学习就会流于形式而毫无实效。“自主、合作、探究”要因“材”（教材、学生、时空背景）施教，形式要为内容服务，如果是一些很浅层简单的问题，没有思维的多元化与发散性，没有必要流于形式为了探究而探究，这样将会形而上学、劳而无功。因为马克思主义哲学的基本原理告诉我们：内容决定形式，形式是为内容服务的，起决定作用的不是形式和手段，而是内容和目的。同时，从主体与客体相互转化的辩证关系来看，它同样是马克思主义哲学的具体问题具体对待的哲学原理对新课改课堂操作模式的理论指导。

四、文本观与课程资源观

著名教育家陶行知先生说得好："花草是活书。树木是活书。飞禽走兽小虫微生物是活书。山川湖海，风云雷雨，天体运行都是活书。活的人，活的问题，活的文化……活的世界，活的宇宙，活的变化，都是活的知识宝库，都是活的书。"新课改的一个重大举措就是在基础教育课程体系中建立现代课程资源观。语文课程标准强调，语文教师"应创造性地理解和使用教材，积极开发课程资源，灵活运用多种教学策略，引导学生在实践中学会学习"。从文本观到现代课程资源观的转化是新课改的一个革命性的变化。为此，我们必须弄清课程、教材和教科书三者之间的关系。

新课标界定：教科书是根据课程标准编写的系统反映本学科内容的教学用书，它是最具有代表性的核心教材。教材除了教科书以外，还包括大量的教学辅导用书、视听教材、电子教材，由自然或生活事件转化来的现实教材以及传承人类文明的各种物化形态和非物化形态的媒介等都可视为教材；而课程不再只是单一的"文本课程"，它是教师和学生共同围绕着教科书和教材创造和开发的一种具有独特个性特征的教学资源。课程、教材和教科书是前后包含的关系。今天我们提倡的"用教材教"，而不是"教教材"就是新课改理念的变化。这里，教材只是一个"引子"，是教学资源的生长点。但是在实际操作中，我们在处理语文教材时往往走向另一个极端，出现了以下操作层面上的困境：一是为了体现新的课程资源观，文本不知不觉地受到了冲击和冷落，出现了泛语文的倾向，不少教师忽视或轻视对文本的解读，过早或过多地迁移补充课外内容，偏离文本，大量引用网上资源或片面强调教学与学生生活实际的联系，冲淡对教材的处理。结果本末倒置，语文课变成拼盘的杂烩课。二是强调学生的个性解读，忽视对文本的基本尊重，一篇课文或一个问题有十几种说法，众说纷纭，牵强附会，各执一词，甚至标以"创新”名义，出现了游离文本的反语文倾向，结果走进了语文教学的妖魔化和伪科学化的泥潭，沾沾自喜，自鸣得意，不能自拔。我们的对策是：一是必须认识到，从文本观到课程资源观的进化，是新课标在培养提高学生的综合素质和提高教师的业务水平两个价值取向上的飞跃，它打破了学科本位的界限，避免“教死书，教书死”的弊端，强调语文与学生的生活和社会实践相联系，但前提必须是以语文文本为根本，以其他课程资源为辅。这是哲学范畴上主要矛盾和次要矛盾辩证关系的正确掌控。二是以文本为生长点的阅读，必须以追求共通见解为基点，正确处理一元标准与多元解释，个性解读与文本原旨，独特认识与共性认识，多元文化与普遍价值的关系。这才是新课程课程资源观的本旨，也是真理是具有普遍性的唯物辩证法思想在新课改实践中的具体体现。

五、必修与选修

选修课萌发于19世纪德国的柏林大学。19世纪末，选修课制度由大学移植到中学，揭开了中等学校选修课的序幕。我国历史上规定设置高中选修课的主要事件有：1919年上海中国公学中学部、上海浦东中学等学校引进西方的选修课制度，最早进行初步尝试；1922年，当时颁布《新学制课程标准纲要》，规定在高中普通科中采用选修制；1963年，中华人民共和国教育部《全日制中小学教学计划（草案及说明）》首次提出在普通高中开设选修课；1991年，国家教委颁布了《关于在普通高中开设选修课的意见》，就普通高中选修课的内容和形式作了较为详尽的说明；1997年开始的两省一市高中课程改革试验将选修课作为一种重要的课程类型。

选修课的设置与实验是新一轮高中课程改革增加的一个项目。新一轮高中课程改革将选修课正式列入“课程方案”，要求我们切实加以实施，它揭开了高中选修课新的一页。因为从必修与选修的哲学范畴来看，必修强调夯实基础，选修强调拓展和深化。新课改坚定不移地实施选修课的目的是拓展学生的知识和技能，发展学生的兴趣和特长，培养学生的个性；发挥教师的专业特长，促进教师的专业成长；促进学校特色的形成与办学模式的多样化。据此，新课改选修课的设置具有模块化、多样化、层次化、弹性化和学分制五大特点。理论构建上的完善是新课改成熟的体现，但广大一线语文教师在实际操作层面上由于缺乏具体的开课经验，面临着以下困惑：一是选修课教材的建设问题。因为教材是根本，否则“巧媳妇难为无米之炊”，无论是统编教材的直接使用或改造使用，还是地方教材、校本教材的编写，都需要一个完善的过程。二是教师的专业特长知识的发挥。因为能开一门选修课的教师必须是他的特长，科目才有深度和广度，否则不能保证质量。但是如何掌控选修课的深度和广度还有待实践中去摸索。三是教学形式的改革创新。如果仍然采取必修课的教学方式，势必变成了必修课的附庸和补充了，失去选修课开设的意义。四是选课和管理的制度建设要到位，否则，无序和混乱的局面难以避免。五是选修课内容怎样纳入高考考试范围，与高考接轨。如果纳入高考会增加学生的学业负担（这样选修课在某种程度上又变成了必修课）和考试成本（怎样为如此众多的选修模块设置试题与组织考试）。若不纳入高考，选修课的设置极有可能被淡化，被边缘化，失去选修课开设的意义与价值。在选修课与高考的关系问题上，学校、老师、家长、学生的功利性态度极为明显。

笔者所在的芜湖一中是一所具有一百多年历史的安徽省示范高中，曾经在20世纪末连续六年在全省率先进行过选修课开设的实验，后因种种原因而停止。笔者也连续六年参加了“中国古代文学”选修课的开设，感触很深。上述五个问题都已遇到，而最为突出的问题是由于高考升学的压力，凡是跟高考有关的选修科目，选修的学生就很多。如芜湖一中曾经开设的“中国古代文学”“阅读与写作”“英语听力与阅读”“数学解题方法指导”等科目选科的人火爆，而“美学常识”“中国文献检索”“安徽文化史”“植物标本的制作”“天文常识”“生活中化学现象”等科目选科的人就较少。因此，面对新一轮课改，我们在选修课开设上的积极对策是：首先，要坚定不移地执行“课程方案”中选修课的开设目标，不能消极应付；其次，要积极探索有本地区特点或本校特色的选修课开设模式，实事求是地稳步推进选修课的开设，不能一哄而上，求多求全，有量无质，有始无终。妥善解决上述五个现实问题，才是马克思主义哲学的具体问题具体对待，一切从实际出发，理论联系实际的工作作风的实践真谛。

六、新课改与语文高考

经过多年的努力和实践，素质教育的概念、理念和价值取向已为越来越多的人所认同，并对我国的基础教育产生了积极影响。随着新课改的实施和语文高考改革的推进，人们更多关注的是新课改与语文高考改革的关系，广大一线的语文教师尤其关注。回顾改革开放以来语文教学改革发展的轨迹，我们走过了语文科学化、双基训练、素质教育、创新教育、研究性学习等一系列教育新理念的学习和实践的过程，尽管每一次实践都有些匆忙，但围绕着“一切为了学生的发展”这个中心的理念是持之以恒的。高考语文改革也走过了20多年的风雨历程，从以客观题为主导题型的知识立意命题为主，逐渐走向以主观题为主导题型的能力立意命题为主，而且正在走向分省命题的个性化、创新化的命题轨道，这些可贵的发展都昭示我们新课改与语文高考之间的关系是既对立又统一的辩证关系。

目前，广大一线语文教师有一个悖论：一说语文新课改就提及语文高考，好像只要搞新课改最好就不要有高考，这样就能够甩开膀子搞新课改。这实际上是一个错误的价值判断。我们必须承认：语文新课改是以人的发展为中心，以全面提升学生的语文素养为宗旨。因此，从发展的眼光来看，语文新课改最终只会促进学生语文高考成绩的提高。这一点，我们理应坚信不疑。但广大一线语文教师总是顾虑重重，面临的哲学困惑是：一是语文新课改的速度与语文高考改革的速度总是不同步。

因为大家都明白高考改革是“迈小步，不停步，稳步向前推进”，而新课改的理念和实践进程远比高考改革进程快，担心搞课改影响高考成绩。因此，瞻前顾后，打着搞新课改的幌子，实际是应付高考那一套内容。二是知道新课改所倡导的选修课好，但如何同高考接轨，高考试题中怎样去体现，教师比较茫然。所以，教师受到高考指挥棒的制约，举棋不定，认识不到位，导致实践新课改时徘徊观望，消极应付，没有实效。我们的应对策略是：必须树立正确的思想认识，明确新课改绝不是以考试为中心，但是新课改又绝不排斥高考。因为在任何情况下，考试与课改都有不完全吻合的一面，再科学合理的高考都是相对的，都有其不可逾越的局限性。高考无论怎样改革都不可能把新课改所有的内容都纳入考试范围，如果我们以考试主义的态度来对待新课改，最终有悖于教育改革的宗旨和学生素质的全面发展。而现实情况是：高考改革与新课改之间的生长过程肯定是有快有慢，我们必须正确看待这二者之间的对立与统一的辩证关系。因此，在具体的教学实践中，努力做好新课改与语文高考的接轨教学是我们的当务之急；关注高考改革的发展方向是我们永恒的研究课题；选修课的内容最终会被高考命题者考虑的，这是肯定的；高考选拔性考试在相当长的时期内不会改变。所以，正确认清语文新课改和语文高考两者之间兼容并蓄的关系是务实求真的态度。因为从马克思主义哲学的对立与统一的辩证关系来看，新课改与语文高考的关系永远是一个永恒发展的现实话题，并且在矛盾的斗争中不断地向前发展着。

辩证法是马克思主义活的灵魂。恩格斯说：“辩证法是关于普遍联系的科学。”列宁说辩证法是“最完整深刻而无片面性弊病的关于发展的学说”。面对语文新课改，如果我们用普遍联系和发展的观点来看待教学实践过程中出现的这些矛盾，从哲学的高度来分析问题、解决问题，不但能避免形而上学的主观臆断，而且还能用发展变化的观点研究教学实践过程中不断出现的新问题，寻找教学实践的规律性，不断地积累语文新课改的实践经验，丰富、发展和完善语文新课改的科学理论，从而推动新世纪的语文课程改革不断地向前发展。

（本文发表于《安徽教育科研》2006年第5期，2006年获安徽省优秀教育科研论文二等奖，芜湖市“自主、合作、探究的语文学习方式实验研究”阶段性成果征评论文二等奖，芜湖市教科研论文评选一等奖）

试论新课程背景下语文课堂教学的嬗变

一、绪论

教学改革的显著特征是：新的理念必须落实到具体的课堂教学的平台上。无论是内容上的创新还是形式上的翻样都要通过具体的课堂教学来反映，所以，一切教学改革成功与否的关键在于课堂改革的力度大小与落实与否。否则，光有新的理念，不能躬行践履于具体的课堂教学实践，那只是七宝楼台和空中楼阁，炫人耳目却华而不实。

语文新课程改革的舞台是多姿多彩的语文课堂教学。随着新课改的全面实践，广大一线语文教师理论上的学习已了然于胸，改革的激情已澎湃于怀，但实践的迷茫同样也徘徊于心，这是毋庸讳言的现状。如何将新课标的理念准确地落实到新课改的课堂上，我们必须学会反思，学会批判，因为破旧才能立新，这是语文新课改实践者应有的胸怀和眼光，只有有胆量将“家丑外扬”的勇气，才会有“穷则思变”的决心。下面拟就目前语文课堂教学的现状作一点事实描绘，以期引起我们的警醒；同时，在警醒之际，反思一下新课程背景下我们的语文课堂教学改革嬗变的目标究竟是什么。

二、目前语文课堂教学的现状

回顾改革开放以来语文教学改革发展的轨迹，我们走过了语文科学化、双基训练、素质教育、创新教育、研究性学习等一系列教育新理念的学习和实践的路程，尽管每一次学习和实践都有些匆忙，但是每一次改革都有一些新元素加入，它促进了新课改语文课堂教学“一切为了学生的发展”这个中心理念的形成。而反思一下语文课堂教学现状，我们现在所做的与改革所要求的目标其实是相差较远的，至少大家都知道还是不尽如人意的。如果在新一轮课程改革的革命性变化中不能引起警觉，其结果仍然难以尽如人意。现将语文课堂教学因长期惯性思维和守旧观念而沉积的一些陈旧的并且很多人仍在实践操作的课堂教学现象陈述如下。

（一）旧：思维陈旧，因循守旧，一课没有亮点

语文课本中的课文是丰富多彩的，不同的文体组合成不同的单元模块，讲读与自读相衔接相迁移，这是新课改教材的显著特点。它要求教师要革故鼎新、因材施教，而我们有些语文老师不管教材怎么变，我自岿然不动。课堂教学流程和模式千篇一律：起始导入阶段都是先写课题，再介绍作者；整体感知阶段就是划分段落大意，然后讨论几个问题；结尾总结阶段就是归纳中心思想；最后处理课后练习。不难想象，每一堂课都是如此操作模式，每一篇课文都是这样教学，姑且不论不同文章有不同特点，而且教法肯定不一样，其思维僵化和守旧不言自明。如果深层次去分析，这种行为其实是惰性与不思改革的思想在作祟。长此以往，一课怎能有亮点？扪心自问，我们是否也是这样？

（二）虚：花拳绣腿，华而不实，一课没有重点

如果说前面所说的“旧”的现象是我们一些教龄较长的老教师所谓的“轻车熟路”的托词与现象的反映，那么，“虚”的特点则集中体现在一些教龄较短的新教师的课堂教学上，尤其体现在观摩教学以及一些教学大奖赛上。起始导入阶段都是多媒体天下，不论什么课型和课文，不论是否需要使用多媒体，反正“爱多媒体没商量”。整体感知阶段为

了体现自主、合作、探究，不管有无必要都要分小组讨论，热热闹闹，不了了之；结尾迁移阶段都是根据课文迁移布置一篇小作文的写作。文本的作用不知抛到哪里，一堂语文课下来，学生头脑空空，不知学了些什么，语文课的本体在哪里？重点在哪里？课堂教学的有效性如何体现？这种“泛语文”教学的现象应该引起我们反思。

（三）死：课堂呆板，不知变通，一课没有一得

预设和生成是新课改课堂教学老师们谈论得最多的话题之一，语文课堂教学既要预设，更要生成，这样才能让学生真正动起来，从而提高课堂教学的含金量。反思我们的语文课堂教学，教师的预设仍占主流和上风，尤其是观摩教学和教学大奖赛时更是小心翼翼，不敢越雷池一步，生怕学生一生成就打乱了教师的原设计划，造成教学任务完成不了，同时也难以掌控课堂，因此，教学时学生一旦有些“节外生枝”的“火花”，很快就会被老师浇灭，从而造成课堂教学四平八稳、“完美无缺”，其实，这样做恰恰是缺少了灵气和活力。而成功的课堂教学往往是有些出人意料的“精彩”，从而使课堂生色，给人留下难以忘怀的印象。笔者在参加教坛新星评比时上的一堂观摩课《就是那一只蟋蟀》，有一个语文成绩一般的学生在感悟乡愁时，当堂吟了一首自创小诗，至今给师生们留下难忘的印象。所以，变则通，通则有得。

（四）孤：自说自话，目无学生，一课没有主体

双主体同频共振、和谐共鸣是一堂语文课追求的互动双赢的境界。今天的电视选秀节目和大型演唱会《同一首歌》以及中央台的一些谈话类节目都深谙此道，从而创造了电视荧屏上合作共赢、互利共生的场景。语文课堂教学同样需要互动，需要碰撞和心灵交流。我们的老师为什么在课堂上出现“孤”的现象，原因有二：一是惰性使然，怕提问，怕交流，怕费头脑，一讲到底省事不费神；二是自说自话，作演讲式讲课能尽情地展示自己某方面的才华，海阔天空，侃侃而谈，自我感觉良

好。殊不知，这样的教学尊重学生的主体地位了吗？学生的自我发展又怎能在课堂上得到历练呢？“双主体”的作用体现在哪里？

（五）冷：没有激情，缺乏沟通，一课没有笑声

教学是一项充满着激情的事业，语文课堂教学尤其需要有激情。很难想象，一个人没有激情地去从事自己所做的工作，其结果是怎样。而现实情况是：我们有些老师缺乏激情，心情抑郁，怀才不遇，将生活中一点点不快都带入充满生命活力的课堂，上课时板着沉沉的脸，不开笑颜，弄得课堂缺乏活力和快乐，更谈不上沟通与交流，欢乐与笑声。造成这种现象的根源是教师不热爱自己所从事的本职工作，是一种消极的工作态度。但是危害是相当大的，于己于学生都会造成心理障碍和阴影，既然我们选择了这项职业，我们为什么不换一个视角看问题？笑对人生，笑对生活，笑对学生，笑对课堂，也许教学别有洞天福地在那里。

（六）呆：不善利用，我为物用，一课没有主导

新课程强调教师要充分开发课程资源，广泛利用已有的课程资源，这是促使教师与课程共同成长的一项重大举措。由于语文课堂教学可开发的课程资源是丰富的，因此，在语文课堂教学的现实操作时，有的教师课堂教学上颠倒了主次关系，忘记了自己的地位，不是物为我用，反而变成我为物用，失去了主导地位，上课时被大量的课程资源所牵掣，一堂课手忙脚乱，一会儿展示多媒体资料，一会儿展示实物和图片，弄得一堂课像展览馆的讲解员，“耕了别人的田，荒了自己的地”。疲于奔命且劳而无获，不知驾驭课堂的辩证法是举重若轻，结果，不善利用，我为物用，一课没有主导。

三、新课标语文课堂教学改革的目标

（一）新：思维更新，旧符新桃，一课要有亮点

王安石有两句诗曰："千门万户曈曈日，总把新桃换旧符。"新课改，新思维，新课堂，到底新在那里？对于语文课堂教学来说，它新在教师与课程共同发展，它新在教师创造性处理教材，它新在教师如何操作模块教学和综合实践活动课。而模块教学和综合实践活动课的典型特征就是要求教师要有创新精神和举重若轻驾驭课堂的教学功底，如果我们仍按传统方法去教，一课一课地精雕细琢，根本完成不了教学任务。因为一个学期要处理两册必修教材和一些综合实践活动课程，对于我们老师来说这是一个全新的挑战。我们必须总结传统的单元教学和研究性学习的有关经验，充分发挥学生的主体作用，建构一课攻其一点，切忌贪大求全，追求一课一得或一课有一个亮点的教学模式，这样才能游刃有余。所以，"以点带面，授之以渔"是我们语文新课改课堂的精髓，而且不同类型的文章要洞悉文本"精彩"特征，才能有的放矢，做到像于漪老师所说的，课课不一样，课课有精彩，课课有亮点。否则，那真是瞎子摸象，一片糊涂。

（二）实：形式创新，重在实效，一课要有重点

模块教学和综合实践活动课程给学生提供了展示多方面才华的舞台，真正实践了多元智能的新理念，也给教师的课堂教学提出了更高的要求。新课程提出的自主、合作、探究的学习方式落实在语文课堂上不只是一种分小组讨论的教学方式。其实，演讲、辩论、提问等传统的教学方式只要体现自主、合作、探究的精神都是一种好的教学方式。形式是为内容服务的，根据文本的特点，根据课型的特征，根据学生的认识水平和兴趣方向，能够展示教师的个性风采，不论白猫黑猫，逮住老鼠

就是好猫。我们不必拘泥于形式上是否分小组讨论了，是否用了多媒体等元素，关键是该用什么就用什么，一切因材施教，一切重在实效。笔者曾在上海建平中学听了一堂上海市浦东新区名师宁冠群老师开设的模块教学观摩课——“苏轼中秋词赏析”。这位老先生在课堂的起始阶段自己边背诵边在黑板上竖写了这首《水调歌头·明月几时有》一词，那飘逸优美的板书字体给学生带来了巨大的震撼力，远非多媒体所能取代。学生情不自禁地鼓掌赞叹。然后，他一字不漏、抑扬顿挫地背诵了这首词，古色古香，韵味无穷。又请同学推荐一位女生模仿歌星王菲演唱这首词。最后放手让学生自己现场查找多媒体资料，自己提出问题，互相质疑，教师自始至终只是指导、点拨、总结。整堂课精彩纷呈，形式创新，内容厚实，传统和现代交融，这是一堂真正的新课改课，重点突出，形式新颖，内容厚实，师生共同发展，互利双赢。因此，“实”是新课改的灵魂，也是语文课堂教学的基石，我们应牢牢夯实。

（三）活：课堂机智，随机应变，一课要有一得

语文课堂教学的精彩往往出现在学生的“节外生枝”，这就是为什么新课改强调生成的作用，因为生成是学生创新思维的结晶。但凡一堂成功的语文课总有一点“精彩”细节给学生留下难以磨灭的印象。上海著名的特级教师马骉在教孙犁的小说《荷花淀》时认真挖掘了学生课堂上突然提出的“你走，我不拦你。家里怎么办?”这句话标点符号使用的不同造成两种理解的精彩。一是：在“你”字后用句号，表现水生嫂对丈夫工作的支持。一是：在“你”字后使用逗号，表现水生嫂对丈夫工作的不理解。钱梦龙老师在杭州借班上课时，采取了一个机智的导入，拉近了跟学生的距离。一学生说：“老师好。”钱老师笑着说：“不对，应该叫师爷好。”学生恍然大悟，原来钱老师从年龄上来说应该是我们父母辈的老师，我们当然叫他师爷了。于漪老师教句型：“是——，不是——”，她请几个学生扮演她的孙子和孙女，老师让学生上台，然后介绍说：“这是我的第一个孙女，这是我的第二个孙女”，突然，她

说："这是我的第一个孙子，不是我的第三个孙女。"学生在轻松欢乐中学会了"是——，不是——"的句型。因此，学会随机应变，动态生成的课堂才会闪烁精彩的火花，教有所得，学有所乐，教学相长。

（四）和：师生互动，和谐共振，一课要有主体

教师为主导，学生为主体，双主体同频共振，这是新课改语文课堂的主线。我们常说教学相长，"一切以学生的发展为中心"，尊重学生的主体地位，培养学生的创新精神，在过程中掌握方法，"举一隅而以三隅反"等教育哲理，落实到具体的语文课堂教学实践上往往是大打折扣的，理念的东西多于实践上的探索。因为怎样真正使学生动起来，说起来容易，做起来困难。这就是为什么一提自主、合作、探究的学习方式，大家就分小组讨论。表面上看是动起来了，但关键要看效果如何。师生的互动重要的是精神上的契合，心有灵犀一点通，不是老师牵拉着学生动，更不是老师采取提问方式在逼着学生动，老师应是点火者，要激起学生内心表达的冲动和激情，促使他们主动探究，不吐不快，"于我心有戚戚焉"，这样才真正动起来了。因此，创设良好的教学场景和氛围，探究有质量的问题，预设与生成的有效调控，课堂教学的机智等基本功的历练，才是创设师生互动、和谐共振的催化剂，并且真正从观念上和实践操作上准确定位。教师、教材、学生三者关系应是：教师是导演、学生是演员、教材是剧本。明确文本和学生是一课的根本，两条主线不能丢。教师要洞悉学生的"兴趣"点，教材的"精彩"点，正确把握课前预设与学生课堂动态生成的有效转换，掌握好收与放的程度，充分展示教师个性风采，做到精心准备，随意表现，不露痕迹，师生都有收获和快乐，这才是真正和谐共鸣的语文课堂，也是语文课堂的最高境界。

（五）热：充满激情，真情对碰，一课要有笑声

我们常说，语文教学是诗意的栖居。语文课堂是一个充满诗意的磁场，是一个青春与激情荡漾的芳草园。面对青春如火的年轻学生，老师无论年龄大小都会感到格外年轻。构建热情加真情的语文课堂，我想至少应该具备以下条件：其一，真正尊重学生、热爱学生，因为有爱才有情，爱是情的内驱力，亲情、友情、爱情的产生都是爱的结晶。其二，创设和谐、机智、幽默的课堂氛围，让教师的人格和才华，学生的激情和活力都充分展示在诗意的课堂，令学生的笑声伴随着课程的学习和问题的生成与解决。其三，语文课堂教学就是一切以语文课堂教学内容为中心，不能东拉西扯，海阔天空，借语文课堂阵地大发牢骚，愤世嫉俗。其四，要深挖教材中创新的元素，培养学生探究的精神，在求新的思维上激发学生创造的火花，让学生在会心一笑的释疑中获得真正的快乐。最后，要充分展示教师的个性风采，要充分挖掘学生的个性特长，用教师的才华去征服学生，用教师的激情去感染学生，师生互动，真情对碰，让语文教学真正变成诗意的栖居。

（六）变：他山之石，物为我用，一课要有主导

语文课堂教学的课程资源是丰富多彩的，语文学习的外延与生活的外延相等。新课改强调课程资源的开发与利用，主要是为了促进教师与课程的共同发展，但我们在利用课程资源时一定要注意“他山之石，物为我用”的原则，不能主次颠倒，本末倒置。因为文本是一课的根本，当前在新课改的语文课堂教学上为什么会出现大量“泛语文”化的现象，其根源是没有弄清语文的本体在哪里，捡了芝麻丢了西瓜。我们不是不需要多媒体，但要记住多媒体是为语文文本学习添翼，它不能冲淡对文本语言的鉴赏与咀嚼；我们不是不需要图片资料，图片资料可以帮助我们更好地理解文本，但不能代替对文本的阐释；我们不是不需要迁移延伸，延伸的轴心是文本，不能放任自流，脱离轨道，一切偏离文本

的教学还是语文教学吗？语文课堂教学既要与时俱进，吸纳时代活水，但更不能忘记返璞归真，回归语文自然本色。因为传统的精华早已深深扎根于我们的语文课堂，我们为什么不去利用并发扬光大它，反而要抛弃它呢？明白了传统与现代的辩证关系，我们就会成为一课的主导，他山之石，物为我用。

四、结语

教师、学生、教材是语文课堂教学不变的铁三角，整体感知、重难点突破、迁移创新是语文课堂教学操作的三大支柱，建构主义、多元智能、自主合作探究是语文课堂教学改革的三盏明灯，新课标、新思维、新课堂是语文课堂教学追求的新境界。如何上好一堂新课改语文课？归纳起来，首先，要扬长避短，充分展示教师的“个性”风采；要因材施教，凸现文本的“精彩”特征；要了解学情，洞悉学生的“兴趣”方向。其次，要使自主、合作、探究真正产生实效，必须给学生足够的时间预习，预习时应确立五个问题点：（1）兴趣点（即学生感兴趣的地方）；（2）关键点（即体现文本思路的关键句）；（3）赏析点（词、句子、段落的精彩处）；（4）质疑点（有深层思考价值的思维处）；（5）迁移点（由此及彼的零星联想和引申），并且在课堂上要给学生足够的思考和表达时间，充分展示学生的个性特长，实践多元智能化理念。最后，细节决定成败，教师要随机应变掌控预设与生成的有效转换，追求一课一得，一课攻其一点，牢记文本和学生是一课的根本。总之，让师生都有收获和快乐，这就是新课改语文课堂教学嬗变的总目标。

（本文发表于《学语文》2008年第1期，2007年获安徽省教育学会语文教学法专业委员会学术年会优秀学术成果一等奖，安徽省中学高级教师教育创新高研班教育创新论文一等奖，芜湖市中学语文教育论文评选一等奖）

夯实文本解读的四块基石

文本解读是语文教师的基本功，一堂语文课，看你从哪里入口进行文本解读，就知道你的教学功底有多厚，教学艺术有多高超。文本解读的规律、方法是什么？老子曰："道可道，非常道。"笔者曰："道可道，有常道。"鸳鸯绣成教人看，要把金针度与人。

第一块基石：夯实认读感知能力。

认读是文本解读的第一级能力，是学生面对陌生化文本首先要解决的一个整体感知文本内容梗概的初识阶段。认读感知有抓手，学生思维才会动起来。"认文眼，读结构"是认读文本、整体感知文本最有效并且易于掌握的文本解读方法。

文眼是文章的"天窗"，打开"天窗"，"蓦然回首，那人却在灯火阑珊处"；文眼是文章的牛鼻子，牵住牛鼻子，"牵一发动全身"；文眼是文章的星星之火，点燃星火，"星星之火，可以燎原"。选入中学语文教材的文章都是经典范文，文本的每个细节是经得起师生在课堂上共同研读的范本。

有的文章标题就是文眼。"题好一半文""标题是文章的眼睛"。善读标题，文本认读，提纲挈领，画龙点睛。认读《雨巷》，咀嚼标题，你可以从现实生活意象视角理解，《雨巷》写的就是梅雨季节里江南小巷中邂逅美丽丁香姑娘的生活场景；你还可以从象征性意象视角理解，"雨巷"也是作者对心中理想的追求之路。标题虚实结合，打开虚实结合的"天窗"，豁然开朗。认读《记念刘和珍君》，咀嚼标题，"记念"写情感，拉起作者情感发展的三个过程："记念—揭露—唤醒"。"刘和珍君”写人物，串起作者回忆和刘和珍交往的七个生活片段，两条线索水乳交融。牵住标题的牛鼻子，文章的写人记事脉络清晰，文章的感情抒发有血有肉。认读《别了，“不列颠尼亚”》，咀嚼标题，一语双关，既指查尔斯王子和彭定康乘坐的“不列颠尼亚”号离开香港，也指英国一百五十多年殖民香港历史的终结。实录性新闻，融“现实场景”与“历史回顾”于一体，拓宽了新闻报道的纵深视野。双关标题，引人遐思。

有的文章首尾句、段是文眼，它们在认读文本中起到统领全文和总结全文的作用。撬动句、段这根末梢神经，整篇文章的毛发体肤全都颤动起来，庖丁解牛，訇然中开。认读《荷塘月色》首句“这几天心里颇不宁静”，统领作者漫游荷塘时“淡淡的哀愁”和“淡淡的喜悦”交织的复杂心绪。认读《故都的秋》首段“可是啊，北国的秋，却特别地来得清，来得静，来得悲凉”，奠定了作者怀念故都悲凉秋味的基调。认读《小狗包弟》尾句“我怀念包弟，我想向它表示歉意”，“怀念包弟”总结上文的写人记事，“表示歉意”总结上文作者解剖自己的悲悯、歉疚、忏悔的人性。认读《记梁任公先生的一次演讲》尾段“有学问，有文采，有热心肠的学者，求之当世能有几人?”三个词语高度评价了梁任公先生为学为人的大家风范。

有的文章反复出现的同样的字、词、句就是文眼。这些反复出现的同样的字、词、句不仅起到连接全文的线索作用，而且还有引爆全文的导火石作用，点燃星火，爆破全文。认读《庖丁解牛》，“技”“道”二字反复出现，显现了文本由“解牛之技”到“解牛之道”到“养生之道”到“治国之道”的论证思路，阐述庄子“依乎天理，因其自然”的解牛、养生、治国之道。认读《阿房宫赋》，文章末句反复出现的四个“后人”和“哀”字，道出后世一代代统治者不以历史为鉴的沉痛教训。认读《装在套子里的人》，文章从开始到结束反复出现的“千万别闹出什么乱子”串起别里科夫一生行事的旅程，勾勒出一个沙皇专制统治的卫道士形象。

第二块基石：夯实解读析义能力。

解读是文本解读的第二级能力。词语和句子含义分析被学生称作语文的“哥德巴赫猜想”，只可意会不可言传。从何入手去分析词语和句子含义更是“老虎吃天无从下口”。解读析义有方向，学生才会表达出来。

分析文中重要词语的含义的范围有：比喻义、拟人义、象征义、褒贬义、指代义、含义义。解读方法是：比喻义的解答要在文中找出本体；拟人义的解答要根据文义还原本义；象征义的解答要根据文章主旨确定内涵；褒贬义的解答要品味语言的话外之意，特别是褒词贬用、贬词褒用和反语；指代义的解答要根据文义确定人称代词和指示代词的指代范围，弄清是远指义还是近指义；含义义的解答要根据文义由表层到深层，两者都要解答。

分析文中重要句子的含义的范围有：总领总结句、过渡句、主旨句、难解句、指代句、比喻句、象征句、双关句、哲理句、感情句。解读方法是：总领总结句的解答要归纳出总领总结全文的几层内容；过渡句的解答要把承上的内容和启下的内容加在一起表达出来；主旨句的解答要根据文义概括文章的中心思想；难解句的解答要从语法的角度分析句子成分，然后重新整理，理顺句意，简要表达；指代句的解答要根据文义确定句子的指代范围，弄清是远指句还是近指句；比喻句的解答要在文中分析比喻句的喻体，把握本体意义；象征句的解答要根据文章主旨分析象征体与本体的相关之处，寻找作者隐藏的本意；双关句的解答要从句子的字面义出发，挖掘句子的言外之意；哲理句的解答要根据文义讲出作者表达的人生哲理和经验；感情句的解答要表达出作者内心的喜怒哀乐和对描写的事物的褒贬抑扬。

分析词语、句子含义的三步骤是：定位置，明作用，说含义。而要想准确说出词语、句子的含义，了解形成句子含义的原因是核心。因为文本中词语、句子的含义是作者精辟观点和思想的结晶，形成结晶的过程蕴含着因果关系，解读析义就是寻找这个结晶形成的原因，找到原因就能准确地读出含义。而表示原因的内容往往就在要解释的词语、句子的上下文，准确定位上下文内容，解读概括之，词语、句子含义就一目了然。“解因果，读含义”是解读文本，分析词语、句子含义最有效并且易于掌握的文本解读方法。

鲁迅先生的《记念刘和珍君》一文是最能训练学生分析词语、句子含义的阅读文本，各种词语、句子含义分析的类型都有，文章的每一段都有词语、句子含义分析。例如：文章第一、二部分中三个“必要”各针对什么说的？分别表达什么意思？我们运用因果关系可以分析出：第一个“必要”针对刘和珍说的，意思是早应该写点东西来“记念”她；第二个“必要”针对“我们还在这样的世上活着”的人说的，意思是有必要写文章来“揭露”这似人非人的黑暗世界，唤醒人们学习猛士；第三个“必要”针对“忘却的救主快要降临了”的人说的，意思是有必要写文章来“提醒”人们，不要忘记“三·一八”惨案的血债。三个“必要”词语的深刻含义分别由上文因果关系内容推导概括而出，言简意赅。

再如《记念刘和珍君》一文第一部分：“可是我实在无话可说”的原因是什么？根据因果关系，我们确定这句话处在第三段的开头，它起到承上启下的作用，而重点在启下，因此，解释此句话的含义，其原因在下文：一是“我只觉得我所住的并非人间。四十多个青年的血，洋溢在我的周围，使我艰于呼吸视听，那里还能有什么言语？”二是“而此后几个所谓学者文人的阴险的论调，尤使我觉得悲哀。我已经出离愤怒了。”筛选定位准确，解释句子含义有方向。概括“可是我实在无话可说”的原因是：一是政府的凶残，二是文人的帮凶。

第三块基石：夯实赏读审美能力。

赏读是文本解读的第三级能力。认读和解读着力于学生读懂文本，赏读和研读着力于学生读透文本，因而《普通高中语文课程标准（实验稿）》在培养学生阅读与鉴赏能力目标上还有“具有积极的鉴赏的态度，注重审美体验”和“感受形象，品味语言，领悟作品内涵，体会表现力，有自己的情感体验和思考”的审美鉴赏要求。赏读审美就是通过学生对经典范文中的美词、美句、美段的审美观照，内化为自己的美感，提高自己的审美素养。

选入中学语文教材的文本文质兼美，特别是文学性较强的名家名篇是我们审美赏读的很好范本。细读文本的美感元素，挖掘作品蕴含的美感因子，从语言表达的视角，炼字词，品句式，析修辞。“赏手法，读语言”是赏读文本，品味鉴赏语言最有效并且易于掌握的文本解读方法。

《荷塘月色》是高中语文写景散文中的经典美文。文后“研讨与练习”设置了三道赏读审美练习。第1小题两例谈通感的用法及其艺术效果：“微风过处，送来缕缕清香，仿佛远处高楼上渺茫的歌声似的。”将“清香”比喻成远处的“歌声”，由嗅觉向听觉转移，烘托出环境的优雅与宁静。“塘中的月色并不均匀；但光与影有着和谐的旋律，如梵婀玲上奏着的名曲。”化静为动，由视觉向听觉转移，营造了温馨、幽雅的意境氛围。第2小题两例谈精心选用动词的表达效果：“月光如流水一般，静静地泻在这一片叶子和花上。”以流水比喻月光，用动感极强的动词“泻”加以点化，将月光写活了，写出了月辉照耀、如倾如泻的景象。“弯弯的杨柳的稀疏的倩影，却又像是画在荷叶上。”本来是倩影映在荷叶上，却说成“画”在荷叶上，“画”字含有拟人化的动作，仿佛有无形的手在展纸挥墨描绘“倩影”，表露出作者喜爱之情。第3小题谈叠音词的表达效果：《荷塘月色》用了30多个叠字，如“蓊蓊郁郁、远远近近、高高低低的绿树，隐隐约约的远山，曲曲折折的荷塘，亭亭玉立的荷花，缕缕的清香，静静的花叶，薄薄的青雾。”不但传神地描摹出眼前之景，而且加强了语意，使文气舒展，音韵和谐，有一种音韵美。

夏衍的《包身工》文后“研讨与练习”设置的4个小题都是从语言表达的角度培养学生的审美体验。我们仅举第2小题：“两粥一饭，十二小时工作，劳动强化，工房和老板家庭的义务服役，猪猡一般的生活，泥土一般的作践——血肉造成的‘机器’终究和钢铁造成的不一样，包身契上写明的三年期限，能够做满的不到三分之二。工作、工作，衰弱到不能走路还是工作，手脚像芦柴棒一般的瘦，身体像弓一样的弯，面色像死人一样的惨！咳着，喘着，淌着冷汗，还是被逼着在做工。”作者用整散结合的句式，通过反复、排比、比喻等修辞手法，介绍了包身工苦役般的繁重劳动，表达了作者对这种罪恶制度的愤慨和对包身工寄予的关切与深切同情。

第四块基石：夯实研读创新能力。

研读是文本解读的第四个能力层级。《普通高中语文课程标准（实验）》强调：“注重个性化的阅读，学习探究性阅读和创造性阅读”和“探索作品中的民族心理和时代精神，了解人类的社会和情感世界”。新课标特别注重学生探究能力的培养，教材文本中蕴含大量探究创造的元素，通过文本细读，历练学生“独立之精神，自由之思想”（陈寅恪语）。

宋代苏轼在《题西林壁》中有两句诗：“横看成岭侧成峰，远近高低各不同。”文本解读的研读要读出新见必须培养学生的辩证思维、求异思维、发散思维。还要培养学生“无疑”处“生疑”的批判精神。朱熹说：“读书无疑者，须教有疑，有疑者却要无疑，到这里方是长进。”陈献章说：“前辈谓学贵有疑，小疑则小进，大疑则大进。疑者，觉悟之机也。一番觉悟，一番长进。”笔者认为，“研疑点，读新见”是研读文本，探究创造阅读最有效并且易于掌握的文本解读方法。

研读《荆轲刺秦王》，怎样评价荆轲刺秦王的行为是学生争论的焦点。学生运用辩证思维得出：荆轲不畏强暴、不怕牺牲，在国家多事之秋挺身而出、不避艰险的精神和气概值得称赞，但是秦统一六国是历史发展的趋势，这是个人或少数人的愿望改变不了的，所以，只能以悲剧告终。

研读《奥斯维辛没有什么新闻》，学生对标题总难理解：既然没有什么新闻，为什么又是新闻，而且还获得美国新闻最高奖普利策奖。深入分析这篇新闻所写的中心内容——参观者的感受，正好表明作者的深意和创新——奥斯维辛每天都有新闻，因为每天来这里参观的人都会重温历史，牢记教训，永世警醒，这是永恒的新闻。标题蕴含“疑问？反思……愤恨！”的深意。

研读《孔雀东南飞》，学生总感到疑惑：刘兰芝嫁到焦家那样贤惠，和丈夫小姑关系很融洽，为何婆婆无缘无故的百般挑剔和无理遣归她？近读《礼记·本命》豁然开朗。《礼记·本命》曰：“不顺父母去，无子去，淫去，妒去，有恶疾去，多言去，窃盗去。”简称“七去”。原来刘兰芝嫁到焦家几年了还未生子，在“不孝有三，无后为大”的封建世俗观念下，焦母无缘无故的百般挑剔和无理遣归她就顺理成章了。

近读曹勇军先生和陆传伟先生的两篇文章收获颇丰。曹勇军先生在他的《语文的表情与眼光》第78页解释了《鸿门宴》中项伯为什么那么容易在项羽面前帮助刘邦说好话的原因：文中有“要项伯”一句，而《高祖本纪》和《留侯世家》中均作“固要项伯”，一个“固”字反映了对方的说辞打动了他，这样看来，项伯的“变节”很自然也很真实。陆传伟先生在《备课，永远没有休止符》（《学语文》2013年第1期，第25页）一文中解释了一位学生在他上屈原《离骚》时提出的“屈原作为文人怎么佩戴剑”的问题。陆先生引用现代武侠大师古龙先生对于刀和剑的评价作佐证，古龙说：“剑是优雅的，是属于贵族的；刀是普遍化的，平民化的；剑有时候是一种华丽的装饰，有时候是一种身份和地位的象征，刀不是。”陆先生解释说：“古时候，贵族喜欢佩剑，但未必会用，只是一种儒雅风度和身份地位的象征。‘佩剑’正好补充了屈原的形象：儒雅的风度和一种凛然不可侵犯的威严。”

从认读到研读，每一次飞跃都是对文本新的审视。遵循规律，掌握方法，细读文本，这是语文阅读教学的本色。语文教学就是这样的简约而不简单，语文教师的职业生态就是这样的平和而不平凡。

（本文发表于《学语文》2013年第4期，2013年获芜湖市中学语文教育教学论文评选一等奖）

论文言文教学的三次飞跃

文言文教学是中学语文教学的重头戏，内容多，难度大，老师重视，学生用心。新课标教材5个必修模块，每个模块中文言文所占比例近半。而为了与高考接轨，4个选修模块，几乎所有的学校选择的两个模块都是文言散文和古代人物传记的教学。但在具体的课堂教学实践中如何去教这些大量的文言文，老师们往往出现两种比较极端的现象：一是部分老师认为文言文教学的重点就是解释文言实词和虚词的意思和用法，翻译文言句式，进而翻译整篇文章，其他内容不涉及或一带而过。长此以往，误导了学生认为学习文言文就是课堂上记下老师讲解的这些语言知识点，考试时背一下这些语言知识点。这种“只见树木，不见森林”的偏颇的做法，显然有悖于新课标。二是部分老师认为新课标强调人文性，强调感悟，因此，打着“人文”和“感悟”的旗帜，使文言文教学飘忽化，处理课文蜻蜓点水，浮光掠影，对文字还没有搞懂，就鉴赏评价，迁移探究，华而不实，结果“言”未落实，“文”未学好，两头悬空，劳而无获。那么，文言文教学的真正规律是什么？能否找到使“言”和“文”统筹兼顾的契合点？笔者在长期的课堂教学实践中不断探索，不断反思，摸索出一条比较有效的文言文教学的方法和途径，那就是：文言文教学必须做到三次飞跃。

第一次飞跃：读懂文义，学会归纳。

文言文教学的第一道门坎就是如何教会学生读懂文义。而要迈过这道门槛，千古华山一条道，必须将文言转化成白话，这是文言文教学的特殊规律，任何人都无法逃避和逾越。无论我们面对的文言文本是叙事的还是议论的，是散文体还是韵文体，是浅显的还是艰深的，这道工序必不可少，舍此无他途。所以如何将文言转化成白话，是文言文教学的第一次飞跃。

但是，是否所有的文言转化成白话都要通过逐字逐句地去解释和翻译呢？我们认为应区别对待，大致有两种处理方法。

一是诵读理解。“读书百遍，其义自见”。文言文教学的诵读尤为重要，因为文言和白话既“隔”又“通”，既似曾相识，又隔膜陌生。反复诵读，对通畅文义会起到潜移默化的理解作用。而诵读特别适用于一些浅显的和骈文化的文章。因为浅显，我们不需要逐字逐句地翻译，如教学《促织》等篇幅较长的文言小说，通过反复诵读全文，我们就可理解文章内容，从而提高课堂教学的效率；因为浅显，我们可以让学生边诵读边圈点，如教学《项脊轩志》等记人叙事的散文，通过诵读圈点可以有效地培养学生自己阅读浅显的文言文能力。因为骈文，我们无法翻译，如《兰亭集序》等；因为骈文，我们不能翻译，如《滕王阁序》等。因为骈文是押韵和凝练的，一旦翻译就显得很蹩脚，更重要的是翻译后失去了原来的韵味。所以诵读理解是解决浅显文言文本和骈文化文言文本教学的有效方法之一。

二是翻译归纳。文言文教学的课堂翻译往往被误认为是语文课堂教学观念陈旧的反映，特别是观摩课和大奖赛，教师更是忌之讳之。但是，仔细审视一下我们的常规教学的“家常课”，我们的老师往往是乐此不疲的。为什么会出现这种双重标准做法呢？其实，还是因为所谓的评课标准。大家都知道，有些议论性很强、文字很艰深的文言文，如果不逐字逐句翻译，学生是很难读懂文义的，如《逍遥游》《五人墓碑记》等。对于这类文章，除了翻译，难道还有更好的方法能事半功倍地读通文章吗？所以，该翻译的就翻译，这是规律，这是实事求是。至于归纳，在学习典范的文言文本时尤为重要。《史记》里有很多名篇非常经典，选入中学课本的有《鸿门宴》《廉颇蔺相如列传》等。有经验的老师教学此类文章常常舍得花大力气去做文言实词、虚词和句式的归纳总结工作，通过师生共同归纳可以起到举一反三之效，“举一隅而以三隅反”，其功效大矣。

第二次飞跃：鉴赏评价，学会借鉴。

选入中学语文教材的文言文一般来说都是文质兼美，思想深刻，情感健康，文化深厚的名家名篇。因此，文言文教学需在读通文义的基础上，进一步去鉴赏、品味、评价古人的文章，从而更深入地理解探究古人的思想、情感和博大精深的文化，这是文言文教学的第二次飞跃。

但现实情况是：我们的语文老师往往被高考语文文言文阅读试题所牵制，考什么教什么，认为鉴赏评价高考考得较少，因而重视不够。有的老师采用贴标签式鉴赏评价的方法，下个定义笼而统之去处理文本，根本不深入文本去鉴赏评价和探究文本的意蕴；有的老师甚至根本不处理，将这一环节的内容边缘化。长此以往，学生学习文言文所得到的文学素养和文化熏陶很浮浅，课堂教学“死”气而“呆”板，舍本逐末，浪费宝贵的课程资源，实在可惜。当然，更是违背文言文教学的课程标准。

那么，怎样做好鉴赏评价的第二次飞跃呢？方法有二：

一是取精剔粕。这是从思想内容角度来鉴赏评价。“吸取精华，剔去糟粕”，这是我们继承文化遗产的正确态度和原则。由于文言文距离我们今天的时代很遥远，古人的思想、观点和情感在今天看来既有积极健康的一面，也或多或少有些消极的一面。如：庄子《逍遥游》一文，既有庄子追求自由的积极思想，也有其虚无主义的消极人生态度，因此，教学时要紧扣文本，知人论世，教会学生一分为二地辩证地认识和评价庄子的复杂的人生态度，真正做到取古人之精华，养自己之心灵。在新课程标准的观念下教材编写者已经把这类问题作为培养学生情感态度和价值观及合作探究精神的有效载体，每一篇文言文后面都有此类紧扣文本进行合作探究的练习。如：人教版教材《荆轲刺秦王》练习四“对于荆轲其人其事，历来仁者见仁，智者见智。有人认为荆轲那种舍生忘死，扶弱济困，反抗强暴的精神是感人的；有人认为荆轲用行刺手段来达到某种政治目的，这种举动不足取。结合当时的历史背景，谈谈你的看法”。还有像《兰亭集序》一文中我们如何去评价王羲之“生死观”的问题等。教学时，我们要教会学生用知人论世和一分为二的方法去评价古人古事，提高学生辨伪存真的能力。

二是吸纳借鉴。这是从表达技巧角度来吸纳借鉴。艺术精湛，匠心独运，各具风格，是新课标教材编写者孜孜追求的目标。尽管选入中学教材的文言文篇目有限，但是为了体现不同的风格，所选篇目可谓篇篇是珠玑，让学生窥斑知豹，含英咀华，从而受到艺术熏陶。其中有叙事的一波三折，如《鸿门宴》《荆轲刺秦王》等；有写景的优美，如《赤壁赋》《兰亭集序》《滕王阁序》等；有说理的水到渠成、言简意赅，如《伶官传序》《游褒禅山记》《种树郭橐驼传》等；有议论的振聋发聩、深刻警醒，如《过秦论》《六国论》等。不同的文章展现不同的风采，不同的风格提供我们吸纳借鉴的源泉。仅举读写结合的方法吸纳借鉴古人文章的表达技巧为例，也是不一而足。今天我们讲“话题作文”的写法，孟子的《寡人之于国也》不就是典型的话题作文写法吗？孟子从“民不加多”的话题谈起，然后分析“民不加多”的原因，最后得出“行王道，施仁政”的结论，文章的起承转合就是一篇规范的话题作文写法。而苏洵的《六国论》又是一篇典型的议论文“总—分—总”写法的范例。今天我们讲“比喻论证”，荀子《劝学》中20个比喻论证，为我们提供成熟的样本。而韩愈《师说》中的“正反对比论证”又是一篇成功的范例。古人文章的艺术精华，无论是形象、语言和表达技巧，都是我们取之不尽、用之不竭的源泉，教学文言文时怎能舍弃这样丰富的课程资源而视而不见呢？

第三次飞跃：古为今用，学会运用。

文言文是我们文化的宝库和源头。今天，我们学习文言文是为了增加学生的文化素养，积淀学生的民族基因，涵养学生的高尚情操。从传承文化和古为今用的历史视野来看待文言文的教学，其功大矣。因此文言文教学必须有第三次飞跃，其途径有二：

一是古语今用。这是从传承语言的视野来看待文言文教学的古为今用的作用。我们以只有325字的短文《兰亭集序》为例，今天我们在生活中使用该文出现的成语就有：崇山峻岭、游目骋怀、放浪形骸、老之将至、情随事迁、感慨系之等。还有我们在口语和书面语表达中经常引用的出自该文的名句有：群贤毕至，少长咸集；仰观宇宙之大，俯察品类之盛；固知一死生为虚诞，齐彭殇为妄作。而在中学语文文言文教材中出现的成语与名句，我们今天仍在使用的更是俯拾即是，琳琅满目，不胜枚举。学习它，是为了在今天更好地传承它和使用它，古语今用，推陈出新。

二是继承创新。这是从传承思想的视野来看待文言文教学的古为今用的作用。古人人生思想中积淀了大量的精华，传承这些思想，传承这些文化，薪火相传，这是文言文教学的历史责任。从继承的精华来说，例如：有《烛之武退秦师》中不计个人得失，临危受命的爱国思想；《苏武传》中“富贵不能淫，威武不能屈，贫贱不能移”的爱国思想；《伶官传序》中“忧劳可以兴国，逸豫可以亡身”“祸患常积于忽微，智勇多困于所溺”的忧患意识；《兰亭集序》中正确看待生与死的世界观；《赤壁赋》中正确看待人生得与失的人生观；《师说》中“弟子不必不如师，师不必贤于弟子”的“青出于蓝而胜于蓝”的人才观。从创新的精华来说，例如：有《劝学》一文中阐明的“学不可以已”与我们今天倡导的继续教育与终身学习的时代精神不正是一脉相承的吗?《寡人之于国也》中的“行王道，施仁政”的治国理念，与我们今天倡导的“以人为本”的和谐社会的治国思想不正是异曲同工的吗?传承文化，传承思想，古为今用，继承创新，文言文教学活水长流，永葆青春。

总之，一篇文言文理想的教学效果应有三次飞跃：一是教会学生如何读懂文义，学会归纳，否则，“皮之不存，毛将焉附?”二是教会学生如何鉴赏评价，学会借鉴，接受文学熏陶。三是教会学生如何古为今用，学会运用，传承文化思想，继承创新。实现三次飞跃，一篇文言文的教学就能真正做到“言”与“文”的和谐统一。

（本文发表于《学语文》2010年第4期，2009年获芜湖市中学语文教育教学论文评选一等奖）

试论新课程理念下提高学生写作素养的教学新策略

一、绪论

作文教学是中学语文教学的一个软肋，这是语文教师心知肚明的一个不争事实。究其原因，有三个层面的解释：一是教学内容弹性大，不像阅读课文教学每篇课文必须都要处理；写作教学没有具体的量和质的教学要求，所以，在作文教学中，仁者见仁，智者见智。二是语文教师自身的写作理念、水平、能力等素养影响着学生的写作素养的培养。毋庸讳言，不是所有的语文教师写作水平都很高，如果语文教师自身的写作水平很有限，他必然会在写作教学中为了藏拙而削弱写作教学的含金量。三是应试作文的机械模式和考试作文评分的不确定性以及有时失之偏颇的不公正性严重地打击着学生写作的积极性，客观上造成了学生平时对写作训练的轻视，主观地认为作文考得好坏还得碰运气。因为考试时作文题是否对自己路子，阅卷老师是否欣赏自己的文章是难以预测的。

而新的高中语文课程标准强调“全面发挥语文课程的功能，促进学生素质的整体提高”“全面提高学生的语文素养”等新的理念和目标，是包蕴着写作素养的，它迫使我们语文教师必须与时俱进，要和语文新课程标准同步发展，在教学中，充分发挥自己的主动性，创造性地探索出行之有效的适应新课程改革需要的教学新策略。

二、写作教学新策略概述

语文课程的基本特点是工具性与人文性的统一。写作是运用语言文字进行书面表达和交流的重要方式，是认识世界、认识自我、进行创造性表述的过程。因此，写作素养的培养可直接体现语文工具性与人文性的统一。“写作教学应着重培养学生的观察能力，想象能力和表达能力，重视发展学生的思维能力，发展创造性思维。鼓励学生自由地表达，有个性地表达，有创意地表达，尽可能减少对写作的束缚，为学生提供广阔的写作空间。”新课标的这些新要求，昭示我们要用新的理念，构建新的作文教学思路，传统的单纯教师命题方式和精雕细琢式精写精改的写作模式不能适应新形势下作文教学要求。与时俱进，不断创新，构建一种全方位、多渠道作文教学训练体系，从不同视角去训练和提高学生的写作素养是我们推陈出新的出路。具体方法如下：

（一）练笔练基础

新课标明确提出学生的课外练笔不少于两万字。正如绘画要练素描，音乐要练声一样，学生作文素养的高低在很大程度上取决于练笔质量的高低与数量的多少。马克思主义哲学的一条最基本的辩证法就是量变与质变的辩证统一，写作教学的成败在练笔，这是基石，是基础。由于练笔是在一种不受任何框框约束下的一种自由写作状态中的情感表露，学生能够根据自己的兴趣、特长，有个性、有真情地表达自己对生活的观察，对自然、社会和人生的感受和思考，因而往往文章写得很有内容和真情实感，写作质量也较高。所以，写作教学一定要抓住这个特点，坚持长期练笔不间歇的做法，努力提高学生的语言表达的基本功。具体做法是：每周一篇小练笔，学生自己命题，在1000字左右即可，这样一学期下来就是两万字，高中三年结束，所写十几万字的文章大大超过了新课标的要求和任务，长期坚持下来，学生的语言基本功就相当成熟了。但是，我们反对没有质量的一周两篇以上练笔的数量，因为高中生的数理功课课业负担比较重，写作负担过重既不现实，也不符合他们的生活实际，因为他们的生活视野还是有限的，过多的练笔篇目造成学生选材困难，其结果是粗制滥造，胡编乱抄，反而违背了真正的练笔初衷。而学生一周写一篇小练笔，无论是数量上还是生活素材的积累上应该都是切实可行的。因为小练笔也是他们很好地盘点自己一周以来的生活的一个总结，从而达到小练笔的三个目的：一是学会积累和观察生活，二是学会表达真情实感，三是培养个性与特长。其宗旨是为了夯实写作基础。实践证明，学生写得比较好的文章都是小练笔上的文章，在报刊上发表的文章往往都是从小练笔里挑选出来的。

（二）互评学长处

新课标明确提出："乐于相互展示和评价写作成果。"因此，开展互评是一个很好的方式。取人之长，补己之短；他山之石，可以攻玉；相互交流，共同提高。这是"互评学长处"方法的宗旨。文章既是写出来的，也是在互相切磋的基础上共同提高的。每个人写作才能都有自己的长处，写作风格都有自己的个性，作文互评就是为了吸取别人的长处，然后熔铸成自己的个性风格。我的"互评学长处"方法是：每一次小练笔在上交老师之前，每一位同学请另外一位同学写上"读后评价"，重点放在评价长处，然后才上交。而且每次评价的人都不一样，这样学生互相评价的面就广些，见到的意见就更多些。而且同学的鼓励性与赞赏性的评价也有利于学生写作积极性的培养，既沟通了同学之间的情感，又增强了友谊和班级凝聚力，真正发挥写作教学的育人目标。

同时，学生的互评评语的写作也是阅读能力和写作能力的又一次升华，因为每一位写评语的学生总想写出一点新的感想，他就必须认真阅读同学的作文，寻找比较准确而得体的语言进行表达，既要真情流露，又要语言得体，同时要点出同学作文的真正长处，日积月累，真正从互评中学到别人的长处。它比我们过去作文评改中单纯的老师一人精改视角广多了，也排除了老师对一个同学作文长期形成的固定评价思维定式，因为不同学生评价一个学生的文章，总是百花齐放，各具千秋，各呈风貌的。它对写作者和评价者形成自己的作文风格和提高写作素养是很有好处的，真正达到“双赢”的目的。

（三）演讲促表达

新课标明确指出：“良好的口语表达能力是现代公民的重要素养。”芜湖一中高中语文课堂教学有一个历史传统，就是课前5分钟演讲，并且要求学生在演讲时采用自己创作的底稿，脱稿表达。它一方面训练学生口语表达能力，另一方面培养学生的自信心，引导学生学会关注生活，关注有价值的现实话题并且有自己的独立见解，提高学生的人文素养和综合素质，锻炼学生的交际能力。每一次演讲既是学生展示自我才华与个性的舞台，也是全班学生学习他人长处的机会。所以，每一次课前演讲气氛热烈，掌声不断，笑语喧阗，演讲者精心准备，精彩纷呈，各具特色，尽最大努力展示自己的风采，这样，一次演讲在口头作文的表达上就有一次质的飞跃，反过来，它更好地促进书面作文的质的提高，因为学生首先要打好写作底稿，然后才脱稿演讲。

可见，学生写作表达能力的训练是多渠道的，演讲也好，课堂讨论也好，朗诵文学作品也好，参加辩论赛也好，既是口头表达的训练，也是促进书面作文水平提高的另一种表现形式，相互融通，学生的写作素养会有质的飞跃。

（四）发表培特长

鼓励学生在写作风格比较成熟的条件下去展示自己的作文成果是我始终追求的一个目标。因为成果的展示能极大地激发学生的写作积极性，其动力之持久性不是一般的作文鼓励性评语所可比拟的。当学生见到自己写的东西见诸报刊时，其内心的创作欲望和激情是能燃烧很久的，而日积月累的创作成果，不仅使他们的作文写作由被动变为主动，而且直至完全向自觉化方向发展。这时候，他们不再把写作文看成是一个苦差事，而是当作一种乐趣，这样，写作素养的提高自然是水到渠成。

我的“发表培特长”的做法是：针对不同学生的写作水平，在小练笔的评改中，在大作文的批阅中，在校文学社征文推荐中，在演讲稿的评价中，只要见到比较突出、有个性的原创作品，都不失时机地给相应报刊写推荐信，创造多渠道、多途径发表机会，使学生的写作成果都能展示出来。所以，每周我都能看到自己所教的学生送给我不同报刊发表的习作，三年下来，汇编成册，人手一本。每一个学生在三年中都有自己的作品发表，会很有成就感。它与新课标提出的“要鼓励学生将自己或同学的文章加以整理，按照要求进行加工，汇编成册，回顾和交流学习成果”的做法不谋而合。每一届学生毕业时，我都亲自编辑，写序文，送给所有学生一本三年以来的作文集，意义深远。

（五）竞赛展创新

作文竞赛是展示学生创新能力和个性风格最好的练兵场所，由于长期以来始终坚持的围绕提高学生“写作素养”为宗旨的多渠道、全方位的写作训练，学生的写作基本功比较扎实，个性风格初见端倪。因此，一个有朝气、有激情、有个性才华的写作集团军正在逐渐形成，参加作文竞赛正是展示他们各自才华的良好契机，不可忽视。

但在人们长期的思维定式中，一般教师都认为作文竞赛是浑水摸鱼，瞎碰，撞大运，这种投机取巧的做法是培养不了写作尖子，也是不能提高学生的写作素养的。没有长期有效的训练，竞赛是出不了成绩的，并且还需要培养一批写作高手和一个团结向上的写作团队。多年的教学实践证明，一批领头羊的榜样示范作用是不可或缺的，不论是对写作整体水平的提高还是对竞赛选手的选拔都是至关重要的。我的“竞赛展创新”做法是：只要有机会，无论是任何类型的作文竞赛，同学们都要去试一试，既是一个很好的锻炼机会，也是一展自己才华的契机。选派不同风格的人去参加不同类型的作文竞赛，以创新为目标，力戒陈腐，这样更容易出成绩，出成果。多年来，我教的学生累计获得省级以上大奖人数有20多人次。所以，扎实的基本功和创新的思维方式是取得成绩的关键，二者缺一不可。

（六）考试出精品

毋庸讳言，检验学生写作水平的高低，考试是避免不了的，如何在高考的模式下写出高质量的精品作文是我们不能回避的。“书面表达要观点明确，内容充实，感情真实健康，思路清晰连贯，能围绕中心选取材料，合理安排结构，有创造性思维等。”这些高考作文的评分要求，尽管给我们定下一个个框框，但是，认真分析一下，它确实是一个高中毕业生应该具备的写作基本素养，只有具备这些素养，才能为他们以后的进一步深造打下良好的基石。

有人说，高考作文是戴着镣铐在跳舞，尽管不乏偏激，但是做任何事情都有规则，没有规矩不成方圆，关键是你如何在规则运动中跳出绚丽的舞蹈来，没有扎实的写作基本功和创新思维，即使天马行空，也画不出一个美丽的圆弧。因此，“考试出精品”，既是对学生写作基本功的检测，也是学生写作素养的展示，它与考试本身并不矛盾，真金不怕火炼，在某种程度上还是动力。我的“考试出精品”做法是：无论是校内测验还是大型升学考试，告诫同学追求精品、追求卓越是我们的最高目标。市场经济追求产品的精品意识，考试就是市场经济下另一种形式的竞争，追求精品才能创造辉煌。在有限的时间内，在有限的条件下能写出好的文章，这是实力的展示，这是才华的崭露。新课标也明确提出“45分钟能写600字左右的文章”的具体要求，这是适应时代发展对学生写作素养提出的具体目标，我们理应为之不懈努力，追求自己写作素养的高层次、高品位。实践证明：正确的引导与扎实的训练，精品自然铸就。在我所教的历届高考学生中，许多学生在高考作文中取得58分的好成绩（满分为60分）。

三、结语

社会的发展对我们的语文教育提出了新的要求，适应时代的发展和需要，调整教学策略，变革教学方法，构建具有时代性、创造性的写作教学新策略，发挥写作教学的综合功能，使全体高中生获得应该具备的语文素养，为他们将来的发展提供更大的学习空间，为他们的终身学习和有个性的发展奠定基础是我们努力的目标。写作素养是语文素养的有机组成部分，训练的长期性和艰苦性是我们不容轻视的，而与时俱进和创造性是我们要始终坚持的一条康庄大道。正视现实，勇于开拓，就会寻找出一条因地制宜的教学新策略。

（本文发表于《学语文》2006年第5期，2005年获芜湖市第十一届教育学会语文专业委员会论文评选一等奖）

诗歌:想说教好不容易

中国的诗歌，民族特色极为鲜明，读起来很美，教起来却很困难，而老师要教好和教出诗味更是不易。古人云“只可意会不可言传”“诗无达诂”等，并非故弄玄虚和神秘。新课标高中语文教材为了培养学生的审美情趣，高中起始阶段第一单元就是诗歌教学，选文分量较过去教材加重，内容深度也较过去教材加深。因此，如何教好诗歌，教出诗味，是我们语文老师不得不深入探究的问题。

要教好中国的诗歌，首先，要明晰中国诗歌两大民族特色，采用著名红学家周汝昌老先生的话概括就是：一是中华民族的“诗性”和“诗心”，二是汉字的“诗境”与“诗音”。周汝昌先生在《千秋一寸心》一书中举例说，何谓民族的“诗性”和“诗心”，比如，我们欣赏古人赏月之诗，一轮皓月当空，诗人想象的是广寒宫殿、神女嫦娥、桂花玉兔等，科学家想象的是冰冷的星球、月球物质结构、矿水资源、开发利用等。何谓“诗境”和“诗音”，汉字是形音义的结晶，一个汉字就是一个“文艺联想典”“文化信息库”，就是一个“境界”，不同的汉字通过组合，四声平仄，抑扬顿挫，意境丰富。例如：“乱山残雪月，孤独异乡人”“鸡声茅店月，人迹板桥霜”，同写月下游子羁旅在外，但意境迥异，各擅胜境。其次，要研究中国古代诗话、诗论的特点，思考一下为什么中国古代诗歌欣赏出现了那么多诗话、诗评的著作。为什么古人诗话、诗论的点评之语使人灵犀相通，而今天我们用“语言生动”“形象鲜明”的套词评语来评价欣赏中国诗歌，为什么感到苍白无力，隔靴搔痒，不过瘾，无味道。今天我们用西方的文艺心理学来建构中国的诗歌欣赏，总感到别扭，就像是洋人学京剧，洋腔怪调，不着中国诗歌的风流味道。

我自幼酷爱读诗，偶尔兴致所致，不时也写些小诗或长诗，小至个人人生感悟的近体诗和古体诗，大到为芜湖一中百年校庆创作的长篇叙事抒情诗。现在，我又亲自编写校本选修课教材《中国古代诗歌选读》，开始为高中生系统讲授中国古代诗歌欣赏。所以，在读诗、写诗、教诗上感悟尤深。每逢校内外诗歌教学观摩课，逢场必到，观摩学习。但是，每一次兴冲冲而去多，败兴而归也不少。深感一首好诗如果教不出诗味，痛苦哉，悲哀哉！“于我心有戚戚焉”，诗歌，想说教好不容易。诗歌教学的独特性，你在那里？

一在——须设境。诗歌教学必须创设教学情境。使学生入境是保证诗歌教学成功的前提。一提创设教学情境，我们的语文老师就十八般武艺全上，作家的逸闻轶事介绍，多媒体的声光电，音乐伴奏等。其实，教诗歌，你要明确诗的本质特征是什么。诗是语言文字的诗。正如画是线条、色彩的诗，音乐是声音、旋律的诗一样，创设诗歌教学的情境氛围，多媒体、音乐等手段当然能用则用，但重要的是用哪一种手段能创造出诗的审美意境，那才真正地入味了。所以，从诗是语言文字的诗的特性来说，诗歌教学的入境方法最核心的是：披文入情的朗诵和要用诗化语言解诗。其他手段都是外围敲边鼓起烘托渲染作用的。语文教师要教好诗歌必须要有较高的朗诵水平和用诗化的教学语言来阐释诗的意境。当然，如果能有创作诗歌的经验、才气，那当然是得天独厚的条件了。大家也许会发现，大学里面讲授古代诗歌欣赏水平很高的教授，很多学者年轻时都写过诗，如：闻一多、宗白华、林庚等。下面例谈诗歌教学如何创设情境使学生入境的两种方法。

先说披文入情的朗诵。语言是诗的外壳，由于诗的语言含蓄、意象朦胧，读诗的最大障碍就是语言的“隔”，朗诵是最好的理顺方法。“读书百遍，其义自见”，真是至理名言。笔者曾在上海市建平中学观摩了上海市浦东新区名师宁冠群老师上的一堂诗歌教学观摩课：苏轼中秋词赏析——《水调歌头·明月几时有》。这位老师古典文学功底极深，一上台就用宋韵古调唱了这首词，尽管听起来没有普通话那样字正腔圆，但确实给人一种别样的韵味，然后他又请同学推荐一位歌唱得好的女同学演唱《明月几时有》一词，婉约低吟，缠绵衷肠。然后又请不同朗诵风格的同学去用普通话读、上海话读、苏州话读，那真是各臻其妙，读了整整20分钟，最后再放普通话朗读磁带。那真是神清气爽，通过各种形式的诵读，学生早已进入该词的意境并对该词的意思了然于胸了，下面进行的鉴赏自然就水到渠成了，效果极佳。如果老师一上来就只放一遍普通话录音，学生还未进入欣赏诗歌的情境，然后就翻译字面词意，然后进行鉴赏，那肯定还是浮在表面，不能入味。笔者上流沙河《就是那一只蟋蟀》新诗观摩课时，采用著名小提琴演奏家马思聪的《思乡曲》做背景音乐，请一男一女两位同学声情并茂地朗诵余光中的《乡愁》一诗入境，一下子就把同学带入乡愁的思绪中，然后，再请一男一女两位同学朗读《就是那一只蟋蟀》，同样的乡愁，别有一番滋味在心头。所以，朗读是读诗必经的工序，无论怎样读，采取什么方式读，只要读懂了诗意，读出了诗味，都是诗歌教学的好方法。

再说用诗化语言解诗。诗歌教学的最大禁忌是字面直译，如果语文老师至今还在课堂上使用这种诗歌教学方法，请赶快刹车。中国古代的诗话和诗论的画龙点睛式的点评之法确是深谙诗歌欣赏之道的。我在进行诗歌教学时，摸索出了一条以诗化语言来导入和解诗的方法，从标题的导入开始，每上一首诗就请同学用一句诗化的语言给这首诗命题。如：上流沙河《就是那一只蟋蟀》时，我用“永恒的情结——乡愁解读”标题命题，同学们分别用“露从今夜白，月是故乡明”“故乡——我心永远”“一个民族的背景”等标题命题，首先就营造了欣赏诗歌的氛围。有时，兴之所至，我在上毛泽东《沁园春·长沙》时，以“写在青春的扉页”为题，和诗一首，表达走进伟人的世界的激情，感染力很强。在上徐志摩《再别康桥》时，我结合自己两次踏访徐志摩故居的感受，创作了《人间四月天》一诗，将同学带入徐志摩诗歌的意境，亲切自然，水到渠成。

二在——重品悟。设境是为了入情，入情是要通过品悟来实现的，因此诗歌教学的品悟有两种方法不得不用，那就是品味诗歌语言文字的韵味和通过知人论世感悟诗人的生活世界，进而走进诗人丰富的情感世界，产生与诗人、与诗歌的情感共鸣，达到心有灵犀一点通的境界。诗人的情感极为丰富，心弦极为幽微灵敏，这与诗人的人生大多坎坷有很大的关系。怎样走进诗人的内心世界呢？

首先，要通过品味诗歌语言文字的韵味来进入。言为心声，由言入情，准确贴切，它能避免架空分析、先入为主的毛病。品味语言也是语文教学和诗歌教学回归自然本色的语言本体教学规律的体现。更重要的是，品味诗歌的语言才是提高学生诗歌鉴赏能力的最有效途径。例如：我在教学柳永的《雨霖铃》时，在教同学品味“执手相看泪眼，意无语凝噎”表现两人难舍难分的情态和内心情感波澜时，重点扣住“执手”一词，请同学们将“执手”换作“拉手”“牵手”“扣手”以后各自表现的情态和心情表述出来。同学们讨论后得出：“拉手”表现两人感情太一般，“牵手”表现两人感情太休闲，“扣手”表现两人感情太亲密，都不符合悲伤离别时难舍难分场景。而“执手”一词，将悲伤离别时依依不舍，不忍分离，欲分不舍，缠绵悱恻的情态描写得淋漓尽致，有的同学将这个细节比作“细雨中的梦幻”“苍凉的美丽”和“愁字打的心结”，实在是令人心碎而激动。中国诗歌流传千古的名句实乃一字千金，确实是诗歌的精华。

其次，要感悟诗人的生活世界，进而走进诗人丰富的内心世界，知人论世是诗歌鉴赏不可少的一个环节。但诗歌鉴赏中的知人论世不是课堂上程序化的简单的作家作品介绍，要知道诗人的情感是有感而发，有所指而发，每首诗的创作背景不一样，其思想感情肯定不一样。诗歌鉴赏中的知人论世更多的是指因诗说事和以事说诗。我们常说诗很含蓄、话中有话就是通过具体的知人论世去品悟的。教学中善于因诗说事和以事说诗，感染力极强。为什么《红楼梦》中《枉凝眉》一词那么催人断肠，是因为我们被宝黛爱情的悲剧所感染；为什么我们泪洒苏轼的《江城子》“十年生死两茫茫”，是因为我们被苏轼对亡妻的一往情深所感动；为什么我们扼腕于陆游的《钗头凤》，是因为我们对拆散陆游和唐婉的封建婚姻专制异常愤慨。悲剧如此，喜剧同样如此，“仰天大笑出门去，我辈岂是蓬蒿人”，李白被召入京的春风得意尽显字里行间。因此，教会学生具体的知人论世方法，因诗说事和以事说诗，能更好地拉近诗人、诗歌与读者的距离，使我们对情的体味入木三分。

三在——可多解。诗歌鉴赏是心与心的碰撞，它像一对有情人一见钟情后情感的颤动而发出的麻辣火花。杜甫曰：“文章千古事，得失寸心知”，我们欣赏诗歌就是“以意逆志”。但同样一首诗，不同人生阅历和文化生活背景的人去欣赏往往烙上鲜明的个性解读特征，“诗无达诂”说的就是这个道理。因此，欣赏诗歌有一个典型特征，那就是面对同一首诗往往会出现多元解读现象。而多元解读在尊重文本的前提下能很好地培养学生的创新精神和想象力。正因为如此，多元解读往往在诗歌欣赏中被老师们所青睐，但要掌握好分寸，否则，一不小心就滑入脱离文本的随意解读，犯了诗歌欣赏的大忌。为此，多元解读首先要依据文本追求共通见解，然后再依据文本追求个性解读。因为共通见解是人们普遍的审美体验的结晶，个性解读是每个人独特的个性感悟。而在实际鉴赏过程中往往是两者交相融合，使诗歌解读呈现出丰富多彩的美丽景象，它们都是创造的果实。例如：欣赏李煜的《虞美人》一词中表达作者“愁”的内涵，共通见解是表现李煜的亡国之愁。而个性解读的“愁”的内涵就因人而异了，有人认为面对美好的“春花秋月”，而词人此时却发出“何时了”的感慨，抒发了词人人生绝望之愁；有人认为词的前六句中的“往事知多少”“不堪回首”“朱颜改”抒发了词人对人生短暂无常的忧愁；而有人认为词中“问君能有几多愁？恰似一江春水向东流”，以水喻愁，直接抒发了词人认为人生就是无穷无尽的悲愁的虚无主义思想等。这些感悟都是以文本解读为根据，再加入每个人自己的人生经历和体验而触发的联想。同样，对于曹操《短歌行》中表达作者

“忧思”的内容，一般认为清代张玉穀说得对：“此叹流光易逝，欲得贤才以早建王业之诗。”（《古诗赏析》卷八）但唐代吴兢说它：“言当及时为乐。”（《乐府古题要解》）清代陈沆认为：“此诗即汉高《大风歌》思猛士之旨也。”（《诗比兴笺》）至于像李商隐的《锦瑟》和戴望舒的《雨巷》，因意象丰赡，扑朔迷离，一直引起人们多元解读的无限兴味而乐此不疲，道理相同。因此，诗歌教学的多元解读在尊重文本的前提下既要教会学生以我之心去寻求古人之心，还要教会学生用自己的心去个性解读，从而进入新的审美境界。启人睿智，其乐无穷。

著名诗人宗白华《小诗》曰：“生命的树上/凋了一枝花/谢落在我的怀里，/我轻轻的压在心上。/她接触了我心中的音乐/化成小诗一朵。”这就是诗。他又在《诗》中曰：“啊，诗从何处寻？/在细雨下，点碎花花声！/在微风里，漂来流水音！/在蓝空天末，摇摇欲坠的孤星！”他告诉我们诗从哪里来。王国维在《人间词话》中曰：“昨夜西风凋碧树，独上高楼，望尽天涯路。”“衣带渐宽终不悔，为伊消得人憔悴。”“蓦然回首，那人却在灯火阑珊处。”借用这三句话来比喻诗歌教学的独特性——须设境、重品悟、可多解，实在是再贴切不过了。明晰诗歌教学的独特性，那么，诗歌：想说教好就容易多了。

（本文发表于《中学语文教学》2008年第3期，2008年获芜湖市第十二届教育学会语文专业委员会论文评选一等奖）

请教出散文的三昧

散文的教学是中学语文教学内容的大户，中学语文教材除了诗歌、小说和戏剧选文以外，剩下的内容都可以归入广义的散文教学范畴。当代散文研究的著名学者刘锡庆对散文有一个精彩概括：散文姓“散”（散行成体），名“文”（文学），字“自我”（具有独特个性的真实作者）。教师教的是散文，学生写的是散文，阅读考的是散文，散文每天和我们亲密接触，但令人纠结的是，教师经常备课时拿到一篇散文不知教什么，随大流跟着感觉走，只知道“形散神不散”这个标签语是散文的特征定义，其他诸如借景抒情、情景交融、托物言志等理论术语，诗歌、小说、戏剧教学也常教，不知和散文中使用它们有何不同；学生写散文不知散文和一般的记叙文、议论文有何区别，只知道写成“夹叙夹议”就是散文；阅读考散文不知散文和故事性、情节性不强的小说有何区别，只知道跳跃性大、读起来难以连贯起来，用学生原话说“七分朦胧，三分清醒”的文章就是散文。笔者教了28年散文，现场观摩名家散文课堂教学实录也不少，阅读谈论散文教学的名家文章也不少，特别是王荣生教授提出的根据“文本体式”和“学情”两个基本点来确定散文教学内容，大家都认为抓住了要害，但仔细想一想，中学语文教学哪篇文章教学不教文本体式，哪篇文章教学不考虑学情？关键是：散文的“文本体式”和“学情”的内涵到底有哪些？“形散神不散”的散文的个性特征到底是什么？

中国的散文源远流长，随着时代的推移，散文写作的实用和休闲功能越来越广，散文文体分类越来越细，大家都说散文文体特征难以界定，特别是文本体式很接近的不同散文文本很难区别。唯物辩证法告诉我们，内容决定形式，形式是为内容服务的。我常思：我们教学散文为什么非要把自己套入自己设计界定的是否完全科学还值得商榷的文本细致分类的套子里不能自拔呢？当然，我们也不能走向另一个极端，不顾文本体式特征，眉毛胡子一把抓。因为共性存在于个性之中，我们要尊重文本体式的个性并从中找出共性。所以，我们要尊重文本体式但不要拘泥文本体式。仔细梳理中国散文历史发展历程，我们发现散文所写的内容不外乎四大类：偏于实用性的文章类散文，偏于文采性的文学类散文，偏于文化性的文化类散文，偏于反思性的思想类散文。如果我们能抓大放小从文章类、文学类、文化类和思想类四大类散文来确定教学内容可能更方便、实用、有效和游刃有余。因此，文本体式的“四大类”是散文的第一个特质。

教散文请教出“四大类”特质。

教学实用性的文章类散文《宇宙的未来》，你必须让学生知道宇宙的未来是坍缩下去还是膨胀下去取决于宇宙现有的密度以及作者如何用幽默的语言说明这个结论；教学文采性的文学类散文《荷塘月色》，你必须让学生知道荷塘是清新的、月色是朦胧的以及作者如何用通感比喻的语句描绘这两大特征并借景抒情；教学文化性的文化类散文《中国建筑的特征》，你必须让学生知道中国建筑有哪九大特征以及作者如何用比喻的语句介绍这九大特征；教学反思性的思想类散文《小狗包弟》，你必须让学生知道巴金写自己如何对待小狗来反思人性的自私以及作者如何用朴实真诚的语言表达自己的忏悔和歉疚之情。

阅读一篇散文和阅读其他文本体式的文章一样，文本体式帮助我们准确定位阅读视角和视野。偏于实用性的文章类散文阅读视角和视野重点在实用和朴实，偏于文采性的文学类散文阅读视角和视野重点在文采和抒情，偏于文化性的文化类散文阅读视角和视野重点在历史和文明，偏于反思性的思想类散文阅读视角和视野重点在哲理和反思。根据文本体式的大类特征进行散文教学，既能体现文本体式的细致分类特征，又能突出不同大类散文的“散文品位”和“散文味”。如果过于纠缠文本体式的细致分类而不知变通，往往胶柱鼓瑟，反而淹没了文本体式的特征。如果我们把《宇宙的未来》和《中国建筑的特征》都当作一般说明文来教，完全可以从说明对象的特征、说明顺序、说明方法等文本体式知识去解剖，但是，这样做，两篇不同作者的不同文本个性特征又在哪里？

我们再从学情角度来看散文教什么。学生阅读四大类散文常见的困难如下：第一，散文选材比较散杂；第二，散文思路安排比较跳跃；第三，散文语言表达比较含蓄；第四，散文哲理情感比较隐晦。这几个问题从一篇散文的写作全程来说，选材自由、思路安排、语言表达是“形散”问题，哲理情感是“神不散”问题。从学情出发，散文教学，这四个问题不能不教。因此，散文的特征“形散神不散”是散文的第二个特质。

教散文请教出“形散神不散”特质。

我们以《记念刘和珍君》为例说明学生在散文阅读中出现的这四个困难。这篇文章比较长，文章写人记事议论抒情都有，特别是写作者和刘和珍交往的七个片段记事散布在文章不同的段落，教学和学习这样的长文，教师和学生倍感头疼，老虎吃天无从下口。叶圣陶先生说：“作者思有路，遵路识斯真。”我们从标题入手，抓“记念”抒作者“纪念、唤醒、揭露”情感，抓“刘和珍君”写作者与她交往的七个生活片段，文章纲举目张。而文中散布的大量带有作者个性风格的反语、褒词贬用、精警的比喻句，表达了作者丰富的情感，揭示了深刻的哲理。这是一篇典型的“形散神不散”经典之作，毋庸讳言，它和一般的写人记事的记叙文是有区别的。

教散文，“形散神不散”是散文的根基，是散文共性和个性的结晶，是散文必须要教的特质，只有深入理解“形散神不散”的本质内涵，散文教学才有皮肉有血脉，否则，“皮之不存，毛将焉附？”散文教学内容无论如何确定，都要分析“形散神不散”的本质内涵：选材、思路、语言、哲理、情感。这些根基我们千万不能丢弃。

既然散文从古到今广泛存在于我们日常生活中，我们不妨将目光回望到散文产生的源头，从甲骨文记录的简单记事算起，到先秦时代的诸子散文和历史散文、两汉魏晋的文人散文、唐宋八大家的经典散文、明清的复古散文、近代的名家散文一直到今天的百花齐放的各类散文等，所有的散文一个核心的特质就是无论写人、记事、写景、说理还是议论、抒情，都是作者亲身经历的再现。尽管诗歌、小说、戏剧的创作来源于生活并且高于生活，但它们不是生活的直录。而散文却是生活的直录，不管是原生态写实的直录还是用了文学化手法直录，都是地地道道的直录。郁达夫说过："现代散文之最大特征，是每一个作家的每一篇散文里所表现的个性，比从前的任何散文都来得强……现代的散文，却更是带有自叙传的色彩了。"周涛说："散文是公开发表的日记。"高建群说："散文家不管他写什么，他都永远是在夫子自道。"刘庆邦说："人们看罢一篇散文，等于顺便把作者也牵出来溜了一遭。"李晓虹说："散文是以表现内心为主的，它所展示的是作家的'情'的世界。"韩向东说："散文是主体性最强、最'自我'的抒情方式。"因此，选材是作者生活的"真实直录"，抒情是作者情感的"这一个我"，这是散文的第三个特质。

教散文请教出自叙传的特殊个性情感特质。

人教版高中语文教材必修二模块第一单元安排了"写景状物"类散文三篇：朱自清的《荷塘月色》、郁达夫的《故都的秋》、陆蠡的《囚绿记》。教学这三篇散文最容易审美疲劳。为什么？三篇文章写的都是北平的人、景、事、理、情。如果我们用"写景状物"类文本体式知识去解读，千篇一律都是"情景交融，借景抒情、托物言志"等标签套话，三篇文章毫无个性，味同嚼蜡。但是，我们又需要教"情景交融，借景抒情、托物言志"，只是我们一定要教出朱自清、郁达夫、陆蠡的"情景交融，借景抒情、托物言志"，《荷塘月色》用"这几天心里颇不宁静"的情感思路总领作者的赏景抒情，用含有吴侬软语味道的典雅美丽的阴柔语言，抒古典文人淡淡哀愁和淡淡喜悦交替变幻的“抑郁”之情。《故都的秋》用“可是啊，北国的秋，却特别地来得清，来得静，来得悲凉”的情感思路总领作者的赏景抒情，用“大雅大俗交融”（孙绍振语）的京味语言，抒士大夫文人对“悲凉”的热爱和赞美的独特审美情趣。《囚绿记》用“我怀念着我的圆窗和绿友”的情感思路总结作者的赏景抒情，用清丽纯朴的语言，抒年轻人对“生命、生活和光明”的热爱。

我们常说散文教学要教出“散文味”。三篇文章三种味，如果您能把“这一人”“这一篇”“这一情”教出“唯一人”“唯一篇”“唯一情”，那么，这就是散文的“散文味”。也就是我们说的“这一个我”，他是不可复制的，也是无法复制的。

最后我想有请散文自画像：散文是含有文章、文学、文化、思想因子的文本体式；“形散神不散”是我的形象特质，“形散”是我的皮肉，“神不散”是我的血脉；我型我塑，特立独行的真人秀，这就是散文“我”。教散文，请教出散文“我”的三昧。

（本文发表于《学语文》2014年第1期）

论小说文本解读的哲学解“结”

解读小说文本总是离不开人物形象、故事情节、环境描写和主题思想的解读。从小说文本解读的学理依据来看，解读的落脚点没有什么问题，它符合小说文本的体式特征。但是，从解读产生的效果来看，无论是语文课堂上长期形成的程式化的分析，还是高考语文试题难以超越的模式化的表达，总给人隔靴搔痒不痛不痒之感，既缺少理性分析的思维深度，也缺失情感体验的审美趣味。给学生造成的印象就是阅读分析欣赏小说无非就是解读小说的三要素和主题，贴贴标签，讲点大话套话，有套路，不费脑，所以，学生避重就轻，在高考语文试题的解答上只要遇到散文或小说文本解答的选择，毫无疑问地去选择小说文本。如何从浅层滑行的解读走向深度思考的解读，突破解读瓶颈，提高小说文本的解读之效？深度解读小说文本的哲学之“结”是行之有效的方法。

一、解读故事情节的过程与结果的哲学之“结”

小说从诞生之日起就是讲故事，因此，故事情节是小说创作的重头戏，但是不同的作家在构思小说的故事情节时风格不一样，大体不外乎两种结构。一是常说的有开端、发展、高潮和结局，甚至有的还有序幕和尾声的“全过程完整故事链”结构，如《林教头风雪山神庙》；一是“生活横断面”或“生活场景式”的精彩镜头结构，如《孔乙己》里面出现的三次酒店场景。最近几年语文高考试题大多选取“生活横断面”或“生活场景式”的精彩镜头结构的小说文本来命题，如2018年全国语文高考一卷《天嚣》。

不管采用哪种结构，必须明确故事情节的典型特征是：写故事要有过程有结果，从过程到结果有多个“结”连缀起来，解读故事情节就是解读情节发展阶段的每个“结”，这个“结”就是“预期”与“反转”的哲学之结。波澜起伏、曲折生动是一种结，潺潺流水、曲径通幽是一种结，情理之中、意料之外是一种结。读小说，不管什么故事情节结构，它里面都含有“预期”与“反转”的理性思考与感性审美，悲剧也好，喜剧也罢。故事情节之所以吸引人就是“预期”与“反转”的“错位”，理性思考的“预期”与感性情感的“反转”往往使读者感慨唏嘘、欲罢不能。而且这种“预期”与“反转”的“错位”越大，对读者的震撼力越强，大家熟知的《红楼梦》中的“林黛玉之死”就是经典案例，大凡经典小说都有此特征，特别是悲剧小说。大家观看电视剧和电影往往议论故事情节为什么是这样安排的也是这样，这就是故事情节情感审美和哲学之结的魅力。

解读小说的故事情节抓住“结”“预期”“反转”“错位”四个关键词，从理性思考与感性情感审美视角去概括、分析、欣赏、探究故事情节的不同阅读层次，做到有理有据和有味有效，避免坐实现实的实用主义的生活原型的理解，走进文学艺术鉴赏的新天地，达到思维有深度有品质，审美有高度有品位的新境界。

二、解读人物命运形成的内因与外因之“结”

故事情节是人物活动的生命历程和轨迹，人物形象是故事情节不可或缺的主心骨。作家不管创作何种类型小说的故事情节，如传统小说、意识流小说、现代派小说、科幻小说等，万变不离其宗，人物形象或明或暗地出现在故事情节之中，可以说，没有人物形象就没有故事情节，这也是小说文本不可或缺的元素。小说的人物形象是复杂的，人物性格是二重性的，形成的原因也是多维的。但人物命运形成原因不外乎就是内因与外因。人们常说，性格决定命运，这是从生理遗传性格角度解释人物性格形成的内因。人们又常说，环境造就人，人是社会的人，这是从社会生活环境角度解释人物性格形成的外因。如林冲、别里科夫、祥林嫂、孔乙己等，都是内因与外因之“结”造就成的性格典型，成为永恒的经典。

概括、分析、欣赏、探究小说的人物形象，必须明确人物形象的典型特征是：人物性格是有二重性的，不是非好即坏的泾渭分明，因为人性是复杂的，善恶交织在一起。如《装在套子里的人》中的别里科夫，就是集可恶可怜可哀可叹于一身的时代畸形儿。《祝福》中的“我”、四婶等人物，既有善良的一面，也有软弱的一面。而概括、分析、欣赏、探究小说人物命运，必须明确人物命运形成的典型特征是内因与外因的叠加，而且还有“转捩点”的“突发”。林冲“逼上梁山”就是由其性格隐忍的内因与高衙内对其迫害的外因，完成了林冲性格由“隐忍到反抗到逼上梁山”的全过程塑造。

解读小说的人物形象和人物命运的形成原因要抓住“结”“二重性”“内因”“外因”“转捩点”“突发”六个关键词，就能避免平面化、标签化、片面化理解小说中丰富多彩的人物形象，在哲学辩证法范畴的理论指导下，达到对人物形象和人物命运的形成原因解读有高度、有宽度、有厚度的立体化审美观照。

三、解读环境背景设置的必然与偶然之“结”

人是社会的人，所有人都是生活在纷繁复杂和丰富多彩的社会大环境和生活小环境里的。社会环境也好，自然环境也好，人都要与之发生联系。人与自然的和谐，人与社会的和谐，人与人的和谐是人们追求的美好目标。小说中的社会环境、自然环境、生活环境和人事环境的设置在作家创作小说时是有鲜明的时代烙印和作家个体生活阅历的客观再现的痕迹。中国古代的“知人论世”和“以意逆志”的文本解读法就是追溯作家创作时的环境背景，从而帮助支撑文本的解读和探源。

《人间喜剧》被称为“法国社会的百科全书”，就是因为巴尔扎克在《人间喜剧》中描写了19世纪前半期法国封建主义和资本主义交替历史时期，从拿破仑帝国、复辟王朝到七月王朝法国社会的不同阶级、不同阶层、不同职业、不同的活动场所，通过由两千多个人物构成的广阔的社会画面的作品，反映出封建主义必然为资本主义所代替的规律和资本主义制度的痼疾。

《红楼梦》开卷第一回第一段“作者自云”就是曹雪芹自序，他以真实身份对读者讲述写作缘起。他是依托自己早年在南京亲历的繁华旧梦而写作此书。因流落北京西郊，碌碌无为，猛然回忆起年少时家里生活中那些实有其人的女孩儿，她们的见识才气远远超过自己。还有祖上九死一生创下这份家业，当年自己不务正业，不听从父母老师的管教，以致长大后一事无成，半生潦倒。他自感身世，自忏情孽，将这段经历和悔悟写成“将真事隐去”的自叙小说。

流传千古的伟大的经典作品告诉我们，概括、分析、欣赏、探究小说的环境描写，必须明确环境描写的典型特征：社会大环境和生活小环境是小说中任何典型人物塑造都无法超越和逃脱的时空背景，解读小说中故事情节、人物形象和主题思想都与环境描写有着千丝万缕的联系。人们常说，为什么故事情节是这样结尾？人物命运为什么是这样结局？其本质就是社会大环境的必然和生活小环境的偶然决定的。《祝福》中的“祥林嫂之死”是辛亥革命不彻底的社会背景下的鲁镇氛围、雇主鲁四老爷家、祥林嫂的原生家庭、祥林嫂的初嫁和再嫁家庭、祥林嫂的人事环境的“叠加”和“围剿”，她无处安身，窒息而死。同理，孔乙己之死、范进之疯，无不如此。

解读小说的环境描写要抓住“结”“隐喻”“必然”“偶然”“叠加”“围剿”六个关键词，既要有中国古代的“知人论世”的历史视野和时空观，又要正确把握时代背景和作家个人经历投射到作品中的“隐喻”度，否则，失之毫厘，谬以千里。

四、解读作品主题理解的一元与多元之“结”

一篇小说的解读有三个视野：作者中心论、作品中心论、读者中心论。如果偏执其中一个视角解读一篇小说都有利弊。第一，作者中心论——利在溯源知人论世，弊在附会捕风捉影。第二，作品中心论——利在裸读只见树木，弊在屏蔽不见森林。第三，读者中心论——利在仁者见仁、智者见智和与时俱进；弊在差之毫厘、谬以千里和脱离文本。所以，文本解读要演奏好作者、文本和读者协调一致的三重奏。

曹雪芹说他的《红楼梦》是他自感身世，自忏情孽，“将真事隐去”的自叙小说，这是作者中心论。胡适说《红楼梦》只是老老实实地描写一个“坐吃山空”“树倒猢狲散”的大家族衰退的自然趋势，所以《红楼梦》是一部自然主义的杰作，这是文本中心论。鲁迅说《红楼梦》因读者的眼光而有种种：经学家看见《易》，道学家看见淫，才子看见缠绵，革命家看见排满，流言家看见宫闱秘事……这是读者中心论。

检验一元与多元解读的合理性，是否符合“主题辐射”是最好的验证。概括、分析、欣赏、探究小说的主题思想，必须明确主题思想的典型特征是：一个中心，三个支点。也就是说，不管你是用作者中心论，还是用文本中心论，还是用读者中心论来解读一篇小说的主题思想，你的主题思想要能统辖小说三要素提供的阅读信息码，通俗地说，要有学理依据，要言之有据，不能凭空臆想。《林教头风雪山神庙》的“逼上梁山”，《边城》的“优美、健康而又不悖乎人性的人生形式”，《老人与海》“可是一个人并不是生来要给打败的”等主题的提炼都是符合“主题辐射”的原则。

解读小说的主题思想要抓住“结”“一元”“多元”“融合”“辐射”五个关键词，在文本解读面面观的“融合”“辐射”思维指导下，牢记文本解读三观论，溯源与导流；熟悉文本解读的“道”与“技”，明学理与方法；了解文本解读的高度、宽度和深度的界限，辨别真理与谬误；追寻文本解读结晶与批判性思维高品质的培育路径，达到思维与创新的共生共荣。

（本文发表于《学语文》2020年第4期，获得2020年度《学语文》杂志年度最优秀论文之一）

论文本解读的“道”与“技”

文本解读有三个范畴：宏观上要有解读的学理依据，中观上要有体式的规律遵循和解读的读解通识，微观上要有方法的创新。文本解读的“道”就是“文本解读的学理依据、体式特征和读解通识”，属于宏观和中观范畴。而文本解读的“技”就是“文本解读的方法”，则属于微观范畴。文本解读是“有规律的自由行动”（斯坦尼斯拉夫斯基语），文本解读的“道”就是“有规律”，文本解读的“技”就是“自由行动”。

一堂语文课，看你从哪里入口进行文本解读，就知道你“道”有多深，“技”有多高。我们常常在观摩优秀教师典型课例时感慨他某节课文本解读“技”艺的高超，对其“技”艺“心有灵犀一点通”“于我心有戚戚兮”，但是，也常常陷入“只可意会不可言传”的困境，不知道为什么用这样解读的“技”艺去解读就是好？其中蕴含着什么样的“道”理？老子曰：“道可道，非常道。”庄子曰：“臣之所好者道也，进乎技也。”笔者认为文本解读“有常道，无常法”。

一、文本解读的学理依据

什么是文本解读的学理？全国著名语文特级教师程翔老师认为就是文本解读的原理和法则。程翔老师经过多年的深入研究和爬罗剔抉，认为文本解读的学理依据由高到低应该有以下四个层级：第一是支撑语文教学的育人目标——立德树人。要有尊重学生生命、人格和个性的哲学、教育学和心理学的原理和法则。第二是支撑语文教学的实施理念——学生中心。要有激发学生兴趣、思维和主体性意识的语文教学论的原理和法则。第三是支撑语文教学的学科特征——学科性质。要有明确性质、任务和目的的工具性和人文性相结合的语文课程论的原理和法则。第四是支撑语文阅读教学文本解读的本体理论——文本理论、作者理论和读者理论，要有文本解读的语言学、文艺学、阅读学、解释学的原理和法则。

二、文本解读的体式特征

文本解读最大的困惑和棘手的问题是文本教学内容的确定。无论你教龄有多长，哪怕你教了一辈子文本解读，也许你文本解读“技”艺很高超，但在面对同样一篇课文时，你也不能保证每届都是同样的教学内容。这是语文的魅力，同时也是语文教学者的困惑。如何在语文是工具性和人文性相结合这个学科性质的定位下来确定语文教学内容，笔者认为文本解读的体式特征是基于语文学科课程意识的核心之“道”。从文本理论视野来看，不同体式的文本无论它们的共性有多少，但个性是其典型，紧扣个性才能教出区别，教出不同层面的语文知识、能力和素养。所以才有诗歌与散文的不同教学内容，小说与戏剧的不同教学内容，实用文本与文学文本的不同教学内容。语文教学也因为如此而呈现丰富多彩的特色。

不同文本具有不同的体式特征，当然也就具有不同的解读特点，抓住典型特征，文本解读的内容就非常清晰。

诗歌教学必须紧扣“意象、意境、意脉、情感”设置文本解读的教学内容。散文的特质是：散、文、我。散文教学必须紧扣“生活直录”和“这一个我” 设置文本解读的教学内容。小说教学在“主题辐射”思想的引领下，围绕“人物、情节、环境”组织教学时，必须突出“因果”特征和“叙事”特征。戏剧教学有“三性”：“戏剧冲突的尖锐性”“剧本台词的动作性”“人生主题的价值性”。这三个特性，正是小说教学与戏剧教学的区别。还有一点要特别注意：戏剧教学是教文学性的剧本，不是教艺术性的表演，千万不能本末倒置。实用文本教学要抓三个关键词：文体特点、非文学特征和写作应用实践。追求“言”与“文”和谐统一的文言文理想的教学效果应有三次飞跃：（1）读懂文义，学会归纳，积累词汇语法；（2）鉴赏评价，学会借鉴，接受文学熏陶；（3）古为今用，继承创新，传承文化思想。必修课与选修课教学的区别必须遵循以下四个原则：（1）必“面”修“共性”，选“点”修“个性”；（2）必修侧重“基础”，选修侧重“拓展”；（3）必修是“草根生活舞台”，选修是“时装表演舞台”；（4）必修“尊重已有课程体系”，选修“建构个性化课程”。

三、文本解读的读解通识

文本解读是语文教师每堂课必练的把式，是语文教师的职业生态和看家手艺，是语文教师才、学、识、德等素养的综合展示。在文本理论、作者理论和读者理论的引领下，笔者认为，认读、解读、赏读和研读是文本解读应有的四个要素和四个层级，只是面对不同文体的文本，其解读的侧重点有所不同而已。四个要素遵循着层次递进、逐层深入、螺旋式上升的阅读能力提升的哲学思想。

第一层级：认读感知，让学生动起来。

第二层级：解读析义，让学生说起来。

第三层级：赏读审美，让学生品起来。

第四层级：研读创新，让学生思起来。（此部分内容请参考《夯实文本解读的四块基石》篇）

四、文本解读的主要方法

高中语文阅读教学就是要探究在认读、解读、赏读和研读的文本解读的读解通识的基础上，正确处理好文本解读的高度与信度、宽度与适度的关系，不断总结和创新文本解读的方法，拓宽文本解读的视野，丰富文本解读的理论，为达到以培养学生创新意识为目标的文本解读的“道”“技”圆融的理想境界而进行实践探索。

人们常说：“教学有法，教无定法，贵在得法”。语文教学是科学与艺术的完美结合。高中语文阅读教学文本解读的主要方法有哪些？我们认为主要有四种：点“穴”通“脉”法、拨“疑”解“难”法、悦“目”赏“心”法、探“同”激“异”法。

这四种方法，是建立在认读、解读、赏读和研读的文本解读的基础之上，现以一堂理论与实践相结合的文本解读示范课——《金岳霖先生》为例举隅说明这四种方法的实践探索。

先说点“穴”通“脉”法。《金岳霖先生》是一篇人物传记或者是一篇以写人为主的散文，学生认读文本，很快会感知文章中有十三处写到金岳霖先生的片段形象，但纵观全文，这十三句中只有一句话能够点“穴”通“脉”，那就是首句：西南联大有许多很有趣的教授，金岳霖先生是其中的一位。再深入咀嚼此句，同学们发现这句话中的“穴位”是“有趣”两字，通过“有趣”两字定位寻找，同学们找到了文本中介绍金岳霖先生有五个“有趣”特征：外表有些滑稽；举止天真好笑；教学个性独特；专业理解任性；感情异常真挚。最后，通过“有趣”这个“穴位”打通了全文的“经脉”，得出：老人是一位一肚子学问，为人天真、热爱生活的大哲学家。

再说拨“疑”解“难”法。如果学生认读文本只是到此层次，应该说只是粗识文本，属于概括定义阶段，“只知其然，未知其所以然”。老师通过文中这两句话：

（1）每一学年开始，给新的一班学生上课，他的第一句话总是：“我的眼睛有毛病，不能摘帽子，并不是对你们不尊重，请原谅。”

（2）除了体育教员，教授里穿夹克的，好像只有金先生一个人。

示例点拨学生要拨“疑”解“难”：为什么写金先生外表有些滑稽

时又添加了这两句介绍？其用意是什么？

结合汪曾祺先生曾经写过的一篇文章《沈从文先生在西南联大》中的一段话："他谈得最多的大概是金岳霖。沈先生谈及的这些人有共同特点。一是都对工作、对学问热爱到了痴迷的程度；二是为人天真到像一个孩子，对生活充满兴趣，不管在什么环境下永远不消沉沮丧，少俗虑。"学生认为，金岳霖先生的"有趣"非我们平常所说的单纯的"有趣"，文中这两句还可以理解为"奇特、率真"等意思。塑造了一个外在形象和内在个性都非常鲜明的形象——尊重学生、纯朴天真、坚强不屈。相互印证，相得益彰，文本解读又推进了一个层级。

第三谈谈悦"目"赏"心"法。汪曾祺的文章评论家这样评价："初读似水，再读似酒。"汪曾祺自己说："我希望把散文写得平淡一点，自然一点，家常一点。""平淡而有味，用适当的方言表现作品的地方特色，有淡淡的幽默。"因此，他的文章呈现四大特点：以小见大、以点带面、细节描写和家常语言。《金岳霖先生》这篇人物传记四个特点集聚一身，特点鲜明。特别是细节描写给人留下深刻的印象。仅以文中描写他"举止天真好笑"为例就足矣：

（1）他讲着讲着，忽然停下来："对不起，我这里有个小动物。"他把右手伸进后脖颈，捉出了一个跳蚤，捏在手指里看看，甚为得意。

（2）这只斗鸡能把脖子伸上来，和金先生一个桌子吃饭。

（3）他到处搜罗大梨、大石榴，拿去和别的教授的孩子比赛。比输了，就把梨或石榴送给他的小朋友，他再去买。

（4）他就和一个蹬平板三轮车的约好，每天蹬着他到王府井一带转一大圈。我想象金先生坐在平板三轮上东张西望，那情景一定非常有趣。

对于这些悦"目"赏"心"的文字，我们要从选材考究、艺术手法精妙的视野去咀嚼鉴赏，增强学生对语言的感悟力，提高学生的赏读审美能力。这是落实语文教学工具性与人文性不可或缺的途径。

最后谈谈探"同"激"异"法。汪曾祺在《沈从文的寂寞》一文中引用沈从文说的一段话："你们能欣赏我故事的清新，照例那作品背后蕴藏的热情却忽略了，你们能欣赏我文字的朴实，照例那作品背后隐伏的悲痛也忽略了。"文本解读要考虑三个视野：作者视野、读者视野和文本视野，站在不同的角度去解读，肯定不是"一言堂"。所以，除了追求共通见解，还要研读创新，探"同"激"异"，这是文本解读的最高境界。那么，金岳霖先生"有趣"背后还隐伏着什么？这里举两个例子：

（1）他讲着讲着，忽然停下来："对不起，我这里有个小动物。"他把右手伸进后脖颈，捉出了一个跳蚤，捏在手指里看看，甚为得意。

（2）春日里在墙角边，边晒太阳，边抓虱子，再狠狠地咬上一口，劈的一声又脆又响。（鲁迅《阿Q正传》）

我们将它与鲁迅《阿Q正传》里同样内容的细节描写进行比较，发现其"有趣"背后是"有味"的。它"举止天真好笑"背后隐伏的是否是无奈自娱之举？同理，我们可以总结出：外表有些滑稽，背后隐伏着苦楚心酸自知；教学个性独特，是否有些天真可爱的幽默；专业理解任性，是否有些曲高和寡的落寞；感情异常真挚，心中压抑着痛苦、孤独、茫然。

所以，都说其"有趣"，谁解"个中味"。金岳霖先生的"个中味"五味杂陈：有苦有乐，苦中作乐，乐中有苦，难以诉说。

根据文本解读的学理，依据文本解读的体式特征，了解文本解读的读解通识，创新文本解读的方法。作者、读者、文本融于一体，文本解读生生不息，文本解读"道""技"圆融。

（本文发表于《学语文》2017年第4期）

论高中语文选修课教学的课程意识

选修课的实施是高中新课程改革的亮点，高中语文选修课的开设为学生语文素养的提高提供了多样选择与个性发展的广阔的平台。经过几轮的教学实践，时至今日，一线教师面对一堂具体的选修课的教学仍然纠结在以下两个操作层面左右为难：第一，在教学内容上必修课和选修课到底有何区别和联系；第二，在教学方法上必修课和选修课到底有何区别和联系。简言之，就是在选修课教什么和怎么教的问题上仍未找到一条操作方便、特征明显且行之有效的教学方法和教学模式。仔细深思，问题出在高中语文选修课教学的课程意识模糊不清，从而导致必修课和选修课课堂教学特征不明。下面以安徽省多数地市选用的人教版选修教材《语言文字应用》《中国古代诗歌散文欣赏》《中国小说欣赏》和《先秦诸子选读》四个模块为例，具体阐释高中语文选修课教学一定要牢固树立“脑中有纲”“手中有书”“心中有人”的课程意识。

一、牢固树立“脑中有纲”的课程目标意识

在课程目标上，“必修课要突出课程的基础性和均衡性”“选修课程也应该体现基础性，但更应该致力于让学生有选择地学习，促进学生有个性的发展”。这是必修课与选修课的联系和区别。

必修课强调“共同基础”，而选修课重在“多样选择”；必修课程是学生获得基本知识和基本技能的保证，体现了学生发展的共性的一面，而选修课程则旨在满足学生多元化的学习需求，使学生获得个性的发

展。因此，曹勇军在《高中语文选修课程的性质与定位》中说：“选修课与必修课的关系可以概括为：继承、巩固、拓展、提高。两者之间既有继承性，也有相对独立性。继承性是指选修必须重视对必修内容的梳理和巩固，选修课仍然具有基础性；独立性是指前者强调基础，后者注重拓展，强调探究，着眼于发展和提高。”［《叩开高中语文选修课之门》（修订版），上海教育出版社2013年第1版，第3页］

《普通高中语文课程标准（实验）》在课程设计思路第（六）条明确指出选修课程设计有5个系列：诗歌与散文、小说与戏剧、新闻与传记、语言文字应用、文化论著研读。其中，诗歌与散文系列有5个具体课程目标，小说与戏剧系列有6个具体课程目标，新闻与传记系列有5个具体课程目标，语言文字应用系列有7个具体课程目标，文化论著研读系列有4个具体课程目标。

在课程目标的指导下，每个系列设计若干模块。目前，共有人教版16个模块、苏教版18个模块、语文版14个模块、粤教版15个模块和山东版11个模块教材可供选择和使用。

“学校应按照各个系列的课程目标，根据本校的课程资源和学生的需求，有选择地设计模块，开设选修课。对于模块的内容组合以及模块与模块之间的顺序编排，各学校可以根据实际情况灵活实施。课程的具体名称可由学校自定。”（《普通高中语文课程标准（实验）》）

在课程标准的指导下，我们的选修课教学要牢固树立“脑中有纲”的课程目标意识，厘清选修课课程目标有上位、中位和下位三个层面的目标：一是必修与选修的课程目标区别；二是5个选修系列的课程目标区别；三是不同模块课程目标的区别。搞清这三个区别，我们就能从宏观、中观和微观真正明白必修课与选修课的区别。

二、准确把握“手中有书”的课程内容意识

在课程内容上，具体来说，就是选修课一个模块、一个单元、一个

主题、一篇文本到底教什么？课程标准要求“高中语文选修课程是在必修课程基础上的拓展与提高”。这是选修课教学内容的标准和纲领。也就是说，选修课以必修课为基础，拓展和提高是在必修课基础上的拓展和提高。例如，我们学习《中国古代诗歌散文欣赏》中的古代诗歌和散文，我们需要和必修课一样去疏通文本的语言文字障碍，但我们不能只停留在语言文字的疏通上，我们要根据诗歌与散文系列5个具体中观课程目标和《中国古代诗歌散文欣赏》模块教材体系微观目标的要求，在“拓展和提高”上下功夫。而如何“拓展和提高”，就要在“选”什么和“修”什么上下功夫。因为《中国古代诗歌散文欣赏》选修课的开设是为了发展学生审美鉴赏能力，突出学生的个性发展。

但我们又要避免选修课走向另一个极端，要么把选修课扭曲为所谓“拓展提高”的应试复习课，把《语言文字应用》上成高考语法知识补习课，把《中国古代诗歌散文欣赏》当作高考文言文阅读和诗歌鉴赏训练题；要么简单地照搬大学选修课的模式，不顾教材的特点以及学生的实际，随意拓展，任意生发，一味求“深”求“难”，把《中国小说欣赏》和《先秦诸子选读》上成大学的文学史和百家讲坛，忘记了“必修课要突出课程的基础性和均衡性”“选修课程也应该体现基础性”。

三、科学定位“心中有人”的课程设计意识

在课程设计上，也就是具体使用什么教学方法来教学选修课，课程标准强调“选修课和必修课教学存在一定的差别”。这是选修课教学的个性和特征。

课程标准强调的差别主要是指“不同类型的选修课之间存在着课程目标和教学方法上的差异。有的重在实际操作，需要突出某一方面的专门知识和技能；有的重在发挥想象和联想，注重情感和审美的体验；有的重思辨和推理，强调理性和严谨，如此等等。所以，选修课特别需要注意寻求与课程内容相适应的教学方法”。例如，《语言文字应用》重在

实际操作，需要突出某一方面的专门知识技能，我们就要把它上成“活动研修课”，主要采用“知识训练活动法”；《先秦诸子选读》重在思辨和推理，强调理性和严谨，我们就要把它上成“问题研究课”，主要采用“圆桌论坛讨论法”；《中国古代诗歌散文欣赏》《中国小说欣赏》重在发挥想象和联想，注重情感和审美的体验，我们就要把它上成“文本研读课”，主要采用“鉴赏评价探究法”。

但是我们一定要明确：必修课和选修课教学方法的差别主要不是指具体的教学手段和教学方法的不一样，而是指因“课程具有较大的灵活性和拓展性”，使得选修课的教学个性主要体现在对教学内容的“选择处理”和针对不同选修内容的“选择研修”方法上，而对那些和必修课具有共性的教学方法和教学手段，根本没有必要去刻意寻找不同的教学方法和教学手段。比如诵读法教学，必修课的古代诗歌教学采取它，选修课的古代诗歌教学就不能采取它吗？实际上未必，因为诗歌教学规律是有共性的，不能因为教学内容安排在选修课中就可以无视这样的基本规律。我们千万不能机械地区分必修课和选修课的教学方法和教学模式必须非此即彼和泾渭分明，因为他们当中你中有我，我中有你，无法分清，也无须分清，只不过重心不同而已。所以，理想的选修课教学，每个模块选修课程都应该有自己的鲜明个性特点。不同模块具有不同的个性特点，那么应该具有不同的教学方法和教学模式。

除此以外，不同学校的办学特色、不同学生的学业基础、不同教师的专业特长和短板同样制约着教学方法和教学模式。所以，科学定位校本特色的“心中有人”的课程设计意识非常重要。

高中语文选修课在全面提高学生语文素养、开阔学生的视野、引导学生创新、发展多向思维等方面起着举足轻重的作用。针对不同系列、不同模块、不同课型的课程目标和课程特点，因“材”施教，因“人”施教，寻找有效的选修课教学方法和课堂教学模式任重而道远。

（本文发表于《学语文》2015年第1期）

静待春华秋实

——我的“课前‘六个一’五分钟演讲”活动

岁月不居，时节如流。春暖花开，春华秋实。每当我怀揣期待的心情迎接每一届新生时，我的语文教学生涯又开始了新一轮的启程。而打开花季少年的青春扉页就是我的“课前‘六个一’五分钟演讲”活动的闪亮登场。

每当上课铃声刚落下，同学们的掌声就响起了。这是同学们最幸福自由的时刻，青春的笑靥、纯真的泪花、此起彼伏的掌声汇成我的语文课堂教学一道快乐民主的美丽风景，我的“课前‘六个一’五分钟演讲”活动成了我每节语文课的亮点，成了我的学生静静期待的大餐。

读书、写作、演讲，语文教学的原生态原来具有这样大的魔力，没有功利，与学生一起读书，与学生一起分享，与学生一起成长。为了培养学生读书、写作和演讲的兴趣，为学生打下自强不息、厚德载物的精神的底子，扎实有效提高学生的语文素养，我从每届高一入学的新生的第一节课开始就着手实施我的“课前‘六个一’五分钟演讲”活动“三年行动计划”。具体内容安排如下：

高一上

演讲内容：我文我秀

成果汇编：我的青春我做主

培养目标：展现自我，树立自信

高一下

演讲内容：好书荐评

成果汇编：天下第一好事是读书

培养目标：拓宽视野，培养兴趣

高二上

演讲内容：古诗词鉴赏

成果汇编：不读诗无以言

培养目标：涵养气质，提升品位

高二下

演讲内容：古文鉴赏

成果汇编：腹有诗书气自华

培养目标：积聚底蕴，厚积薄发

高三上

演讲内容：语文知识积累

成果汇编：知识改变命运

培养目标：积累知识，提高素养

高三下

演讲内容：时事评论

成果汇编：指点江山激扬文字

培养目标：关注时事，立德树人

具体做法介绍如下：

高一上，同学们怀揣着美好的理想通过中考的选拔来到具有百年历史的皖江名校——芜湖一中，心中充满自豪和自信。现代化的优美校园，悠久历史的名校氛围激励着同学们从入学第一天开始就希望在这里抒写人生青春岁月的美好篇章。抓住这个最好的契机，我按照学号的先后顺序，鼓励同学们从第一天开始将自己最美好最能展现自己风采的写作才华尽情展现在同学们面前。演讲的内容必须是自己的原创作品，体裁不限，尽量表现自己的个性特点。学期结束以后，语文课代表将每位学生的作品电子稿汇编成册，书名为：《我的青春我做主》，我为该书作序。一学期下来，将汇集近百篇佳作的文集送到每位学生手中。我文我秀，文如其人；展现自我，树立自信。语文教学写作的激情静待春华秋实。

高一下，我适时提高对学生的语文阅读要求，打通语文课内精读与课外泛读的经脉。朱熹曰："问渠那得清如许，为有源头活水来。"张元济说："天下第一好事，还是读书。"高中生必须具有广阔的阅读视野和一定的阅读量才能由量变达到质变，真正提高语文阅读水平。要想课内阅读能"举一反三"，必须要有课外阅读的"举三反一"的积淀。因此，我从写作和读书的关系入手，强调输入与输出的道理，鼓励同学们广泛阅读，开卷有益。我按照学号的先后顺序，要求同学们介绍自己曾经或最近读过最好最感人的经典作品。演讲的内容必须是自己原创的读书笔记，内容不限，尽量介绍出作品的个性特点，要有达到同学们在听过你的介绍以后想一睹为快的效果。学期结束以后，语文课代表将每位学生的读书笔记电子稿汇编成册，书名为：《天下第一好事是读书》，我为该书作序。一学期下来，近百篇读书笔记记载了每位学生的读书兴趣和品位。人多力量大，众人拾柴火焰高。好书荐评，活水长流；拓宽视野，培养兴趣。语文教学阅读的品质静待春华秋实。

高二上，正是花样年华高中生读诗写诗的年龄，他们充满激情和好奇，心怀浪漫和阳光。此时，进入高二阶段的高中学生已经不再满足单纯的白话文本的阅读供应，他们需要追本溯源去寻找中国文化的根源，接受源远流长和博大精深的中国古代文化的熏陶。而古代诗词是学生最喜欢也是最能涵养他们精神底蕴的最好口粮。与此同时，随着语文《中国古代诗歌散文欣赏》选修课教学的开设，古代诗词教学成为课堂教学的重头戏。尽管必修和选修教材中古代诗词占有的分量很重，但是，距离培养学生拥有深厚的古典诗词欣赏根基仍然显得单薄，课堂教学的"精粮"需要搭配课外迁移补充的"粗粮"才能使学生的消化精良。我按照学号的先后顺序，要求同学们介绍自己曾经或最近读过感悟最深的古典诗词。演讲的内容必须是自己原创的古典诗词鉴赏文章，时代、体裁、内容不限，鉴赏要有自己独特的创新感悟。学期结束以后，语文课代表将每位学生的古典诗词鉴赏文章电子稿汇编成册，书名为：《不读诗无以言》，我为该书作序。一学期下来，近百篇古典诗词鉴赏文章异彩纷呈新见迭出。选材广泛，不拘一格；涵养气质，提升品位。语文教学读诗的兴趣静待春华秋实。

高二下，趁热打铁，伴随着同学们对中国古代文化的浓厚兴趣，结合语文《先秦诸子选读》选修课教学的开设，我将同学们阅读古代文化的视野拓展到中国文化的发轫。知本探源，夯实文化昆仑的基石；知人论世，明晰中华传统文化思想的源流与走向。读名家经典，学大师风范，行中华美德。文以载道，文以明理，文以修身。同时，通过拓展延伸让同学们明确中华文化和中国文学不但光辉灿烂，而且博大精深，更是一脉相承、历久弥新，关键在于如何甄别。而去粗取精、吸取精华、剔除糟粕、古为今用是我们今天古文鉴赏的基本准则。我按照学号的先后顺序，要求同学们介绍自己曾经或最近读过的思想深邃、哲理隽永的古典散文。演讲的内容必须是自己原创的古典散文鉴赏文章，时代、体裁、内容不限，鉴赏要有自己深刻的甄别评判。学期结束以后，语文课代表将每位学生的古典散文鉴赏文章电子稿汇编成册，书名为：《腹有诗书气自华》，我为该书作序。一学期下来，近百篇古典散文鉴赏文章风格各异，文采斐然，思想新锐。古为今用，推陈出新；积聚底蕴，厚积薄发。语文教学古典的功底静待春华秋实。

高三上，两年高中语文学习的学业根基已经打牢，伴随着高中语文学业水平考试的结束，同学们已经具备普通高中学生应有的语文素养，即将面临人生新的腾飞。系统总结和归纳语文基本知识，迎接高考语文复习检验是同学们新的任务。“学而时习之”“温故而知新”。发展语文能力，展现语文素养，提高综合素质需要知识的奠基，没有宽广的基础知识是不能形成扎实的语文能力的。结合语文《语言文字应用》选修课教学的开设，我要求同学们结合高考考纲要求系统总结和归纳语文基本知识。从字音、字形、成语、病句的辨析到修辞、汉语表达的训练；从古诗文实词、虚词、句式的识记到名言名句的默写，夯实基础，触类旁通。我按照学号的先后顺序，要求同学们按照专题归纳总结上述知识点。演讲的内容必须是自己归纳总结的易错知识点。学期结束以后，语文课代表将每位学生归纳总结的易错知识点电子稿汇编成册，书名为：《知识改变命运》，我为该书作序。一学期下来，近百篇归纳总结的易错知识点条分缕析地呈现在同学们眼前。日积月累，事半功倍；积累知识，提高素养。语文教学的能力静待春华秋实。

高三下，紧张的高考语文复习成了同学们语文学习的头等大事，一心只顾做考题，两耳不闻窗外事。语文学习变得单调乏味。而高考又是关注时代活水的选拔性考试，试题的选材、知识的应用、能力的考查都是紧密联系实际的。如果埋头读死书，势必造成知识老化，思维僵化。特别是写作，不关心时代发展，文章没有时代气息，审题立意也会南辕北辙。在紧张的高考复习阶段，要改变这一现状，必须抛弃急功近利的短视行为，解放思想，汲取时代活水，求得更快更好发展。为此，我按照学号的先后顺序，要求同学们介绍自己每天读过的最新时事并作短评。演讲的内容必须是自己原创的时事评论，内容不限，必须介绍出作品的时效性。要有事实有观点，做到观点鲜明，评论公允，有见解，有正能量。高考前一个月，语文课代表将每位学生的时事评论电子稿汇编成册，书名为：《指点江山激扬文字》，我为该书作序。一学期下来，近六十篇时事评论记载了每天发生的国内外大事。观点明确，材料新颖；关注时事，立德树人。语文教学的素养静待春华秋实。

“语文学习的外延与生活的外延相等。”新课标提倡的“知识和能力”“过程和方法”“情感态度和价值观”和“自主、合作、探究”的学习方式等新的理念在我的“课前‘六个一’五分钟演讲”活动中得到有效实践和完美体现。每届“三年行动计划”完成以后，我统计，同学们共完成了将近60万字的写作任务，发表和获奖的文章近百篇，高考作文出现过58分的高分作文，高考语文出现过138分的市级语文单科状元，高考出现过总分704分的省理科状元。学生的语文能力和素养就是这样炼成的，语文教学是农业，精耕细作，日积月累，春暖花开，春华秋实。

（本文发表于《学语文》2016年第1期）

论“整本书阅读与研讨”教学要返璞归真

“整本书阅读与研讨”被认为是新课标一大显著亮点，放在18个任务群之首，是必修课程，而且贯串必修、选择性必修和选修阶段。1个学分，18课时。两本书，一本长篇小说，一本学术著作。《普通高中语文课程标准（2017年版）》指出：“本任务群旨在引导学生通过阅读整本书，拓展阅读视野，建构阅读整本书的经验，形成适合自己的读书方法，提升阅读鉴赏能力，养成良好的阅读习惯，促进学生对中华优秀传统文化、革命文化、社会主义先进文化的深入学习和思考，形成正确的世界观、人生观和价值观。”

其实，“整本书阅读与研讨”在语文教学中不是什么时髦的产品。它是中国传统语文教学的传家宝，古人私塾教学读“四书五经”之类的整本书是最稀松平常的事情，今天因为受应试教育的影响，学生能够抽空静静读一本整本书倒变得很难得了。

叶圣陶先生说过：“除单篇的文字而外，兼采书本的一章一节，高中阶段兼采现代语的整本的书。”人教版高中语文教材的《名著导读》，南京十三中曹勇军老师的“经典夜读小组”，广东吴泓老师的“阅读工作室”，安徽合肥八中的“语文阅览室”等先行先试者早在新课标颁布之前就自发实践之。各地名校的推荐学生的课外阅读书目也是一种倡导。

为什么现在一下热起来了呢？学生说：“不是不想读，是没时间读，没办法读。”老师说：“‘课外’的，可有可无的；‘课内’的，必须要完成的。”都是功利惹的祸。矫枉才能过正，返璞才能归真。“整本书阅读与研讨”教学设计涉及以下问题：

一是读什么？即阅读学理的支撑是什么。

整本书阅读理论支撑有三个层面：

第一是2017版新课标中关于整本书阅读的学习目标与内容要求。“读什么”要注重体现学科教学内容的文体和文本特征，长篇小说和学术著作的典型特征要突出。第二是美国艾德勒和范多伦合著的《如何阅读一本书》，提出了阅读的四个层次：基础阅读、检视阅读、分析阅读、主题阅读。整本书阅读重点在分析阅读、主题阅读。以主题阅读为载体的分析阅读具有三个特性：架构性——找出作品的整体及部分结构；诠释性——定义与诠释书中的共识、主旨与论述；评论性——评论作者的学说，完成我们对他的作品理解。第三是关注单篇阅读和整本阅读的区别和联系，单篇阅读从认读到解读到赏读到研读四个阶段与整本阅读从基础阅读到检视阅读到分析阅读到主题阅读四个阶段的区别和联系。

二是怎么读？即课堂操作的流程有哪些。

学生干什么？教师干什么？课型是什么？

第一是2017版新课标中关于整本书阅读的教学提示，18课时完成一部长篇小说和一部学术著作的阅读，“怎么读”侧重阅读方法和经验的指导和总结，重在引导学生建构整本书的阅读经验与方法。精读、略读、批注等传统的阅读方法要继承；运用现代科技手段进行的主题检索和关键词检索的大数据分析的新方法也要创新。守正与创新是辩证的。第二是关注阅读实践中的三个主体：学生、教师和课堂。学生的任务是课内外的读写说交流讨论；教师的任务是课内外的导读、主题目标确定、组织学生活动和引导学生参与活动；课堂特征是主题化、活动化和情境化。第三是关注阅读实践中的三个方面：课内与课外的阅读计划，也就是师生共同活动的读写说交流讨论的时间安排和任务驱动；课堂操作，也就是具体的阅读教学课型：教师导读课、学生演讲课、学生辩论课、学生写作课、学生表演课、师生诵读课、师生研讨课等；课程评价问题，也就是阅读方法和经验的成果固化展示。

三是为什么读？即教学评价如何检验。

获得的阅读经验是什么？获得的阅读方法是什么？获得的阅读素养是什么？

“为什么读”最终落实到体现学生获得的阅读经验、阅读方法和阅读习惯。也就是新课标提出的拓展阅读视野，建构阅读整本书的经验，形成适合自己的读书方法，提升阅读鉴赏能力，养成良好的阅读习惯，形成正确的世界观、人生观和价值观。

芜湖市第十二中学在新课标颁发之前就较早地开展了整本书阅读和群文阅读教学实验，他们积累了比较丰富的教学实践经验。芜湖市许纪友名师工作室的研修人员童强老师和樊娟老师来自芜湖市第十二中学，工作室开展的以童强老师执教的《家》整本书阅读、樊娟老师执教的《论语》整本书阅读活动为新课标“整本书阅读与研讨”教学提供了宝贵的经验，童强老师和樊娟老师通过小说与儒家经典著作为我们展示了十二中的整本书阅读成果。他们获得的阅读经验是什么？他们获得的阅读方法是什么？他们获得的阅读素养是什么？以飨读者，欢迎指正。

童强老师在高一年级上巴金《家》的探讨交流课，组织采访、辩论、讨论等学生活动检验学生的阅读成果，紧扣“觉慧到底爱不爱鸣凤”和“觉新为什么不反抗”两个话题展开探讨：通过“爱”进行主题辩论，培养学生辩证思维能力，从觉慧与鸣凤双向视角谈社会环境对人物命运的影响，尝试从内因和外因两个角度剖析小说人物命运形成的根源；同时抓住“悲剧”进行小说主题探究，从觉新和梅芬的悲剧必然性和偶然性谈小说主题。学生辩论激烈，交流自如，童老师循循善诱，帮助学生创造阅读整本小说的经验，训练高一学生的思维，促成学生对阅读成果的交流，培养学生的表达和思辨能力。

如果说童老师身临其境，带领起始年级学生走进整本书的内核，那么樊娟老师便搭起桥梁，引导高三学生悟出整本书的精髓。起始年级和毕业班年级的整本书阅读要求迥然不同，樊娟老师富有亲和力，与学生娓娓道来，使学生通过阅读展示自己的临考心理状态。一节课行云流水，真实感人，临考15天的高三学生，通过演讲和诵读的方式，从阅读过程总结、阅读交流稿修改、阅读见解、整本书阅读方法角度总结自己的阅读体会，展示阅读成果，分享阅读感悟，为自己为同伴更为老师们留下深刻印象。这节课真正做到以学生活动为主体，以教师为主导，完成了阅读涅槃的三重境界，从茫然困惑到孜孜苦读，再到蓦然回首，孩子们带着《论语》继续前行、矢志不渝。樊老师使学生通过阅读《论语》汲取营养，在高三最后阶段，获得精神动力，丰富自己的内心世界。

当然，理想是美好的，现实是骨感的。正如十二中语文教研组长张晋老师在介绍他们进行“整本书阅读与研讨”实验时还面临很多现实问题：小众化、精英化与全员化、平民化；“散兵游勇”式、随意性的尝试与团队化、系统化的课时问题；学生兴趣与教师能力等问题。只要我们从学校整本书阅读实际出发，坚守整本书阅读的目标不变，才能使学生养成长文阅读习惯，积累长文阅读方法，形成批判性思维的意识。不急于求成，不流于形式，做到教师与课程同步发展，通过对新课标的精细解读，通过创造性的课程实验，始终坚守立德树人的育人目标，努力培养学生的阅读素养和语文核心素养，“整本书阅读与研讨”任务群教学的困惑与难题一定会慢慢得到破解。

（本文发表于《学语文》2018年第5期）

论核心素养视域下语文课堂教学内容和生态特征

高中语文新课标（2017年版，2020年修订）颁布以来，紧随其后的是高中语文新课程、新教材和新高考的陆续落地，目前课程改革和高考改革的实践探索如火如荼。特别是新教材教学的课堂教学实践探索尤为热闹，大抵来说，围绕着教什么、怎么教和为什么教，一线教师目前面临三个方面的困惑：大学研究语文教学论的课程理论专家对新教材教学的课堂教学指导大概念宏观的建构高大上，文章读起来很激动，课堂实际操作难落地；省市教科院所指导中学语文教学的教研指导专家对新教材教学的课堂教学指导大单元中观的建构新而活，文章读起来让人振奋，课堂实际操作推不动；各地普通高中一线上课的语文教师对新教材教学的课堂教学大任务实践微观的建构实而变，文章读起来很感动，课堂实际操作很被动。老师们课后讨论最多的是：这轮课程改革的语文课堂教学内容如何确定？语文课堂教学生态的典型特征到底是什么？因为语文学科的特殊性，长期以来，困扰语文教学的核心问题一直是语文到底教什么，这是语文学科和其他学科最大的不同。我们不妨回望一下走过的“双基”“三维”课改历程，比较异同，寻绎规律，守正出新。

一、“双基”语文课堂教学内容和生态特征

教学以知识传授为中心。文本教材变成应试的考试材料，课内教什么，考试考什么。简单说就是教教材考教材。语文教学内容变成单篇文本教材的字、词、句、篇、语、修、逻、文、听、说、读、写的陈述性

知识灌输和训练。课堂是教师以讲为主，讲练结合。学理依据是美国教育心理学家布鲁姆的教育目标分类学理论，课堂教学模仿魏书生老师的“知识树”教学。在20世纪80年代语文教学改革的初期，在迎来科学春天、渴望知识和拨乱反正的大背景下，“双基”语文课堂教学体现了知识传授“实”、教学内容“碎”的典型特征。

二、“三维”语文课堂教学内容和生态特征

教学以能力训练为中心。文本教材变成应试的训练材料，课内教什么，考试考什么。课内教学训练知识点和方法，考试材料对接在课外。简单说就是教教材知识点和方法，考教材知识点和方法举一反三的能力。语文教学内容变成依据文本体式特征，以文本细读为核心的单篇文本教材的知识与能力、过程与方法、情感态度与价值观的融合，既有听说读写的陈述性知识灌输，也有能力训练。课堂是教师以点拨为主，讲议结合，合作探究，培养能力。学理依据是德国的文学史专家、文学美学家H.R.姚斯和W.伊泽尔的接受美学理论，课堂教学依据王荣生老师文本教学内容确定理论和孙绍振老师文本细读示例进行教学。在强调语文学科是工具性和人文性相融合的学科性质的背景下，“三维”语文课堂教学体现了知识传授和能力培养“半虚半实”、教学内容“半遮半掩”的典型特征。

三、“素养”语文课堂教学流程描述

第一，熟悉教材编写体例。具体体例如下：

1.单元导语：介绍学习任务群、人文主题、语文素养、课文（或学习活动）、写作。

2.课：就是学习单元。

3.课文：就是学习材料。

4. 学习提示：就是预习重点、学习要求。

5. 单元学习任务：就是大概念、大单元、大任务、大情境学习的具体要求，核心素养、人文工具、整合实践、课堂语境的具体落实。

6. 知识链接：补充听说读写辅助知识。

第二，了解预习或备课要求。具体要求如下：

1. 通览单元导语、课、课文、学习提示、单元学习任务、知识链接，明确单元学习目标。

2. 根据单元学习任务，依据教材编写体例，制定单元学习计划。

3. 以课为学习单元，既要进行文本解读，又要根据学情、单元学习任务要求确定小专题（又叫项目）学习，无论是文本解读，还是小专题（又叫项目）学习，都要指向语言建构与运用、思维发展与提升、审美鉴赏与创造、文化传承与理解四层语文核心素养。

第三，设计课堂教学操作的上课流程。具体流程如下：

1. 第一单元：单元（现在叫大单元，以人教版必修教材为例，一般情况下9个课时）学习目标、单元（现在叫大单元，以人教版必修教材为例，一般情况下9个课时）学习计划。

2. 第一课：文本解读课（任务一、二、三等）、小专题（又叫项目）学习课（活动一、二、三等）。

3. 第一、二、三课时（任务一、二、三等或活动一、二、三等）。

第四，完成课堂教学目标达成评价。具体内容如下：

1. 课程目标：完成立德树人、核心素养、人文性、工具性、综合性、实践性相融合的目标。

2. 语文树人：做到根深（指文本解读要扎实）、干直（指人文性主题和工具性任务群要求要明确）、枝繁（指要设计丰富多彩的小专题或项目学习）、叶茂（指真正能够促进教师发展的个性化设计和促进学生成长的个性化学习）、果香（指课程目标的全面达成）。

3. 课堂生态：呈现文本解读为基、听说读写为核、综合实践为魂的“素养”语文课堂新生态。

四、“素养”语文课堂教学基本课型

“素养”语文课堂教学基本课型应该遵循新课标理念、新教材编写体例的原则下构建基本课型，在变与不变的哲学思想指导下，做好守正与创新。下面是芜湖市第一中学2021级10月份进行的高一教学检查新教材研究观摩课典型课例，这是我们认为比较符合目前普通高中语文课堂教学实际的真实课堂教学现状，原貌呈现，举隅如下。当然，随着课堂教学研究的深入，我们还会开发出更多典型课例。

课型一：大单元教学（参见本书第四部分的《劳动光荣古今颂——基于读写结合的大单元教学任务设计》）

课型二：整合教学（参见本书第四部分的《古代农事的苦与乐——〈芣苢〉〈插秧歌〉联读设计》）

课型三：单篇教学（参见本书第四部分的《藏露之间寻稼轩——〈永遇乐·京口北固亭怀古〉用典品读》）

五、“素养”语文课堂教学内容和生态特征

教学以素养提升为中心。文本教材变成应试的整合材料，课内教什么，考试考什么。课内教学进行专题学习整合训练，考试材料对接在课外。简单说就是以教材为支点教整合，考教材整合举一反三能力。语文教学内容变成文本解读为基，听说读写为核，综合实践为魂的大概念、大单元、大任务、大情境的整合。课堂是以学生的学习为主，教师的点拨为辅，合作探究，培养能力，训练素养，学理依据是瑞士心理学家皮亚杰的建构主义理论，课堂教学依据美国当代课改专家格兰特·威金斯和杰·麦克泰追求理解的教学设计（Understanding by Design,缩写为UbD）的模式。传统教学设计一般按照“确定目标—组织教学—评价教学”的顺序进行设计，而基于UbD理论的教学设计则按照“确定预期结果—确

定合适的评估证据—设计学习体验活动”的顺序进行设计，简称逆向教学设计。在强调新课标定性“语文课程是一门学习祖国语言文字运用的综合性、实践性课程。工具性与人文性的统一，是语文课程的基本特点”的学科性质的背景下，“素养”语文课堂教学体现了核心素养、人文工具、整合实践、课堂语境由抽象到具体的落实，教学内容反映了大概念、大单元、大任务、大情境设计由空玄到落地的整合，课堂教学生态呈现“新、实、活、动”的典型特征。

（本文发表于《学语文》2022年第1期）

高中语文新课程教材学习方法纵横谈

从2006年秋季开始，安徽省普通高中高一年级新生开始使用新一轮高中语文新课标教材。这套教材是在九年义务教育新课标教材的基础上，为了进一步提高同学们熟练地运用语言文字能力，增强同学们人文素质的涵养，培养同学们自主、合作、探究的创新精神而编写的。每学年学习两册课本，选文侧重文学教育，新课标教材中文学作品占课文总数的60%；选文强调积累记诵，有大量的名家名作需要记诵。它将同学们在高中阶段三年时间的学习分为三个阶段。高一阶段，在初中的基础上，学习现代文和文言文，着重培养理解、分析现代文的能力和阅读浅显的文言文能力。高二阶段，学习我国现当代文学作品、古代文学作品和外国文学作品，着重培养初步鉴赏文学作品的能力。高三阶段，学习文化内涵较丰富的文化散文、科技说明文和名家名作，着重培养研讨、探究、评价各类作品的能力。三个阶段由浅到深，由易到难，为同学们的语文学习设计一个循序渐进的训练程序。下面就高一同学在刚刚学习新教材时，应该掌握的学习方法谈几点建议。

一、掌握整体感知课文的方法，根据不同文章的特点，确立一课的学习重点和目标

高中阶段的课文篇幅都比较长，而且内容厚实，特别是新教材选文都是名家名篇，因而读懂文章、读透文章有一定的难度。学习一篇课文，应根据每一单元知识的介绍，侧重掌握分析文章的一种方法和技

能，为课文的阅读扫清知识储备障碍。掌握整体感知课文的学习方法是其中首要的方法。因为阅读一篇课文如同切剖一只西瓜一样，从何处切口，把文章解开，然后才能逐片品尝。否则，就如同“老虎吃天无从下口”，我们经常讲提纲挈领，纲举目张就是这个意思。例如：唐弢的《琐忆》，作者一开始就引用了鲁迅的两句诗“横眉冷对千夫指，俯首甘为孺子牛”，这两句诗既是全文的纲线，也是全文的“文眼”。抓“俯首甘为孺子牛”可带起鲁迅爱护青年的几件小事；抓“横眉冷对千夫指”可引出“攀附阔佬”等讽刺国民党反动政府的三件小事。这样，全文围绕琐事歌颂鲁迅的一个中心，两方面选材的内容梳理，七件小事的叙述脉络一目了然。点睛画龙，纲举目张。因而高中学生应学会准确地捕捉体现课文“诗眼”和“文眼”的关键词语或句子去撬动全篇、化解课文，“牵一发而动全身”，达到像庖丁解牛那样，熟稔肯綮，刀之所至，牛体轰然裂开的娴熟境界。

化解完一篇文章以后，面对课文许多精彩之处，我们还要确立一课学习重点和目标，否则，眉毛胡子一把抓，什么都想学，什么又都学不好。仍以《琐忆》为例，这篇课文最突出的特点是作者选材上“以小见大”的特点，描写一个伟人，可写事例很多，不光大事能写，生活小事也能从各个侧面表现人物的伟大性格，而且写得好更能贴近人物、贴近生活，作者正是从此落笔，写出了鲁迅平易近人等个性特征，给我们留下很深的印象。

二、培养感悟鉴赏文学作品的能力，训练语感，努力创新

新的高中语文教材，文学作品占课文总数的60%，而且整个高二阶段任务都是培养学生感悟和鉴赏文学作品能力。因此，我们应当从高一阶段起逐渐培养感悟鉴赏文学作品的意识，通过学习文质优美的课文，反复咀嚼课文精彩之处，运用联想和想象，调动自己的知识储备、生活经历和情感体验去读解文本，移情入境，训练语感，提高自己的文化品

位。例如：朱自清的《荷塘月色》是一篇文字优美的写景抒情的散文，历经时间的淘洗，今天读起来仍然娓娓动人，赏心悦目。其中“小径漫步”的清幽，“荷塘凝望”的遐思，“故乡追忆”的情愫，都给我们留下很深的印记。特别是文章四、五两个自然段关于荷塘月色的描写，运用了博喻和通感的修辞方法，文辞清丽，感悟细腻，描绘婉约，反复咀嚼、训练我们对文学作品的感悟能力极有好处，应仔细揣摩。

但在欣赏文学作品时，我们的思维不能泥古不化，因为“一千个读者心目中有一千个哈姆雷特”，只要符合作品读解出来的文本信息，言之成理，都是可以的。这对培养我们努力创新的精神是大有裨益的。仍以《荷塘月色》为例，一般认为这篇散文抒写的是作者淡淡的喜悦和淡淡的哀愁交织在一起的思想感情。理由是：从朱自清早期散文的独特风格看，他是一个很擅长写情景交融散文的作家，在《荷塘月色》中表现得尤为突出。他在写景中，委婉而曲折地表达了他不满现实、幻想超脱现实而无法超脱的苦闷心理。在月光下，在荷塘畔，虽然自我陶醉，感受到“难得偷来片刻逍遥”的淡淡的喜悦，但仍然夹杂着摆脱不开的淡淡哀愁。但有人认为本文表达的思想感情“实在不能说笼罩全文的是一种淡淡的喜悦，而应该说是一种浓浓的哀愁。我们应该努力体会作者郁结的烦闷和满怀愁绪无处诉说的苦衷，把偶然写到的闲情看作是苦情的反衬，才符合文章的实际，才能领会作者的意图”。此外还有各种说法：有的认为本文是作者寄情山水，抒写清冷幽深的境界，表达凄凉心境；有的认为本文是借景抒情，表现作者愁闷的心境；有的认为是表现作者欣赏月下荷塘自然之美的情趣，拘守个人小天地，表现闲适心情；有的认为它不是抒发作者逃避现实的情绪，而是抒发作者对现实不满的愤激的心情；有的认为是表现对黑暗现实的不满和对美好生活的向往等。这些不同的创新之见，只要言之成理，并且符合文本反映出来的信息，我们认为都是正确的，所以，新教材在培养同学们的感悟鉴赏能力时，主张大家有自己的创新之见。

三、重视语文的积累记诵，训练记诵方法，夯实自己的语文功底

语感鉴赏能力的增强，人文素质的提高，创新之见的提出，都不是空中楼阁，它依赖于扎实的语文功底。新教材总结了我国传统语文学习的经验，加大了语文积累的量，尤其是每册课本的文言文，大多数文章都有记诵要求，或背诵全文或背诵精彩片段，而且还附有推荐背诵的古诗文篇目，这些积累任务，同学们应不折不扣地做好，因为语文学习积累是非常重要的，没有一定量的积累，是不可能产生质的变化。但是，我们在积累和背诵时应训练一些方法，不能死记硬背，这样才能提高学习效率。例如：背诵《邹忌讽齐王纳谏》一文，我们可以比较邹忌问妻、问妾、问客及妻答、妾答、客答的“三问”和“三答”的不同表述方式，帮助我们记忆，提高记忆的准确性。故事性的文章，我们可以通过串联故事帮助记忆；议论性文章，分析骈散语句组合特征帮助记忆等。

除了积累一定量的名家名作之外，我们还可以积累课文涉及的词语、文学常识、文化知识、名言名句等，提高自己的文化品位，如课文《劝学》中“青，取之于蓝，而青于蓝”“锲而舍之，朽木不折；锲而不舍，金石可镂”等名言警句即是。“腹有诗书气自华”，无论是口头表达，还是作文写作，只有积累的活水长流，才能出口成章，文采飞扬。

四、学会迁移应用，在举一反三过程中，检测自己的语文能力

叶圣陶先生说：“课文不过是一个例子，教是为了达到不需要教。”新教材每一单元有教读课文和自读课文，这种编写体例目的是培养同学们的迁移应用和举一反三的阅读能力。因此，我们在课内教读课文的学

习时应夯实阅读能力，然后在自读课文学习时应学会方法的迁移和应用。新教材培养同学们阅读能力的知识点有理清思路、概括要点、揣摩语言、筛选信息、把握文义、质疑解难等。例如：我们在学习“理清思路”这个知识点时，首先，应弄清思路的三个层面知识点：总体思路，反映段与篇的关系；局部思路，反映层与段的关系；句群思路，反映句与句的关系。其次，了解文章思路常规的模式，有总—分、果—因、远—近、正面—反面、现象—本质等常用的模式，然后运用这些模式去分析课文和把握文章就容易多了。例如：学习鲁迅的《拿来主义》，我们就可以从“什么是拿来主义—为什么要拿来—怎样拿来”的思路去把握文章，从现象到本质，思路清晰，内容明了。为了巩固这个知识点，我们可以在自读课文的学习过程中对接类似的课文例子去检测验证，从而掌握这个知识点，这样才是真正提高了自己的语文阅读能力。

良好的开端是成功的一半。新的高中语文教材内容新颖，知识丰富，能力多元。同学们，从起始阶段打好基础，将为全面提高自己的语文素养开创一个良好的局面。

（本文发表于《语文新苑》2006年第5期）

高考语文复习指导的策略和方法新探

高考语文复习指导的策略和方法是每届高三语文教师不可避免的和要深入思考的一个永恒话题。不同的学生群体，稳中有变的高考试题，“一切以学生的发展为中心”的新课程理念等，这些元素的变化，促使广大一线的高三语文教师不断地更新理念，与时俱进地调整高考语文复习指导的策略和方法，从而在有限的时间内达到最佳的复习效果。尽管我们老师面临着不同认知水平层次的学生，工作在不同文化背景下的学校，积淀着各具个性特色的高考语文复习指导的良策，但面临着同一水平测试的高考语文试卷，我想，努力探索一条具有普遍规律性的高考语文复习指导策略和方法，再辅之以自己个性风格的指导方法是我们孜孜以求的目标，也是实践新课标提出的“一切以学生的发展为中心”和“充分展示教师的个性风采”的理念的最好诠释。本文拟就自己多年身处省示范高中工作背景下探索的高考语文复习指导的策略和方法，陋陈如下，期盼指教。

一、掌握学生变化情况，析同辨异，因材施教

“年年岁岁花相似，岁岁年年人不同。”随着优质教育资源的不断挖掘，现行高中阶段的教育正在大规模地扩招，但是，面对考生基数大的现实，现在高考升学的压力不减反增，特别是一本相当难考，现阶段能够进入二本已属不易。我们深感在教学时比过去更加艰难和辛苦，课堂教学推进的速度和难度都有所缓慢和降低，而高考水平考试的标准没有

多大变化，所以高三语文复习指导教师就面临着如何准确调整教学策略和方法的问题。过去精讲精练的指导方法，只能解决部分尖子生的问题，而大部分学生还是要靠训练基础知识，抓基础，破难点，以期整体水平有所提高。因此，面对一套涵盖21题的高考语文试卷，我们加强拼音、错别字、成语、病句、文言阅读，文言翻译、默写和作文的基本功训练，确保这些考点让学生多得分。同时加强诗歌欣赏、现代文阅读和汉语表达的方法指导训练，教会学生举一反三的能力，尽量使他们在这三大块地方有所突破，保住基准分。由于现在的学生课外读书量少，理科课业负担过重，再加上语文知识琐碎，我们尽量让学生在语文课堂上完成教学练考的任务，这样既减轻了学生负担又提高了教学练考的效率，它比老师布置更多的作业带回家做更有效。同时，教师相比过去要适当地多投入些讲的时间，将“精讲精练”调整为“多讲精练”，加深他们的印象，让知识形成网络，从而有效地促进能力的提高，确保高考语文复习真正产生实效。

二、调研分省命题规律，稳中识变，与时俱进

高考语文改革走过将近30年的风雨历程，从以客观题为主导题型的知识命题为主，逐渐走向以主观题为主导题型的能力命题为主，而且现在正在走向分省命题的地域化、个性化、创新化的命题轨道。“千门万户曈曈日，总把新桃换旧符”，高考改革的宗旨是迈小步，不停步，稳中有变，与时俱进。作为指导高三语文复习的老师，我们要密切关注高考改革的动态，做到稳中识变，适时调整，与高考改革同步前进。故步自封，凭经验办事，最终会贻误自己，耽误学生的前途。

“他山之石，可以攻玉。”尽管高考是分省命题，但在命题的规律上是与全国卷保持一致的，我们既要研究全国卷的稳定指导作用，又要吸纳各省命题的长处。尽管各省命题的质量有高下之分，难易之别，但上海卷、北京卷和广东卷以及江苏卷、浙江卷、福建卷仍然是我们认真研

究的对象，它们具有较好的指导借鉴作用。例如：在作文的命题上，上海、北京卷每年总有新的面孔使人耳目一新，汉语表达的命题全国各套语文试卷是百花齐放，百家争鸣，不断创新，给我们复习备考带来很多新的气息，我们要及时吸纳，融会贯通，理解应用。地域文化特色也使分省命题呈现出新的气象，尤其在文言文阅读和现代文阅读的选材上，包括作文命题的风格上都打上深深的地域烙印。我们要关注安徽省高考命题时可能涉及的三个地域文化特色：亳州的建安文化、桐城的古文派文化、徽州的徽派文化。我们要关注高考突显能力命意和对学生创新思维的考查，例如：对文本中某个观点的评价只要言之成理，持论有据即可。加强阅读能力和表达能力的训练，适当减少客观题的训练强度，不能舍本逐末，本末倒置，将知识内化为能力，以扎实的基本功应对高考的能力检测。我想无论高考怎样变幻莫测，咬定“能力训练”这个中心不放松，任尔东西南北风，我自岿然不动。

三、寻找教考接轨方法，教学练考，授之以渔

身处一线的高三语文教师都知道，高中三年的核心任务是要完成高考的任务，而高考又是以能力检测为轴心的选拔性考试，因此，高中三年的语文教学练考轨道是要围绕着这个轴心运转的，如何不偏离这个轴心，我们从长期的教学实践中总结出的8个字也许能准确定位我们的教学练考思路，那就是：学会积累，授之以渔。积累加方法是高中语文的主线，两条主线不丢弃，日积月累，潜移默化，厚积薄发，方法的顿悟终会水到渠成，而不是空中楼阁。

先说积累。我们都知道，高考语文命题的规则是知识在课内，而材料在课外，因此，从高一开始，我们就应扎扎实实地学好课本，汉语拼音、错别字、成语使用、名句默写、文言实词虚词、文言句式及翻译这些相对来说需要识记和积累的知识无一不是通过课文去夯实和积淀，从起始阶段有意识地引导学生去积累，学会与高考接轨无疑是一个夯实基

础的良策。因此，教师要洞悉高考知识点的重心，适时提醒和强化与高考有关的知识点，充分利用好课本资源，千万不能急功近利，认为高考不考课本，便甩开课本，另搞一套，那将得不偿失，捡了芝麻丢了西瓜，非常可惜。调研最近两年分省命题的试题，我们更加坚信高考与课本你中有我，我中有你的关系。可以说，成语的使用和汉语拼音的知识基本上是课文中的知识点。（顺便提一下，最近两年的错别字考查的范围大多来自2005年4月22日著名语言文字刊物《咬文嚼字》在创刊10周年大会上公布的“当代汉语出版物中最常见的100个别字”。）即使是汉语表达和作文这样能力命题的点也往往出现在课内。例如，2006年安徽卷汉语表达第20题：比较孔子和庄子，刘邦和项羽，李白与杜甫，林黛玉与薛宝钗等人物；福建卷作文“戈多今天已经来了”的话题；浙江卷“生有所息/生无所息”的话题，都和课本直接有关，尤其和第五、六册关系密切，因此，我们要高度重视高中语文第五、六册的教学。由于高中毕业会考只考到第五、六册部分篇目，所以，这两册很多文章教师不上或一带而过，其实，这是短视的做法。

再说方法。“鸳鸯绣成教人看，乐把金针度于人”，高考模拟试卷是做不尽的，仅靠大量的练习达到的效果不符合“以人为本”的新课改精神，也不符合“一切以学生的发展为中心”的新课改理念，授人以鱼，不如授人以渔，教学和练考，方法是主导，而典范的课文正是方法充溢的载体，利用好这个载体，会有很好的收效。例如：我们教诗歌欣赏的方法，结合第三册唐诗宋词的教学，认真研究课后练习的设置，发觉高考命题的设问方式与之如出一辙，我们应充分利用。同时也可以使用高中语文第五册中谢冕《重新创造的艺术天地》一文去挖深挖透，做点理论提升和方法指导。我们讲文言文积累方法，可以利用高中语文第五册教材《语言的演变》一文去归纳总结。我们讲句子含义分析，可以拿经典课文中句子含义分析做示范，教会学生举一反三。我们练考什么？我们应充分利用上一年已考的分省高考试卷为材料，因为它典范而有指导意义。因此选择好教学练考资源，教会学生应掌握的方法，以不变应万变，高考语文复习和应试，也许不会那么劳顿和神秘。

四、探究最佳复习程序，点面结合，层递达标

高考语文备考复习的时间严格来说是非常有限的，因为高中语文毕业会考的时间一般安排在每年的12月份中下旬，因此，从严格意义上来说，真正完全放手进行高考语文全面系统的复习时间不过5个月左右，即使从每年7月份开始正式介入复习，也不过10个月时间。很显然，对于容量大的高考语文备考内容，时间肯定不够。即使是新课改大约在一年半完成必修课学习，后面的时间还需用将近一年时间进行模块教学，时间紧的矛盾同样突出。如何协调会考和高考之间的时间安排问题，我们经过多年的探索，确定的方针是：抓会考基础促高考提高。而且实践证明，成效也较好。如果当年学生语文会考成绩不差，高考语文成绩也不会有问题。同时在具体的操作程序上，我们从高二下开始慢慢地进行高考语文复习渗透，两周一套综合卷，以上年全国分省命题试卷为练习材料，让学生逐渐熟悉高考语文试题。从7月份开始，我们全面实行每周“三点两面”式的教学程序，即：边上新课文，边讲高考知识点，边做综合卷，三“点”齐头并进，会考和高考两“面”达标是主线。点面结合，层递式达标，确保语文会考、高考全面丰收。

从具体的时间安排上来说，10个月时间，我们两个月安排一次全校系统模拟考试，根据本校学生情况由易到难地设置本校高考模拟试题，一切“以人为本”，让学生在成功中体会快乐。我们反对过于频繁的、质量不高的大型模拟考试，也反对把高考语文模拟试题出得过难过偏。我们的理念是成功是成功之母，而不是失败是成功之母。在3月7日江南十校联考之前完成第一轮高考语文知识点复习，在5月7日之前完成第二轮综合卷训练复习。在6月7日之前，根据新的《考试说明》的精神做一些调整、补充、强化训练，顺利完成三轮高考语文复习任务。多年实践证明，只要高三语文复习指导教师胸怀高考大局，居高临下，指

挥得当，高考复习的境界应该是：“会当凌绝顶，一览众山小。”

高考语文复习指导的策略和方法是一个常说常新、经久不衰的话题，以人为本，一切以学生的发展为中心，洞悉高考语文试题的走向，在平时的教学练考中渗透高考意识，探究最佳复习组合方式，我想，高考语文复习指导的策略和方法，一定会在新课程改革的征途中绽放出新的光彩。

（本文发表于《学语文》2007年第1期，2007年获芜湖市高考语文复习研讨论文评选一等奖）

念好语文考前复习四要诀

一、研透《考试说明》 做精“题型示例”

语文《考试说明》是指导高考语文复习和命题的纲领性文件。特别强调，认真解读语文《考试说明》要义，做精提供的“题型示例”，是每位考生在考前复习模考阶段必做的功课，决不能含糊。特别对今年新增加的“题型示例”更要烂熟于心，因为它透露今年高考试题有可能涉及这些新题型。

做精“题型示例”，目的是通过做精高考真题，帮助我们了解命题人是如何命题的，掌握命题人的思路和角度。在这里特别强调，我们要从提供的试题标准答案中去反推和寻找答题的方法和表述方式。了解答案从何而出，为什么这样回答。例如，学生认为最难找到抓手的古诗鉴赏题和小说、散文阅读题，我们通过做精“题型示例”，通过练习和思考，可以找到答题的框架和模式，不再是“只可意会不可言传”。

二、整理考点内容 夯实知识能力

语文考点知识覆盖面广，既有识记性知识点的记忆，又有理解性能力点的训练。对字音、字形、名句名篇默写的识记，越到考前阶段，我们越要花费一定的时间去识记的，而且要不断重复记忆，直到对这些知识点形成网络，并且烂熟于心。成语运用、病句辨析、古诗鉴赏、小说和散文阅读、作文，这些侧重思维能力知识点的训练，要多积累、多思考，找方法、找规律，这样才能举一反三。一句话，该记的要记，不能偷懒；该练的要练，不能偷工减料。在整理考点内容时，学会按照高考知识点顺序，从已经做过的综合试题中理出易错点和重难点，敢于舍弃，抓大放小，突出重点，切忌主次不分，越理越乱。

三、查找知识缺漏　做到有的放矢

经过近一年时间的复习模考，我们对语文学科知识的全貌已了然于心。哪一块是自己的强项，哪一块是自己的弱项，自己比较清楚。而且要集中精力，有的放矢地专攻弱项，尽最大的力量去补弱项。例如：有的同学小说散文阅读题表述准确率差，我们可以找典型的高考真题去训练，从中寻找适合自己的解题思路和方法，一定会有收获。有的同学作文差，我们可以找一些高考优秀作文来看，研究优秀作文优秀在哪里，一定会有启发。

四、精做模拟试题　回归规范基础

高考模拟题是永远做不完的，考前阶段有限的时间要用在刀刃上。最后阶段的复习模考我们可以根据今年《考试说明》的要求，在每套语文模拟试卷上寻找有价值并贴近今年高考试题走向的题目去做，这样会事半功倍。同时一定要在规范答题上下功夫，了解高考试题每题的赋分规律，答案要点顺序排列的规律以及表述的方式。依样画葫芦，总不会走样的。因为每年的高考试题是“稳中有变”，但以稳为主，以变为辅，每年试题的变化部分占有的比例很小。特别强调在最后阶段千万不要做难题、偏题、怪题，以免误入平时练习思维与高考解题思维不合拍的歧途。因为高考试题是基础题为主，难题占有比例很小。更不能埋头做题，只顾数量，不顾质量，越做越糊涂，越做越恐慌。语文学科保持每周两套综合试卷训练量即可。只要我们遵循规律，循序渐进，稳定心态，高考语文复习模考并非一件苦差事，也许你会觉得是一件“痛并快乐”的事，别有一番滋味在心头。

（本文发表于《大江晚报》2010 年 4 月 25 日）

四 情蒸诗意的语文课堂

重新创造的艺术天地

——诗歌欣赏方法漫谈

一、教学目标

1.诗歌特点与诗歌鉴赏方法的关系。

2.学习融会贯通综合思考的方法。

3.诗歌鉴赏方法举隅指导。

4.在诗歌鉴赏实践中举一反三。

二、教学计划：1课时

三、教学内容流程及方法（运用点拨法进行教学）

（一）导入新课

朗读宗白华《诗》一文导入。（放幻灯片）

诗

啊，诗从何处寻？
在细雨下，点碎花花声！
在微风里，漂来流水音！
在蓝空天末，摇摇欲望的孤星！

提问：诗歌的特点是什么？

明确：含蓄、精炼、抒情等。

（二）整体感知

1.阅读第一段，提问："诗歌鉴赏"的活动是一种什么活动？找出全文的"纲"。

明确：通过想象进行再创造。

2. 这种“再创造”主要指什么？

明确：主要是引起情感上的共鸣。

3. 举了几个例子来说明这一观点的？

明确：《我爱这土地》《长干曲》《沙扬娜拉》三首为例。

4. 大家还能补充例子吗？

明确：学生自由发言，教师点拨修正。

（三）重点难点点拨

1. 怎样进行再创造，文章在后文谈了五种方法，请各用一个字表述出来，引出全文的“目”。

明确：泡、找、进、猜、补。

2. 首先谈“泡”的原因及如何“泡”。

明确：因为“含蓄”。举臧克家《老马》为例。说明“泡”就是把诗人由繁复的生活现象加以高度精炼的东西，还原到它原先的状态去。

3. 大家再能举出用“泡”的方法例子吗？

明确：学生自由发言，教师点拨修正。如：穆旦《赞美》。

4. 其次谈“找”的原因及如何“找”。

明确：因为“隐喻”。举江河《祖国啊，祖国》、陶渊明《归园田居》为例。说明欣赏活动不可停留在表面意思的掌握上，还要善于寻找并最后判断诗人提供的形象背后所蕴含的情思。

5. 大家再能举出用“找”的方法例子吗？

明确：学生自由发言，教师点拨修正。如：王维的《山居秋暝》（“随意春芳歇，王孙自可留”），舒婷《祖国啊，我亲爱的祖国》，闻一多《死水》等。

6. 第三谈“进”的原因及如何“进”。

明确：因为“感情”。举李煜《虞美人》、张继《枫桥夜泊》为例。说明欣赏诗歌是为了把自己内心的主观世界融进诗歌的客观世界中去，期望能通过诗人启迪以引起共鸣式的感性的燃烧。

7. 大家再找些名句来验证一下。

明确：“同是天涯沦落人，相逢何必曾相识”等。

8.第四谈“猜”的原因及如何“猜”。

明确：因为“空间”。举闻一多《口供》为例。诗歌需要欣赏者以自己的经验和思考来加以补充和阐发。

9.“可是还有一个我，你怕不怕？——苍蝇似的思想，垃圾桶里爬。”这句话大家猜出了什么？

明确：古老文明所培育的美好品德中，依然存在着不和谐。

10.第五谈“补”的原因及如何“补”。

明确：因为“不连贯”。举艾青《启明星》、李商隐《夜雨寄北》为例。说明如何对诗的语言不连贯，断断续续和跳跃性大进行加工。

11.大家再举出“补”的例子。

明确：学生自由发言，教师点拨修正。如：马致远《天净沙·秋思》。

（四）板书图示

重新创造的艺术天地——诗歌欣赏方法漫谈

谢　冕

重新创造	泡	含蓄	欣赏方法
	找	隐喻	
	进	感情	
	猜	空间	
	补	连贯	

（五）迁移练习

贺知章《咏柳》：“碧玉妆成一树高，万条垂下绿丝绦，不知细叶谁裁出，二月春风似剪刀。”

明确：通过迁移练习，深化诗歌鉴赏方法的实践指导。作者通过一株柳树写出了整个春天，通过似剪刀的春风，赞美一切创造性的劳动。这种由杨柳春风看到整个春天，进而领悟诗的主旨在赞美一切创造性劳动，正是通过一“泡”二“找”三“猜”进行欣赏得到的。

（2003年12月芜湖市高级职称评比考评课）

走进伟人的世界

——《沁园春·长沙》审美意境创造想象

一、教学目标

1.诵品《沁园春·长沙》，让学生感知词的精练语言和豪放意境。

2.运用“再造想象”方法，培养学生鉴赏诗词的审美创造能力。

3.感受作者青年时代的伟大抱负和革命情怀。

4.背诵全词。

二、教学设想

根据教学目标，自己制作录音带、课件，从诵读和品析两方面点拨学生感知课文，审美创造。

三、教学计划：1课时

四、教学过程

（一）导入新课

同学们，在上新课之前老师已知道大家预习了课文。下面老师想和同学们交流一个问题：假如你是毛泽东，深秋时节，独自站在橘子洲头，面对湘江水日夜不息地向北奔流，你将作何感慨？

（运用联想和想象导入课题）

（二）板书课题

走进伟人的世界——《沁园春·长沙》审美意境创造想象

（放幻灯片，在“想象”两字下加着重号，明确本课学习目标。）

（三）知人论文

下面请一位同学朗读注释(1)，熟悉这首词的写作背景（为欣赏这首词作知识铺垫）。

（四）乐画入境

词是能谱曲演唱的，这首词格调雄伟、壮丽、乐观，充满豪气。为了使同学们对这首词有更真挚的感悟，下面老师放贝多芬《英雄交响曲》（片段）和“橘子洲头”风景画，请同学们对照课文，边看边听边想，感悟词的豪放优美的意境。

（放背景音乐和《沁园春·长沙》中“橘子洲头”风景画，营造审美情境。）

（五）题旨切入

提问：通过刚才的感悟，下面请同学们在词中找出一句最能够概括这首词题旨的词句来表达本词的题旨。

明确：问苍茫大地，谁主沉浮？（从词眼切入课文，统领全文）

（六）板书图示

走进伟人的世界

——《沁园春·长沙》审美意境创造想象

湘江秋景（写景）

问	谁	上阙：	同	借
苍	主	谁主沉浮（抒情）	学	景
茫	沉	（立→看→怅→问）	少	抒
大	浮	追忆往事（记叙）	年	情
地		下阙：		

回答沉浮（议论）

（携→忆→记→答）

（切入课文以后，教师通过板书图示引导学生整体感知课文内容，放幻灯片）

（七）朗读点评

“熟读唐诗三百首，不会作诗也会吟。”学习诗词，第一重要的是朗读感悟，下面老师请一位女同学和一位男同学分别对他们的朗读进行点评，然后放课文朗读录音带，教师点评。最后全班同学集体朗读，感知词意。

（在同学们朗读时，教师放《春江花月夜》背景音乐，增加感染力。）

（八）审美创造

提问：通过朗读，你认为词中哪些词或句子写得好？谈谈你的理解，要求在词作的基础上，根据自己的生活经验添加上自己的想象进行审美创造。每人只说一例，师生共同进行点评。

教师重点点拨明确：①万山红遍（万，山之多。遍，江之广）。②层林尽染（层，树林的重重叠叠。染，枫林如同人工染成一样壮美）。③漫江碧透（漫，江水溢满状。透，江水碧绿清澈）。④百舸争流（百，舸之多。争，千帆竞发场面）。⑤鹰击长空（击，矫健勇猛雄姿）。⑥鱼翔浅底（翔，轻快自如神态）。⑦恰同学少年，风华正茂（同学少年的理想与豪情）。⑧指点江山，激扬文字（关心国家大事的高涨热情）等。

（学生自由谈话，教师适时点拨，不做统一答案，目的是培养学生创新能力。）

（九）描绘词境

在朗读和品析的基础上，下面老师请一位同学运用“再造现象”的方法，用文学语言描绘词的意境，然后请一位学生进行点评。（教师放自己写作的“意境描绘”，师生共同活动，教师给学生示范作用，放幻灯片）

《沁园春·长沙》意境描绘

深秋时节，我独自站在橘子洲头，湘江水日夜不息地向北奔流。远望层层叠叠的枫树林，经霜染后，一片红火；近看碧绿清澈的湘江，无数船只在争相行驶。雄鹰在高空展翅飞翔，鱼儿在江水中自由自在地游泳，宇宙间的万物都在竞相向上，蓬勃发展，面对这一派勃勃生机的大千世界，怎能不激起思绪万端；广阔无垠的大地呀，谁才是主宰命运的主人呢？回忆往昔，曾经同许多同志在这带游览、聚会，度过了许多不平凡的岁月。那时候，正当青春年少，风采焕发，才华横溢；同学们意气奔放，正显得遒劲有力，经常在一起评论国家大事，写出激浊扬清的文章，把反动统治者视同粪土。还记得吗？当年我们在江中游泳，激起波浪，几乎阻止了飞快行进的船只。

（十）背诵交流

请一位同学试背，然后指导背诵窍门，最后全班同学集体试背。如果没有背会，可以课后完成。

（十一）迁移创新

1. 学生课堂习作展示（放幻灯片）

2. 教师自创诗歌展示（放幻灯片）

写在青春的扉页

作者：许纪友

拾一片红色的枫叶
夹在芳香的书页里
青春的芳草地
犁下我们无悔的美丽
走过花季
蹚过雨季
青春的风铃伴我们长行
牵手理想
追梦永远
我们高唱
恰同学少年
风华正茂
书生意气
挥斥方遒
让我们如歌的生命
飞向太阳升起的地方

（学生课堂即兴创作，展示创新成果。教师自创诗歌，总结创新，其目的是创造师生同频共振的教学效果。）

（十二）布置作业（三题任选一题）

1.《湘江秋韵》MTV创意设计。

2.《恰同学少年》（新概念作文）。

3.《少年心事当拿云，橘子洲头写风流》（文学评论）。

（2005年获芜湖市点拨创新教学设计评比一等奖）

多情自古伤离别

——《雨霖铃》审美创造诵品

一、教学目标

1.诵品《雨霖铃》，让学生感知婉约词的风格特色。

2.运用“再造想象”方法，培养学生鉴赏诗词的审美创造能力。

二、教学设想

根据教学目标，自己制作录音带、幻灯片等课件，从诵读和品析两方面点拨学生感知课文，审美创造。

二、教学计划：1课时

三、教学过程

（一）导入新课

同学们，我们知道宋词分为“婉约派”和“豪放派”两大流派，你是喜爱“婉约派”词还是喜爱“豪放派”词，请举例说明喜爱理由。

（导入课题）

（二）板书课题

多情自古伤离别——《雨霖铃》审美创造诵品

（在“诵品”两字下加着重号，明确本课学习目标。）

（三）知人论文

下面请一位同学上讲台为大家介绍柳永及《雨霖铃》。

（教师放柳永照片幻灯片。）

（四）乐画入境

宋词是能谱曲演唱的，尤其是柳永的词音律谐婉，更适合于演唱，下面老师放《红楼梦·红豆曲》洞箫音乐录音和《雨霖铃》词意图幻灯片，请同学们对照课文，边看边听边想，感悟词的意境。

（放背景音乐和《雨霖铃》词意图，营造审美情境。）

（五）题旨切入

提问：这首词没有题目，如果给它取一个标题，应该用词中哪一句词概括最好？

明确：多情自古伤离别。

（“伤离别”三个字用彩色粉笔标明，加深题旨理解。）

（六）板书图示

多情自古伤离别

——《雨霖铃》审美创造诵品

多情自古伤离别

实景实情　虚景实情

情景相生　诗情画意

离别前（凄清）绘景物

离别时（难舍）写情态

离别后（牵挂）说心理

（切入课文以后，教师通过板书图示引导学生整体感知课文内容。）

（七）诵读感知

“熟读唐诗三百首，不会作诗也会吟。”学习诗词，第一重要的应是诵读感悟。下面老师请一位女同学和一位男同学分别朗读这首词，然后请两位同学对他们的朗读进行点评。再请一位女同学进行配音朗读，教师点评。最后全班同学集体朗读，感知词意。

（在女同学进行配音朗读时，教师放《红楼梦·红豆曲》洞箫音乐录音。）

（八）审美创造

提问：通过朗读，你认为词中哪些词或句子写得好？谈谈你的理解，要求在词作的基础上，根据自己的生活经验添加上自己的想象进行审美创造。根据词的写景抒情顺序，每人只谈一例。然后再请其他同学进行点评。

教师重点点拨明确：①“寒蝉凄切，对长亭晚，骤雨初歇”的“寒蝉”“骤雨”。②“留恋处兰舟催发”的“催发”。③“执手相看泪眼，竟无语凝噎”的“执手”“凝噎”。④“念去去、千里烟波，暮霭沉沉楚天阔”的“念”。⑤“今宵酒醒何处，杨柳岸晓风残月”的“杨柳”“晓风残月”等。

（在鉴赏“今宵酒醒何处，杨柳岸晓风残月”名句时，教师放该句词意图幻灯片辅助想象。）

（九）描绘词境

在诵读和品析的基础上，教师请一位同学运用“再造想象”方法，用文学语言描绘词的意境，然后请一位学生进行点评。

（教师放《雨霖铃》词意图幻灯片辅助想象。）

（十）总结背诵

教师完成板书图示中该词艺术特色的总结，然后请一位同学示范背诵，最后全班同学集体背诵。

（十一）迁移创新

1.学生习作展示（放幻灯片）。

2.教师朗读自创诗歌（放幻灯片《永远的风景》）。

3.学生朗诵自创歌词（放幻灯片《送你的时候》）。

（十二）布置作业（三题任选一题）

1.《雨霖铃》MTV创意设计。

2.秋天的故事（新概念作文）。

3.千古一曲《雨霖铃》（文学评论）。

（2000年芜湖一中第二届“教坛新星”教学比赛初赛课）

永恒的情结

——流沙河《就是那一只蟋蟀》审美意象读解

一、教学目标

1.读解课文，让学生掌握分析意象的方法。

2.审美创造，培养学生鉴赏新诗的感悟能力。

二、教学设想

根据教学目标，自己制作录音带、幻灯片等课件，从读解和创新两方面点拨学生感知课文，审美创造。

三、教学计划：1课时

四、教学过程

（一）导入新课

同学们，在上新课之前，老师请两位同学上台为大家朗读著名作家余光中的《乡愁》一诗。（学生朗诵）刚才两位同学的诗朗诵，把我们带进了中国历史文化中诗人咏唱的一个“永恒的情结”，这个“永恒的情结”是什么呢？请看我们这堂课学习的内容。

（学生读诗，老师放余光中《乡愁》幻灯片，导入课题。）

（二）板书课题

永恒的情结——流沙河《就是那一只蟋蟀》审美意象读解

（在“审美意象读解”下加着重号，明确本课学习目标。）

（三）音乐入境

这首诗是当代诗人流沙河读了台湾著名诗人余光中先生的来信和他的诗《蟋蟀吟》以后，触发灵感，写下的一首抒情应答诗。该诗如行云流水，流畅自然，含蓄隽永，富有音乐的旋律美。下面老师放一段有关这首诗的背景音乐，请同学们对照课文，边看边听边想，感悟诗的意境美。

（放背景音乐马思聪小提琴独奏曲《思乡曲》，营造审美情境。）

（四）朗读点评

老师请一位同学声情并茂地朗读课文，然后请一位同学简单点评。

（目的是让学生发挥主体学习积极性。）

（五）意象切入

提问：这首诗的审美意象是什么？从刚才朗读中我们应该知道用诗中反复出现的哪一个词概括最好？

明确：蟋蟀。

（用彩色粉笔标明“蟋蟀”两字，加深印象。）

（六）板书图示

永恒的情结

——流沙河《就是那一只蟋蟀》审美意象读解

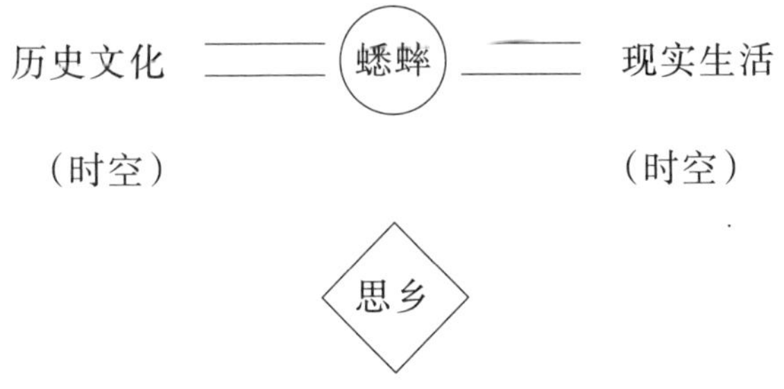

（切入课文后，教师通过板书图示，引导学生整体感知课文内容。）

（七）读解意象

1. 为什么写“就是那一只蟋蟀”唱歌，从《诗经》写到宋词？

（明确：从时间历史背景触角反映深远浓郁的文化传统。）

2. 劳人、思妇听过，使我们联想到什么？

（明确：因为他们都有共同的特征——孤独、寂寞，使我们联想到远方的家乡和亲人。）

3. 为什么写“就是那一只蟋蟀”唱歌，从“深山的驿道”写到“战场的野草”？

（明确：从空间地域背景触角反映深重凝聚的历史积淀。）

4. 孤客、伤兵听过，又使我们联想到什么？

（明确：因为他们同样具有共同的特征——孤独、寂寞，使我们联想到远方的家乡和亲人。）

5. 回忆美好童年生活时，写“妈妈唤我们回去加衣裳”使我们联想到什么？

（明确：母爱绵绵。）

6. “想起岁月偷偷流去许许多多”又使我们联想到什么？

（明确：乡情悠悠。）

7. 为什么海峡两岸两位诗人听到同一蟋蟀的叫声？

（明确：突出我们民族特有的历史背景和文化传统，突出同一祖先、同一血脉的感情，心灵相通，血浓于水。）

8. 结尾四句含义是什么？

（明确：共同的祖先、土地、文化，使中国人在任何情况下都不能分开，中国人的心永远是相通的。）

9.《就是那一只蟋蟀》意象读解，告诉我们“永恒的情结”是什么？

（明确：浓浓乡愁，故乡永远。）

（通过具体的意象分析，让学生掌握鉴赏新诗意象的方法，完成教学目标。）

（八）审美创造

提问：通过读解，你对这首诗感情基调的评价是什么？你认为诗中哪些词或句子写得好？谈谈你的理解，要求根据自己的生活经验添加上自己的想象进行审美创造，每人只谈一例，然后请一位同学总评。

（目的是培养学生创新能力。）

（九）迁移创新

1. 学生课堂习作展示。

2. 教师自创诗歌展示（放幻灯片《永恒的情结》）。

（学生课堂朗读习作，展示创新成果。教师自创诗歌，总结创新。其目的是创造师生同频共振的教学效果。）

（十）布置作业（三题任选一题）

1.《思乡曲》MTV 创意设计。

2. 永远的故乡（新概念作文）。

3. 永恒的情结："思乡"文化时空对话（文学评论）。

（2000 年获芜湖一中第二届"教坛新星"教学比赛一等奖；2005 年 4 月安徽省第四届高中理科实验班教学调研观摩课，该课已由学校制成教学光盘在安徽省实验的六所高中理科实验班交流）

斯人已逝　风范犹存

——《记梁任公先生的一次演讲》的白描细节和幽默艺术欣赏

一、教学目标

1. 了解梁任公先生极具魅力的个性特点和风采。

2. 学习细节描写、正面描写和侧面描写的方法。

3. 学会旁注评点的阅读鉴赏的方法。

4. 感知本文简练传神和幽默生动的文风。

二、学情分析

根据略读课文的教学要求，学生对这篇课文内容的认知程度，教师的教学重点是将品文和品人落到实处，文章虽短，但要抓“点”深究，点拨启发，教会方法，举一反三，培养学生个性化的思考表达能力。

三、教学设想

根据教学目标，根据本课的特点，采取自主、合作、探究的学习方式，教师制作课件，以课堂讨论鉴赏探究活动为中心，了解叙事散文是怎样通过记事来写人的。

四、教学计划：1课时

五、教学过程

（一）导入新课

同学们，梁启超是中国近代维新派领袖，他是戊戌变法的主角，云南起义的策划者。但他在文学界也是一位难得的才子。他在《少年中国说》中写下的豪壮语录：“美哉我少年中国，与天不老！壮哉我中国少年，与国无疆！”至今震撼人心。今天我们一起学习梁实秋的《记梁任公先生的一次演讲》来了解梁任公先生极具魅力的个性特点和风采（引入课题）。

（二）作家简介

梁实秋（1902—1987），中国散文家、文学评论家、翻译家。浙江余杭人。1915年就读于清华学校（今清华大学）。1923年留学美国。回国后曾先后任教于东南大学、济南大学、青岛大学、北京大学等校。1949年去台湾。创作以散文小品著称，风格朴实隽永，有幽默感，散文代表作《雅舍小品》，还独立译有《莎士比亚全集》，晚年完成著作《英国文学史》。课文选自他的《槐园梦忆》（1974）。风格：风趣幽默，朴实隽永。

梁启超（1873—1929），中国近代维新派领袖，学者，字卓如，号任公，又号饮冰室主人。广东新会人。1895年追随康有为发动“公车上书”，1898年参与“百日维新”。“戊戌变法”失败后逃亡日本。1916年策动蔡锷组织护国军反袁。曾倡导文体改良的“诗界革命”和“小说界革命”。早年所作的政论文流利畅达，感情奔放。晚年在清华大学讲学，著述丰厚，合编为《饮冰室合集》。

（三）诵读感知

1.朗读正音

读准下列字音：

戊戌(wù)(xū)　　主角(jué)

箜篌(kōng)(hóu)　　激亢(kàng)

迥乎不同(jiǒng)　　蓟北(jì)

叱咤风云(chì)(zhà)

2.标题切入

①这篇文章从标题来看是记事，但是实际上是记人，为什么？

明确：因为文章是通过记叙梁启超先生的演讲片段来反映梁任公先生极具魅力的个性特点和风采。

②请根据文章标题的提示找出记叙梁启超先生的演讲段落。

明确：第2—9段。

3. 整体感知

①原文中哪句话最能概括梁启超先生演讲的特点？

②作者从哪几个方面记叙梁启超先生的演讲？

③划分文章结构层次并概括内容。

明确：

①先生在演讲之中所带的情感不知要强烈多少倍！

②作者分别从以下五方面写梁启超先生的一次演讲。出场时的肖像、开场白的神态和腔调、朗诵解释《箜篌引》对“我”的深远影响、讲课中间的旁征博引、讲到紧张时的表情神态。

③全文分为三部分：

第一部分（1）简略介绍梁启超先生。

第二部分（2—9）详细记叙梁启超先生的一次演讲。

第三部分（10）高度评价梁启超先生。

（四）赏读课文

揣摩语言，感受梁启超先生的极具魅力的个性特点及精神风采。

（采用自主、合作、探究的学习方式，让学生分组从第2—9段中选出自己喜欢的片段，有感情地读一读，并说说自己喜欢的原因。每组回答一个问题，让大家都有机会回答问题。）

1. 他的讲演是预先写好的，整整齐齐地写在宽大的宣纸制的稿纸上面，他的书法很是秀丽，用浓墨写在宣纸上，十分美观。

明确：从演讲稿的写作说明他办事认真，学问和书法的修养都很好。

2. 随后走进了一位短小精悍秃头顶宽下巴的人物，穿着肥大的长袍，步履稳健，风神潇洒，左右顾盼，光芒四射，这就是梁任公先生。

明确：从肖像描写写出他有精神和有风度。

3. 他走上讲台，打开他的讲稿，眼光向下面一扫，然后是他的极简短的开场白，一共只有两句，头一句是：“启超没有什么学问——”眼睛向上一翻，轻轻点一下头，“可是也有一点喽！”这样谦逊同时又这样自负的话是很难得听到的。

明确：从开场白的语言神态腔调写出他的谦逊自负和幽默爽直。

4. 我记得他开头讲一首古诗，《箜篌引》：

公无渡河，

公竟渡河！

渡河而死，

其奈公何？

这四句十六字，经他一朗诵，再经他一解释，活画出一出悲剧，其中有起承转合，有情节，有背景，有人物，有情感。

明确：从他讲诗的生动写他演讲的感染力及对“我”的影响。

这里说的悲剧是《古诗源》里记载的一个故事，说“朝鲜津卒霍里子高，晨起刺船，有一白首狂夫，披发提壶，乱流而渡。其妻随而止之，不及，遂坠河而死。妻援箜篌而鼓之，作公无渡河之曲，声甚凄怆，曲终，亦投河而死”。

而在梁任公讲稿中是这样的：“古乐府里头有一首《箜篌引》，不知何人所作，据说是有一个狂夫，当冬天早上，在河边‘披发乱流而渡’。他的妻子从后面赶上来要拦他，拦不住，溺死了。他的妻子做了一首‘引’，是：‘公无渡河，公竟渡河！渡河而死，其奈公何？’”看起来梁启超在演讲中是作了即兴渲染的。

但是据闻一多先生谈到自己学生时代在清华听梁启超讲授古乐府《箜篌引》，又是不同的讲法。他说，梁任公先把那首古诗写在黑板上，然后摇头摆脑地朗诵一句：“公、无、渡、河”，接着大声喝彩，叫一声“好！”然后再重复地念：“公、无、渡、河，”“好！”“公、无——渡、河，”“好！”“渡河——而死——，当奈——公何！”“好，真好，实在是好！”梁任公这样自我陶醉地一唱三叹，一声高似一声，并无半句解释，朗诵赞叹过后，就高呼道：“思成，抹黑板，快抹黑板！”思成是任公的儿子，也在班上听讲。黑板擦过，这首古诗就算讲完了。闻先生回忆完后，把声音压低，两手一摊，说：“大师讲学，就是这样！”

5.有时候，他背诵到酣畅处，忽然记不起下文，他便用手指敲打他的秃头，敲几下之后，记忆力便又畅通，成本大套地背诵下去了。

明确：从讲课中间的细节描写来写他的博闻强记。

6.先生的讲演，到紧张处，便成为表演。他真是手之舞之足之蹈之，有时掩面，有时顿足，有时狂笑，有时叹息。听他讲到他最喜爱的《桃花扇》，讲到“高皇帝，在九天，不管……”那一段，他悲从中来，竟痛哭流涕而不能自已……又听他讲杜氏讲到“剑外忽传收蓟北，初闻涕泪满衣裳……”，先生又真是于涕泗交流之中张口大笑了。

明确：从他演讲紧张处的神态写他的率真奔放自由洒脱。

7.这一篇讲演分三次讲完，每次讲过，先生大汗淋漓，状极愉快。

明确：从他演讲的尽兴写他对演讲的激情投入。

8.梁任公先生极具魅力的个性特点和风采是什么？

明确：课文总结为梁启超是有学问，有文采，有热心肠的学者。我们从他的形貌、表情、声音、动作、气质、讲稿特点等概括为：有精神、有风度、谦逊而自负、幽默爽直、博闻强记、才华横溢、修养良好、认真细致、稳健而潇洒。

（五）讨论探究

1.课文除了描写梁启超的肖像、风度，背诵时的神情、举止外，为什么还记下了作者自己的感受、评论。找出这些内容，感受其作用。

作者的感受、评论：

4段：“这样谦逊同时又这样自负的话是很难得听到的……其效果可能反要差一些。”

6段：“我在听先生这篇讲演后约二十余年……顿时忆起先生讲的这首古诗。”

7段：“他敲头的时候……我们也跟着他欢喜。”

8段：“听讲的人不知有几多也泪下沾襟了！”

9段：“听过这演讲的人……不知要更强烈多少倍！”

作用：在叙事中插入作者的感受、评论，起画龙点睛的作用，从侧面衬托了梁启超先生的演讲魅力之大。

2.通过学习本文，谈谈你在写作方面得到了哪些启示。

写作启示：（不局限于此）

既可以正面描写人物的言谈举止，也可以描写他人的表现来侧面衬托所记人物的性格特点。还有白描手法和细节描写等。

（六）板书总结

记梁任公先生的一次演讲
- 梁先生的肖像、神态、腔调、动作（细节）——正面描写
- 作者的感受评论——侧面描写

——演讲时感情强烈

（七）迁移练习

学习本文使用的写作方法，抓住人物的个性特点写你最尊敬的老师。（迁移提高练习根据时间可以在课堂练习，也可以布置为课后练习作业。）

（2008年10月在芜湖市二中参加芜湖市推荐参评安徽省第九批特级教师评选市级考评课）

都说其有趣　谁解个中味

——《金岳霖先生》“趣”“味”解读和文本解读策略研究

一、导入新课，确定教学内容

阅读是一个人成长的脚步！

一个人的精神成长史取决于他的阅读史！

阅读四层次：

认读感知，

解读理解，

赏读审美，

研读创新。

阅读四境界：

陌上花开……

美人何处？

人生若只如初见！

静待春华秋实。

无论是一篇写人记事的散文还是一篇别具风格的人物传记，“写人、记事、描写、抒情”这四个要素是这类体裁文章的基石，本节课我们就围绕这四个要素一起来阅读汪曾祺先生的《金岳霖先生》，看看我们能够读出汪曾祺先生所描写的金岳霖先生身上到底蕴含着怎样的“趣”和“味”？

二、认读感知，寻找有趣之处

认读感知

1. 西南联大有许多很有趣的教授，金岳霖先生是其中的一位。

2. 关于金先生的事，有一些是沈先生告诉我的。我在《沈从文先生在西南联大》一文中提到过金先生。有些事情在那篇文章里没有写进，觉得还应该写一写。

3. 金先生的样子有点怪。

4. 金先生教逻辑。

5. 除了文学院大一学生必修逻辑，金先生还开了一门“符号逻辑”，是选修课。

6. 金先生是研究哲学的，但是他看了很多小说。

7. 金先生是个单身汉。

8. 金先生朋友很多。

9. 金先生晚年深居简出。

10. 老人是一位一肚子学问，为人天真、热爱生活的大哲学家。

11. 金先生治学精深，而著作不多。

12. 我对金先生所知甚少。希望熟知金先生的人把金先生好好写一写。

13. 联大的许多教授都应该有人好好地写一写。

寻找有趣之处

1. 外表有些滑稽

他常年戴着一顶呢帽，进教室也不脱下。他的呢帽的前檐压得比较低，脑袋总是微微地仰着。他后来配了一副眼镜，这副眼镜一只的镜片是白的，一只是黑的。除了体育教员，教授里穿夹克的，好像只有金先生一个人。走起路来有点深一脚浅一脚。他就这样穿着黄夹克，微仰着脑袋，深一脚浅一脚地在联大新校舍的一条土路上走着。

2. 举止天真好笑

他讲着讲着，忽然停下来：“对不起，我这里有个小动物。”他把右手伸进后脖颈，捉出了一个跳蚤，捏在手指里看看，甚为得意。这只斗鸡能把脖子伸上来，和金先生一个桌子吃饭。他到处搜罗大梨、大石榴，拿去和别的教授的孩子比赛。比输了，就把梨或石榴送给他的小朋友，他再去买。他就和一个蹬平板三轮车的约好，每天蹬着带他到王府井一带转一大圈。我想象金先生坐在平板三轮上东张西望，那情景一定非常有趣。

3. 教学个性独特

“今天，穿红毛衣的女同学回答问题。”于是所有穿红衣的女同学就都有点紧张，又有点兴奋。学生也可以提出问题，请金先生解答。学生提的问题深浅不一，金先生有问必答，很耐心。“林国达同学，我问你一个问题：Mr. 林国达 is perpenticular to the blackboard（林国达君垂直于黑板），这什么意思？”金先生讲着讲着，有时会停下来，问：“王浩，你以为如何？”这堂课就成了他们师生二人的对话。

4. 专业理解任性

这种学问多么枯燥！金先生的回答是：“我觉得它很好玩。”不料金先生讲了半天，结论却是：小说和哲学没有关系。金先生说：“红楼梦里的哲学不是哲学。”

5. 感情异常真挚

林国达游泳淹死了。金先生上课，说：“林国达死了，很不幸。”这一堂课，金先生一直没有笑容。林徽因死后，有一年，金先生在北京饭店请了一次客，老朋友收到通知，都纳闷：老金为什么请客？到了之后，金先生才宣布：“今天是徽因的生日。”

三、解读理解，有趣背后的个性

1. 外表有些滑稽——怪样子背后是坦诚洒脱和坚强执着

（示例）每一学年开始，给新的一班学生上课，他的第一句话总是：“我的眼睛有毛病，不能摘帽子，并不是对你们不尊重，请原谅。”

除了体育教员，教授里穿夹克的，好像只有金先生一个人。

2. 举止天真好笑——为人率真、童心未泯、天真可爱

3. 教学个性独特——风趣幽默之中突出其机智

4. 专业理解任性——痴迷学问、坚持己见

5. 感情异常真挚——言谈举止中尽见真诚真心真情

总结“有趣”内涵：金岳霖先生的“有趣”非我们平常所说的单纯的“有趣”，在文中可以理解为“奇特、独特、幽默、风趣、率真、可爱”等意思。塑造了一个外在形象和内在个性都非常鲜明的形象——痴迷学问、热爱学生、纯朴天真、感情执着、坚强不屈、永不消沉。

汪曾祺写过一篇文章《沈从文先生在西南联大》，其中有这么一段话“他谈得最多的大概是金岳霖。沈先生谈及的这些人有共同特点。一是都对工作、对学问热爱到了痴迷的程度；二是为人天真到像一个孩子，对生活充满兴趣，不管在什么环境下永远不消沉沮丧，无机心，少俗虑。”

四、赏读审美，选材手法精妙

1. 以点带面

2. 以小见大

3. 细节描写

4. 家常语言

汪曾祺语录：“我希望把散文写得平淡一点，自然一点，家常一点。”“平淡而有味，用适当的方言表现作品的地方特色，有淡淡的幽默。”

评论家语录：“初读似水，再读似酒。”

五、研读创新，有趣隐伏有味

汪曾祺在《沈从文的寂寞》一文中引用沈从文自己说的一段话：“你们能欣赏我故事的清新，照例那作品背后蕴藏的热情却忽略了，你们能欣赏我文字的朴实，照例那作品背后隐伏的悲痛也忽略了。”

1. 外表有些滑稽，背后隐伏着苦楚心酸自知

2. 举止天真好笑，背后莫非是聊以自娱之举

3. 教学个性独特，是否有些天真可爱的幽默

4. 专业理解任性，是否有些曲高和寡的落寞

5. 感情异常真挚，心中压抑着痛苦、孤独、茫然

六、板书总结

金岳霖——大趣、大智、大爱

金岳霖——怪人、真人、痴人

金岳霖——大师、大好人

昨夜西风凋碧树。独上高楼，望尽天涯路……

衣带渐宽终不悔，为伊消得人憔悴。

蓦然回首，那人却在灯火阑珊处。

一千个读者心目中有一千个哈姆雷特。

七、阅读感悟——我们阅读《金岳霖先生》收获了什么？

西南联大有许多很有趣的教授，金岳霖先生是其中的一位。

谁也不会知道这位东张西望的老人是一位一肚子学问，为人天真、热爱生活的大哲学家。

他就这样穿着黄夹克，微仰着脑袋，深一脚浅一脚地在联大新校舍的一条土路上走着。

让我们透过那个遥远的背影眺望那个遥远的西南联大的自由、宽容、民主的历史时光！

让我们敬仰追念像金岳霖先生那样学富五车崇高纯真的西南联大诸多教授们！

守望。敬仰！追念……

八、课外阅读——汪曾祺《我的老师沈从文是怎样讲课的》

（2015年12月22日在芜湖一中为许纪友名师工作室（一期）全体研修人员和全市部分中学高中语文教师所上的示范课）

那是一触摸就令人伤怀的记忆

——《故都的秋》秋味诵品

一、教学目标

1.借景抒情、景中寓情。

2.诵读品悟故都秋味。

3.热爱眷念故都之秋。

二、教学计划：1课时

三、教学方法

采用自主、合作、探究和点拨相结合的教法。

四、教学过程

（一）导入新课

教师放幻灯片。

一片自然风景就是一个心灵的世界。（瑞士思想家阿米尔语）

关于秋天的感悟，有很多精致的句子：

落霞与孤鹜齐飞，秋水共长天一色。（王勃《滕王阁序》）

无边落木萧萧下，不尽长江滚滚来。（杜甫《登高》）

自古逢秋悲寂寥，我言秋日胜春朝。（刘禹锡《秋词》）

春花秋月何时了，往事知多少。（李煜《虞美人》）

欲说还休，却道天凉好个秋。（辛弃疾《丑奴儿·书博山道中壁》）

不同的句子积淀的是不同的生命记忆，本文浸染了郁达夫怎样的生命记忆呢？

（二）诵读感知

（请一女学生慢读全文，体味“清静、悲凉”）

出示板书图示，整体感悟全文。

那是一触摸就令人伤怀的记忆

——《故都的秋》秋味诵品

清静悲凉

庭院秋景

秋槐落蕊

秋蝉残声

都市闲人

胜日秋景

（三）知人论世

教师放幻灯片。

郁达夫（1896—1945），浙江富阳人。生于一个知识分子家庭。1913年赴日留学。1938年12月去新加坡工作。1945年9月日本投降后在印尼被日本宪兵秘密杀害，时年50岁。他的文学活动贯穿了从五四运动到抗日战争的几个重要革命时期。主要作品有小说《沉沦》和《春风沉醉的晚上》。本文应《人间世》王余杞约稿而作。

郭沫若在《论郁达夫》一文中介绍道：“三岁丧父，全家祖孙六人，靠母亲一人支撑。姐姐被送给人家当童养媳。母亲在1937年七七事变时活活饿死。生活拮据，使他性格抑郁，感情脆弱，很容易受伤。小学毕业后，到外地求学，少小离家，使他性格中总有一种化不开的感伤、缠绵、眷顾和痴迷，眼中所见，充满凄清和忧伤。”这是一篇悲凉人写悲凉景抒悲凉情的真情之作。

（四）诵品秋味

（四人为一小组，以读为主，以品为辅，诵品秋味。自主、合作、探究。）

课堂上老师请五个同学分别读品五幅画面。然后讨论得出：

故都的秋：清静悲凉

故都的秋味：文人的伤感　　多
生命的悲凉　　事
文化的沧桑　　之
秋

景中寓情：热爱、眷念、感伤故都之秋的清静悲凉

（五）迁移拓展

写作：那是一抹令人难以忘怀的记忆——荟萃之秋（采用景中寓情的写法）

（2012年10月芜湖一中高一教学检查公开课）

一片自然风景就是一个心灵的世界

——《兰亭集序》教学三重境界探索

一、教学目标

1.学会积累常见文言实词、虚词。

2.感知文章的思想内容，理解作者的思想感情。

3.品味写景美句，体味清新自然风格。

4.探究王羲之“生死观”对后世作家的影响。

二、教学重点：感知文章的思想内容，理解作者的思想感情。

三、教学难点：探究王羲之“生死观”对后世作家的影响。

四、教学方法：朗诵法、点拨法。

五、教学准备：PPT和朗诵录音。

六、教学计划：1课时

七、教学过程

（一）导入新课

教师介绍瑞士思想家阿米尔语录导入新课：

一片自然风景就是一个心灵的世界——瑞士思想家阿米尔语录

（二）朗读正音

（播放课文录音和配乐）

癸(guǐ)丑　会(kuài)稽　修禊(xì)　急湍(tuān)　流觞(shāng)　骋(chěng)怀　嗟悼(dào)

（三）归纳整理

1.虚词

之	会于会稽山阴之兰亭	的（结构助词）
	仰观宇宙之大	不译（定语后置的标志）
	及其所之既倦	到达（动词）
	犹不能不以之兴怀	指代上文“向之所欣……已为陈迹”（代词）

（同学们课后整理归纳“于”“以”“虽”）

2.实词

修	此地有崇山峻岭，茂林修竹	高
	况修短随化，终期于尽	（寿命）长

（同学们课后整理归纳“岁”“信”“引”）

3.句式

会于会稽山阴之兰亭，修禊事也。	状语后置句
仰观宇宙之大。	定语后置句

（同学们课后整理归纳其他句式）

（四）整体感知

一片自然风景就是一个心灵的世界

——瑞士思想家阿米尔语录

叙集会之乐

叹“死生之大”

记作序缘由

（五）理解作者的思想感情

提问：

1.文章一、二段作者概述兰亭集会的情况，为什么会有“信可乐也”的感受？

明确：一是“一觞一咏，亦足以畅叙幽情”。二是“所以游目骋怀，足以极视听之娱”。

2.文章第三段作者的思想感情是怎样由“乐”转“痛”的？

明确：面对欢乐情景，作者由人生短暂而生发“死生之大”的感叹，由“乐”转“痛”。

3. 文章第四段“一死生为虚诞，齐彭殇为妄作”表达了作者怎样的生死观？你是怎样评价的。

明确：作者驳虚无主义的人生观。我认为他倡导积极乐观的人生态度，珍惜时间、做些实事，正确认识生命的价值。

（六）板书图示

一片自然风景就是一个心灵的世界

——瑞士思想家阿米尔语录

叙集会之乐　　乐

叹“死生之大”

记作序缘由　　痛

主旨：叹“死生之大”，驳虚无主义。

艺术：记叙、描写、议论、抒情相结合。

（七）品味写景美句，体味清新自然风格

崇山峻岭，茂林修竹

清流急湍，映带左右

天朗气清，惠风和畅

（八）积累应用，古为今用

1. 名句积累及应用

群贤毕至，少长贤集。

仰观宇宙之大，俯察品类之盛。

固知一死生为虚诞，齐彭殇为妄作。

2. 成语积累及应用

游目骋怀、情随事迁、崇山峻岭、感慨系之

（九）迁移拓展，布置作业

1. 浅析王羲之“生死观”对后世作家的影响（文学评论）。

2. 以“一片自然风景就是一个心灵的世界”为题，写一篇文章，文体不限，立意自定（命题作文）。

（写作两题任选一题）

3. 课后背诵全文。

（2008年12月在宣城二中参评安徽省第九批特级教师评选考评课）

于无疑处生疑

——苏轼《石钟山记》批判性思维训练

一、教学目标

1. 大胆质疑，勇于实践。

2. 积累虚词。

3. 倒装句式。

二、教学计划：1课时

三、教学方法：自读、点拨、讨论

四、教学过程

（一）导入新课

（放幻灯片，出示名人名言导入新课，确定自读目标。）

宋代朱熹曰：“读书无疑者，须教有疑，有疑者却要无疑，到这里方是长进。”

明代陈献章曰：“前辈谓学贵有疑，小疑则小进，大疑则大进。疑者，觉悟之机也。一番觉悟，一番长进。”

胡适曰：“大胆假设，小心求证。”

（二）背景介绍

（请一同学朗读课文注释①，了解苏轼及写作背景。）

（三）诵读感知

（放《石钟山记》朗读录音带及音乐伴奏，整体感知课文。）

（四）学生诵读

（学生先自由朗读，然后集体齐读，增加感悟。）

（五）自读研讨

（教师点拨提问，师生共同研讨。）

1. 文章开始为什么要引《水经》云？

明确：为下文引出郦说作铺垫。

2. 有人说钟磬置水中应下沉，本文佐证不严谨，你同意吗？

明确：同意。确实有些不严谨。

3. 文章第二段中“余固笑而不信”的“笑”和“因笑谓迈曰”的“笑”，其内涵分别是什么？

明确：第一个“笑”是怀疑和否定的笑；第二个“笑”是释疑后得意、兴奋、轻松、愉快的笑。

4. 石钟山命名的由来到底是什么？

明确：山下皆石穴罅，不知其深浅，微波入焉，涵淡澎湃而为此也。

5. 本文的中心思想“事不目见耳闻，而臆断其有无，可乎？”是否辩证？

明确：不很辩证，有一定的绝对化。

6. 文章中“士大夫”是否指李渤？

明确：指像李渤那样不肯实地考察而浮而不实的一类人。

7. 李渤真的可以被苏轼讥笑吗？

明确：我认为李渤不应该被讥笑。因为他能够对郦道元的观点提出怀疑，并且考证它，得出新的结论，这和苏轼同样可贵。而且苏轼笑李渤也是不对的，如果这样，后人也同样可以笑苏轼，因为在后人看来，苏轼的观点也是错误的。

（六）语言积累

1.“而”字用法

（1）扣而聆之。（承接关系　不译）

（2）余固笑而不信也。（并列关系　不译）

（3）余方心动欲还，而大声发于水上。（转折关系　可是）

（4）涵淡澎湃而为此也。（因果关系 因而）

（5）徐而察之。（修饰关系 地）

（6）空中而多窍。（递进关系 而且）

2.倒装句式

（1）石之铿然有声者。（定语后置句）

（2）古之人不余欺也。（宾语前置句）

（七）板书图示

石钟山记

苏轼

质疑——郦说李说——议论——？

释疑——命名由来——记叙——！

析疑——点明主旨——议论——。

（八）迁移总结

请同学迁移举例古今中外科学家大胆质疑事例拓展创新。教师引用陶渊明诗歌名句“奇文共欣赏，疑义相与析”结束全文。

（九）布置作业

1.课后背诵全文。

2.以“疑”为话题，题目自拟，文体自定，写一篇文章。

（2007年10月芜湖一中高一教学检查公开课）

波澜起伏　张弛有度

——《烛之武退秦师》叙事艺术欣赏

一、教学目标

1. 加强诵读，培养学生阅读和理解文言文的能力。

2. 积累文中常见的文言实词的意义和用法、词类活用及文言句式特点。

3. 学习本文详略得当、波澜起伏、善用伏笔和照应的写作技巧。

4. 学习烛之武国难当头，不计个人安危得失，顾全大局的爱国主义精神。

二、教学重点

理解和掌握文中常见的文言实词的意义和用法、词类活用及文言句式特点。

三、教学难点

领会和学习本文详略得当、波澜起伏、善用伏笔和照应的写作技巧。

四、教学计划：1课时

五、教学方法：自主、合作、探究

六、教学过程

（一）导入新课

古人云："一言可以兴邦，一言也可以误国"。一言九辩重于九鼎之宝，三寸之舌强于百万之师。这句话说明口才的重要性。这篇文章所记述的是公元前630年秦晋联合攻打郑国，郑国在秦兵直逼城下的危急形势下的一次成功的外交活动。烛之武这位出色的"外交家"在见到秦穆公之后，既非据理质问，又不苦苦哀求，而是以超此事件之外的姿态，动之以"利"，晓之以"理"，终于使趋"利"而来的秦兵，不仅立即避患而"退"，还反过来"与郑人盟"，派军队留守郑国，帮助郑国抗晋。

《左传》是我国第一部编年体史书。相传为春秋末年鲁国史官左丘明所作。以《春秋》的记事为纲，以时间先后为序，记叙了上起鲁隐公元年（公元前722年），下讫鲁哀公二十七年（公元前468年），共二百五十四年的历史，详细地记述了春秋时期各国内政外交等大小事实。《左传》突出的特点就是善于描写战争和记述行人辞令，记事条理清楚，叙述精确，详略合宜，委曲简洁；写人简而精，曲而达，婉而有致，人物形象栩栩如生。常常是寥寥几句，就能使读者如见其人，如闻其声。不仅具有极高的史学价值，而且还具有极高的文学价值。为后世叙事散文树立了典范。"传"意为注释，《左传》为给儒家经典《春秋》所作的注释性文字。《左传》也称《左氏春秋》《春秋左氏传》，与《公羊传》《谷粱传》合称"《春秋》三传"。

（二）整体感知

1. 朗读正音

学生听录音，纠正录音中的一个错误："焉用亡郑以陪邻""陪"的读音。读清句读，如：晋／军函陵；秦／军氾南。

2. 标题切入

学生讨论本文的中心事件是什么？

明确：烛之武退秦师。

3. 内容概括

晋、秦围郑原因（第1段）

烛之武临危受命（第2段）

烛之武说退秦师（第3段）

晋师撤离郑国（第4段）

（三）疏通文义

学生边译课文边整理，归纳如下：

1.通假字整理

陪：通假字，通“倍”；共：通假字，通“供”；厌：通假字，通“餍”；说：通假字，通“悦”；阙：通假字，通“缺”或“掘”。

2.古今异义词

以为：古今异义词，古义：把……当作；今义：认为。

行李：古今异义词，古义：出使的人；今义：出行时带的包裹。

东道主：古今异义词，古义：东方道路上的主人；今义：请客的主人。

乏困：古今异义词，古义：缺乏的东西；今义：精神不好。

夫人：古今异义词，古义：那个人；今义：成年男子的配偶。

去：古今异义词，古义：离开；今义：到，往。

3.词类活用

亡：动词的使动用法；

利：形容词的使动用法；

阙：形容词的使动用法；

鄙：名词的意动用法；

封：名词的意动用法；

厚：形容词活用为动词；

薄：形容词活用为动词；

乏困：形容词活用为动词；

东：名词活用做状语。

4.文言句式

何厌之有：宾语前置句，还原后应为：有何厌。

若亡郑而有益于君：介词结构后置，还原后应为：若亡郑而于君有益。

佚之狐言于郑伯曰：介词结构后置句，还原后的正常句式应为：佚之狐于郑伯言曰。

辞曰：省略句，补充完整后为“（烛之武）辞曰”。

是寡人之过也：判断句，“也”字表判断。

因人之力而敝之，不仁：判断句。

（四）问题探究

1.秦国为什么要行军千里，与晋国联合打郑国？

明确：目的是一个“利”字。课文在交代秦晋围郑的原因时，说是“以其无礼于晋，且贰于楚也”。“无礼于晋”，指的是当年重耳流亡到郑国时，“郑文公亦不礼焉”（《左传·僖公二十三年》）。当年，郑文公缺乏远见，没有理睬重耳。“贰于楚”，是指在晋楚城濮之战以前，“郑伯如楚致其师”（《左传·僖公二十八年》），郑国准备派兵帮助楚国对晋作战，后来虽未参战，却因此得罪了晋国。“无礼于晋”也好，“且贰于楚”也罢，实际上都是秦晋两国向东扩张，企图把郑国作为边疆的借口而已。既然秦国是为“利”而来，那么，烛之武便迎合其心理，从为秦国利益着想的角度，力劝秦国退兵，点醒了利令智昏的秦国国君。

2.烛之武是怎样说退秦国的？

明确：首先，“亡郑”于秦无利可图。“越国以鄙远，君知其难也。”秦在西，郑在东，中间隔着晋国，秦要跨越晋国，把郑国的土地纳入自己的版图，作为自己的边邑，这是很难办到的。“亡郑”之后，郑国的土地不为秦所得，反为晋所有，结果是“邻之厚，君之薄也”。从而提醒秦国不可“亡郑以陪邻”。其次，“舍郑”于秦可得实惠。“若舍郑以为东道主，行李之往来，共其乏困，君亦无所害。”“舍郑”，就是不灭郑。这是烛之武从正面向秦穆公提出的建议。郑国在秦国的东方，以此可作为“东道主”，那么秦国使者往来，遇到资粮不足，郑国便可尽地主之谊，给予供给，让秦有利可图，得到实惠。再次，晋君不可信。20年前，晋公子夷吾流亡时期，秦穆公接夷吾入秦，然后帮助他返回晋国做了国君，即晋惠公，所以说，“君尝为晋君赐矣”。当时，夷吾曾把晋的焦、瑕二邑许给秦国，作为酬谢。但他早上渡过黄河回国，晚上就设版筑城，修建工事，与秦国对抗。晋君如此忘德背信，如若与之共事，绝不可能共享其成，利益均分。最后，损秦利晋不可为。晋君欲壑难填，已经在东边向郑国开拓土地，又要恣意向西边开拓，“若不阙秦”到哪里取利呢?从而提醒秦君不要做“损秦以利晋”的蠢事。春秋无义战。烛之武在“利”字上做足了文章，既瓦解了秦晋联盟，说退秦师，又保全了郑国的利益。

3.本文在叙述故事时，既详略得当又能够处处注意伏笔与照应。请举例分析这一写法特点。

明确：文章主要详写烛之武怎样说退秦师，即文章第三段。其他内容都是略写。文章注意伏笔与照应的地方有很多，如：①在交代秦晋围郑的原因时，说是“以其无礼于晋，且贰于楚也”，说明秦、郑并没有多大的矛盾冲突，这就为下文烛之武说退秦师埋下了伏笔。②“夜缒而出”，照应了开头的“秦晋围郑”，“国危矣”的有关内容。③“许君焦、瑕，朝济而夕设版”和“微夫人之力不及此”又照应了上文秦、晋虽是联合行动，但貌合神离，既没有驻扎在一起，彼此的行动也不需要通知对方，这就为秦、郑联盟提供了条件。文章顾后瞻前，巧施伏笔，简练而不失严谨，自然而耐人玩味。

4.本文叙事波澜起伏，请结合课文，谈谈这样写具有怎样的艺术效果。

明确：文章开头写大军压境，郑国危在旦夕，不禁让人捏着一把汗；而佚之狐的推荐，使郑伯看到了一线希望。读者以为烛之武会顺利出使敌营，挽狂澜于既倒，谁知他却因长期得不到重用而“辞曰”，打起了退堂鼓，使郑国的希望由此渺茫。而郑伯的自责，又使故事有了转机，增添了戏剧性。再如，秦国退兵后，子犯建议攻打秦军，秦晋关系顿时又紧张起来。晋文公讲了一番“仁”“知”“武”的大道理，才平息了一场虚惊。课文就是这样有张有弛，曲折有致，生动活泼，颇具感染力。

（五）板书总结

烛之武退秦师

晋秦围郑

临危受命（烛之武义勇）

说退秦师（烛之武智谋）

撤离郑国

（六）迁移拓展

叙写战争是《左传》所长，而应对辞令也是《左传》中富有文学意味的一部分。试以本文为例说说本文善写辞令的特点。

明确：春秋时期，诸侯国往来频繁，使臣是否善于辞令，不但关系到个人的荣辱，而且关系到国家安危。课文是记述、表现辞令的名篇，全部说辞仅125字，文章却从四个不同角度，纵横捭阖，将利害得失剖析得淋漓尽致。烛之武紧紧抓住秦穆公对晋人的戒备心理，从亡郑以陪邻，层层推进，一直说到阙秦以利晋，始终围绕着秦晋间的利害冲突展开攻心战。虽是竭尽挑拨离间之能事，却句句在理，字字动心，绝无故弄玄虚、危言耸听之嫌。

（七）布置练习

1. 课外整理本文出现的词语和成语，一直在今天还在使用的有哪些？

2. 怎样评价烛之武在国难当头之时，不计个人安危得失，顾全大局的爱国主义精神。

（2015年10月芜湖一中高一教学检查公开课）

不废江河万古流

——《滕王阁序》说课稿

各位专家评委：

大家好！

我说课的题目是：不废江河万古流——说课《滕王阁序》，我将从以下六个方面来说明我对这篇课文的教学设想。

一、说教材，明课程意识，知文本特征

《滕王阁序》是人教版高中语文必修五第二单元的一篇古代抒情散文，是一篇序文，是一篇骈体文。文章辞采华丽，多用典故，四六句式，音韵和谐，文气喷涌，一气呵成。但文章生僻字多，典故多，有50多个明暗典故，又是骈体文，押韵对偶，无法直译。再加上文章有773字，篇幅较长。这些特征对学生理解读透文本都有一定的难度。

二、说学情，明学生状况，树生本理念

学生在学习《滕王阁序》之前，曾经学习过《兰亭集序》《赤壁赋》《归去来兮辞》等骈文和辞赋，对骈体文有一定的了解。但是，因为学生过去接触的文言文大多还是写人记事的传记文较多，认知和积累有限，因而对骈体文的学习还是有难度的。

三、说目标，明教学方向，定教学内容

根据2003版普通高中语文新课标理念，从三维目标着手，结合教材特征和学情分析，确定本课教学目标为：

1.通过音读，咬文嚼字，读通文本内容。

2.通过韵读，因声求气，读出骈文韵味。

3. 通过情读，缘景明情，读出作者情感。

4. 通过创读，知人论世，读出典故隐喻。

其中，第3条是本课的教学重点，第4条是本课的教学难点。

四、说方法，施点拨之法，寻诵品之路

采用音读、韵读、情读、创读的诵读法和点拨法以及自主合作探究法。

五、说过程，探兴尽悲来之由，抒穷且益坚之志

本课因为是骈体文，我们以诵读法教学贯穿教学过程，采用四读流程解读文本，拟采用1课时完成教学内容。

1. 通过音读，整体感知文本。

课文注释和翻译详细，结合注释和翻译，读准骈体文的生字和断句，学会归纳总结文言词句语法现象，概括使用原文词句厘清文脉：

物华人杰，高朋满座（1）→天人旧馆，落霞渔舟（2、3）→四美二难，兴尽悲来（4、5）→杨意钟期，敢竭鄙怀（6、7）。

让同学在上述文脉中找出“兴尽悲来”是文本的写人记事写景与抒情的转折点，这四个字也是本文的文眼。点拨文眼，画龙点睛，从中间开花，整体感知文本。

2. 通过韵读，了解骈文特征。

这是一篇文言骈体序文，也是一篇古代抒情散文。通过韵读，让同学们了解这篇骈文特征：

第一，文章辞采华丽，生僻字多；第二，文章多用典故，有50多个明暗典故；第三，文章多用四六句式，对偶押韵，音韵和谐，但本文无法直译；第四，文章文气喷涌，一气呵成，但受四六句式约束，抒情有节制，本文四六句式还含有四字为因六字为果的关系。

这些特征大多是骈文的共性特征，通过对四六句式的反复韵读，深刻了解骈文的体式特征。举一反三，推导举隅，对学生理解读透骈文这类文本有一定的示范举隅作用。

3. 通过情读，赏美景明情感。

一片风景就是一个人的心灵世界。这篇文章，写人记事写景抒情都饱含浓郁的直抒之情和隐含的隐喻之情。特别是自然景观和人文景观的描写优美而又有文化内涵，人文情怀荡漾在字里行间，请学生通过赏析每段的自然景观和人文景观的名句，通过串联每段的名句体味作者的“兴尽悲来”的情感变化缘由和情感内涵以及作者写作本文的意图，这些是本课学习的重点。

第一段：雄州雾列，俊采星驰；十旬休假，胜友如云；千里逢迎，高朋满座。

第二段：临帝子之长洲，得天人之旧馆。

第三段：落霞与孤鹜齐飞，秋水共长天一色；渔舟唱晚，响穷彭蠡之滨；雁阵惊寒，声断衡阳之浦。

第四段：四美具，二难并；天高地迥，觉宇宙之无穷；兴尽悲来，识盈虚之有数；关山难越，谁悲失路之人？萍水相逢，尽是他乡之客。

师生自主合作探究“兴尽悲来”的情感变化缘由和情感内涵：

“兴尽悲来”情感变化缘由：乐极生悲，盛衰无常，人生短暂，怀才不遇。

“兴尽”情感内涵：良辰、美景、赏心、乐事、贤主、嘉宾。

“悲来”情感内涵：失路之人、时运不济、命途多舛。

第五段：时运不济，命途多舛；老当益壮，宁移白首之心；穷且益坚，不坠青云之志；东隅已逝，桑榆非晚。

第六段：三尺微命，一介书生；有怀投笔，慕宗悫之长风；钟期既遇，奏流水以何惭。

第七段：胜地不常，盛筵难再；敢竭鄙怀，恭疏短引。

师生自主合作探究作者写作本文的意图：怀才不遇、穷且益坚、青云之志、渴望引荐。

4.通过创读，读出典故隐喻。

这篇文章的典型特征是多用典故，有50多个明暗典故。用典是抒情明志的一种表现形式，含蓄委婉，所以，通过知人论世，探究典故的隐喻，对准确把握作者的情感和志向，进一步深刻理解作者写作本文的意图是有很大帮助的。文章使用典故很多，教师通过点拨举隅，学生就能举一反三。

第四段：怀帝阍而不见，奉宣室以何年。

点拨：渴望得到引荐重用。

第五段：冯唐易老，李广难封。

点拨：渴望尽早建功立业。

孟尝高洁，空余报国之情。

点拨：表达怀才不遇之怨意。

第六段：有怀投笔，慕宗悫之长风。

点拨：表达自己青云之志。

我们再通过王勃的身世经历，知人论世，结合杜甫《论诗绝句》的评价："王杨卢骆当时体，轻薄为文哂未休，尔曹身与名俱灭，不废江河万古流。"得出作者写作本文的主要意图还是：穷且益坚，不坠青云之志。尽管流露出怀才不遇之怨意，但还是渴望得到引荐重用，渴望尽早建功立业。

六、说板书，遵简明原则，结读研成果

板书设计应简明，运用关键词体现教学流程和文本核心内容，起到提纲挈领、总结归纳的作用。

板书设计：

不废江河万古流

高朋满座（宴会盛况）

兴尽悲来（写景抒情）

穷且益坚（抒写志向）

最后，我谈谈文言文教学的设计理念：一是从文章学角度教会学生如何读懂文言，学会归纳，理解文义。二是从文学角度教会学生如何鉴赏评价，学会借鉴，接受文学熏陶。三是从文化角度教会学生如何古为今用，学会运用，传承文化思想，继承创新。扎根文言，立足文章、文学和文化，实现三次飞跃，一篇文言文的教学就能真正做到“言”与“文”的和谐统一。

各位专家评委：有关本课的教学反思我将根据教学实践及学习效果进行总结，我的说课到此结束，欢迎批评指正，谢谢！

（2016年12月5日在荟萃中学参评安徽省首批正高级教师评选考评课）

千秋明月照古今　月解重圆星解聚

——人教版《中国古代诗歌散文欣赏·春江花月夜》选修课教学示例

一、教学目标

1. 诵读品悟《春江花月夜》，让学生感知诗的声美、景美、理美、情美。

2. 运用联想和想象的方法，培养学生鉴赏诗词的审美创造能力。

二、教学设想

根据教学目标和选修课的特点，采取自主、合作、探究的学习方式，师生共同制作CAI等课件，从感知、诵读、品悟和创造等方面点拨学生理解课文，提高学生的诗词鉴赏能力。

三、教学计划：2课时

四、教学过程

第一课时

（一）导入新课

同学们，“月亮”这个意象在中国古典诗词中象征意义十分丰富，月亮承载了人类丰富的思想感情，请同学们把在课前准备阶段搜集到的通过“月亮”意象表达作者丰富的思想感情的名篇名句用幻灯片展示出来，大家一起来交流一下，了解月亮承载了人类哪些丰富的思想感情。（出示幻灯片）

1. 自然美景：“明月松间照，清泉石上流。”（唐·王维《山居秋暝》）

"星垂平野阔，月涌大江流。"（唐·杜甫《旅夜书怀》）

2. 宇宙意识："今人不见古时月，今月曾经照古人。"（唐·李白《把酒问月》）

"明月几时有？把酒问青天。不知天上宫阙，今夕是何年。"（宋·苏轼《水调歌头》）

3. 望月怀人："海上生明月，天涯共此时。人情怨遥夜，竟夕起相思。"（唐·张九龄《望月怀远》）

"月解重圆星解聚，如何不见人归。"（宋·朱敦儒《临江仙》）

4. 思家恋国："床前明月光，疑是地上霜。举头望明月，低头思故乡。"（唐·李白《静夜思》）

"春花秋月何时了？往事知多少。小楼昨夜又东风，故国不堪回首月明中。"（五代·李煜《虞美人》）

（从"月亮"这个意象导入，自然引出课题《春江花月夜》，也暗示本诗的中心意象是"月亮"。有关"月亮"的名篇名句交流，既是对必修课的继承巩固，又是选修课的拓展提高。搜集资料、展示幻灯片、交流感悟都让学生自己去做，这是根据选修课的特征，采用"自主、合作、探究"的学习方式的应用。）

（二）板书课题

月光下的遐思和情思

——张若虚《春江花月夜》诵读品悟和审美创造

（出示幻灯片，在"诵读品悟和审美创造"下加着重号，明确本课学习目标。采用诗化语言作诗歌欣赏的标题，能让学生尽快"置身诗境"，这是诗歌教学的一种有效课堂入境法。不直接板书课题《春江花月夜》，采用诗歌欣赏的标题，也是选修课教学拓展提高的一种方式。）

（三）乐画入境

《春江花月夜》原是一首琵琶独奏曲，名为《夕阳箫鼓》，早在1875年前就有传本。至今已流传了130多年。后根据唐代诗人白居易的名作

《琵琶行》中的诗句“浔阳江头夜送客”改名为《浔阳琵琶》。20世纪20年代，上海的音乐社团“大同乐会”将它改编为一首民乐合奏曲，并根据乐曲诗情画意的内容，取名为《春江花月夜》。作品分为十个段落，每个段落都有形象生动的小标题：江楼钟鼓、月上东山、风回曲水、花影层叠、水深云际、渔歌唱晚、洄澜拍岸、桡鸣远濑、欸乃归舟及尾声。作品通过委婉朴质的旋律，流畅的节奏，巧妙细腻的配器，丝丝入扣的演奏，形象地描绘了月夜春江的迷人景色。

（请一位喜爱民乐的女生，在放背景音乐和FLASH动画时，作声情并茂的讲解，其他同学对照课文，边看边听边想，感悟诗的优美意境。诗、画、乐融为一体的入境法，既是拓展提高，也是诗歌教学很好的一种文本入境法。）

（四）知人论文

下面请一位同学介绍张若虚及《春江花月夜》，老师根据需要可以补充拓展。（学生出示幻灯片）

张若虚，唐代扬州人，初唐诗人。与贺知章、张旭、包融齐名，被誉为“吴中四士”。曾任兖州兵曹，生卒年、字号不详。唐玄宗开元时在世。他的诗仅存两首于《全唐诗》中。《春江花月夜》属陈隋乐府旧题。这首诗因成就卓绝，被后人评为“孤篇横绝，竟成大家”。

刚才这位同学对《春江花月夜》这首诗介绍较少，下面老师补充拓展介绍。（老师出示幻灯片）

《春江花月夜》是一首乐府诗，作者吸取了南朝乐府民歌的内容和形式，采用优美的抒情旋律，细致地描绘了江南水乡春江花月夜清幽静谧的自然景色，发出宇宙无穷、人生短促的思索。全诗格调清丽宛转，抒情缠绵幽怨，意境高远阔达。是一首写景、叙事、抒情完美结合的诗歌极品，读来如痴如醉，如饮琼浆玉液，沁人心脾。

张若虚《春江花月夜》自明代后颇受评论家的重视和推崇，闻一多《宫体诗的自赎》称：“那是更迥绝的宇宙意识！一个更深沉，更寥廓，更宁静的境界！在神奇的永恒前面，作者只有错愕；没有憧憬，没有悲伤……这里有一番神秘而又亲切的，如梦境的晤谈，有的是强烈的宇宙意识，被宇宙意识升华过的纯洁的爱情，又由爱情辐射出来的同情心，这是诗中的诗，顶峰上的顶峰。”

（知人论文是诗歌理解欣赏不可少的环节，它能有效地为诗歌理解欣赏作铺垫。而师生共同活动，正是体现合作探究的选修课教学方式。）

（五）整体感知

提问：通过刚才的“乐画入境”和“知人论文”的听、看、悟、介，下面请同学用自己的语言概括一下这首诗展现的优美意境体现在哪些方面。

明确：景美、理美、情美。

师生共同逐句梳通诗意，根据诗歌意象讨论景美、理美、情美的具体内容，然后归纳如下：

景美：（首八句）描绘春江花月夜的幽静纯美景色。

理美：（次八句）叩问人生的有限和宇宙的无穷。

情美：（后二十句）想象思妇怀人和游子想家的相望相思之情。

（整体感知是为后面的品悟作铺垫，因为只有宏观把握诗意，才能微观准确理解诗意，进而走进诗歌鉴赏的重新创造的艺术天地，这是诗歌欣赏的规律。选修课应在“过程和方法”的目标上做好继承、巩固、拓展、提高，教会学生举一反三的本领。）

（六）板书图示

月光下的遐想和情思

——张若虚《春江花月夜》诵读品悟和审美创造

景美：春卷——江画——花容——月貌——夜色：意境

理永：无限——有限——人生——宇宙——遐想：联想

情恒：爱情——亲情——思妇——游子——情思：想象

（在进入诗歌鉴赏创造之前，教师通过板书图示引导学生具体感知课文，然后进一步具体地去理解诗意，这是保证下面鉴赏成功的前提，因为诗歌语言跳跃性大，内容较难把握，此道工序必须做。诗歌鉴赏有三部曲：理解——鉴赏——创造。这首诗因为内容比必修课深和难，因此第一课时只完成理解诗歌内容这一部曲的模块。）

第二课时

（七）诵读点评

“熟读唐诗三百首，不会作诗也会吟。”学习诗词，第一重要的是诵读感悟。下面老师先请一位女同学和一位男同学用上下句对读形式朗读这首诗，再请音色不同的男同学和女同学分别单独朗读，请同学用自己家乡方言朗读，请同学们静静地自由朗读，请同学们集体朗读，请同学们听老师用普通话读，最后放普通话朗读录音带。朗读结束时，师生共同点评。得出这首诗正确的朗读节奏应是：从月之初上的迷离美妙（高亢）—月光下诗人的遐思冥想（平缓）—思妇的愁情（低回）—游子的梦回故乡（哀怨）—梦醒后的更加孤寂（悠长）。为了增加感染力，老师请同学们推荐一位歌唱得好的女同学演唱这首诗进行比较。

（在同学们朗读时，教师放《春江花月夜》背景音乐，增加感染力。朗读是学诗的基本功，必修课和选修课都要加强这项训练。能够把诗味诗韵读出来，理解和鉴赏就成功了一半。《春江花月夜》语言跳跃性大，更应加重朗读分量。）

（八）品悟诗美

提问：通过诵读，你认为诗中哪些词或句子写得好？谈谈你的理解。要求在诗作的基础上，根据自己的生活经验加上自己的联想和想象进行解读，每人只谈一例。师生共同进行点评，从景美、理美和情美三方面去评论。

教师重点点拨明确：①春江潮水连海平，海上明月共潮生。（首句勾勒出一幅春江月夜的壮丽画面：月共潮生，一个“共”字，强调了春江与明月天然的诗意联系；一个“生”字，则又赋予了明月和潮水活泼的生命热情。）②空里流霜不觉飞，汀上白沙看不见。（月色如霜，所以霜飞无从觉察，洲上的白沙和月色融合在一起，看不分明，真是月光如水水如天。）③江畔何人初见月？江月何年初照人？（叩问人类本源、明月长存、宇宙永恒的宇宙意识。）④人生代代无穷已，江月年年望相似。不知江月待何人，但见长江送流水。（从“水”的意象联想到人的个体生命是有限的，但人类的生命代代相传是无限的，与明月共存于天地之间。）⑤谁家今夜扁舟子，何处相思明月楼？（游子思妇，爱情永恒。）⑥此时相望不相闻，愿逐月华流照君。（两地相思，望月怀人，游子思妇遥寄相思，亲情永恒。）⑦昨夜闲潭梦落花，可怜春半不还家。（从“落花”的意象联想到花开花落，游子思乡。）⑧不知乘月几人归，落月摇情满江树。（由己及人，两地相思永恒。）

（学生自由发言，教师适时点拨，不做标准答案，提倡个性化解读，目的是培养学生探究创新能力。选修课的拓展提高有一个重要任务就是培养学生探究创新能力。）

（九）审美创造

同学们在诵读和品析的基础上，请运用“联想和想象”的方法，用诗化的文学语言来描绘这首诗如梦似幻的优美意境。老师先请一位硬笔书法写得较好的学生在黑板上用粉笔竖写这首诗的原文，创造氛围。其他同学边看边在下面进行书面写作，然后展示创作成果。老师也参加展示。最后师生共同点评。

（描绘和再现诗的意境，检测学生的审美创造能力，同时也是加深对课文内容的理解。通过写作进行再创造也是选修课的拓展和提高的一种形式。）

（十）背诵交流

这首诗语言流畅优美，易于背诵，经过这么多教学环节的反复咀嚼，学生背诵并不困难。因此，教师可以在课堂上请几位同学试背，然后指导背诵窍门，最后全班同学集体试背。如果没有背会，可以课后完成。（安排背诵交流这个环节是课堂效率评价的检验，也可省略。）

（十一）迁移创新（三题任选一题）

1.《春江花月夜》MTV 创意设计。

2.《永恒的情结》（诗歌）。

3.《千秋明月照古今　月解重圆星解聚》（文学评论）。

（第二课时完成鉴赏和创造两部曲的模块。）

（本文发表于《中学语文教学》2007年第10期）

美丽而奇妙的语言：认识汉语

——人教版《语言文字应用·认识汉语》选修课教学示例

一、教学目标

1. 通过“汉外比较”，引导学生明确汉语区别于其他语言的几个主要特点是：汉语有区别意义的声调；汉语没有词的形态变化；汉语的虚词和语序很重要。

2. 组织学生开展“自主、合作、探究”式学习活动，从感性到理性，比较深入地理解汉语的几个主要特点。

3. 培养学生热爱我们的母语——汉语，正确使用符合规范的现代汉语。

二、学情分析

根据母语学习的特点，学生对这节课的内容并非一无所知，教师的教学重点是使他们对汉语的特点认识由模糊变为清晰，建构起新的知识网络。

三、教学设想

根据教学目标及选修课的特点，采取自主、合作、探究的学习方式，教师制作CAI等课件，以课堂活动为中心，从感性到理性，引导学生了解汉语的几个主要特点。“继承、巩固、拓展、提高”是选修课教学的定位。

四、教学计划：1课时

五、教学过程

（一）导入新课

同学们，随着中国走向世界，学习汉语的外国人越来越多，你们从电视上、生活中经常看到外国人学习汉语比较困难，请你们谈一谈外国人学习汉语比较困难的地方在哪里。（引入课题）

（二）板书图示

汉语的特点

汉语有区别意义的声调

汉语没有词的形态变化

汉语的虚词和语序很重要

（三）探究活动

阅读或表演课本中提供的“课堂活动”三个片段，结合“工具箱”提供的现代汉语的特点，引导学生从感性到理性去掌握汉语的几个主要特点，学会正确使用符合规范的现代汉语。（组织阅读、表演、举例、归纳等活动，教学形式可开放些，不拘一格）

还可以在“课堂活动”环节补充一些“探究活动”的例子，如分析探究外国学生使用汉语虚词不恰当的病因：

1.“不≠没”，“又≠再”

（1）来中国以前我不学过汉语。

（2）我一直对战争片没感兴趣。

（3）我没听清楚，请又说一遍吧。

（4）今天我再发烧了，还不能去上海。

2.“或者”还是“还是”

（1）你用汉语还是英语讲都可以。

（2）你们是明天回国或者后天回国呢？

3.“着、了、过”

（1）我看见老师正在操场跑步着。

（2）我昨天感冒了，老流了鼻涕。

（3）他长这么大从没有谈恋爱过。

（四）练习巩固

课本提供的3小题练习，如果在课堂教学时间许可的情况下可以让学生当堂完成，也可以在课后完成，灵活处理。（课本提供的“小试身手”，巩固探究活动学习的知识）

（五）迁移提高

围绕探究活动学习的知识，适当做一些拓展和提高，这是选修课应坚持的定位，本环节通过精选适量的练习，做一些迁移提高。要删繁就简，抓大放小，突出重点难点。

1.汉语和英语语序不尽相同。请观察下面汉语和英语句子里画线部分在句子里的位置，比较二者的差别。

（1）他耐心地做他的工作。

He did his work patiently.

（2）这是昨天来看你的那个男人。

This is the man who came to see you yesterday.

2.试修改下面这些外国学生写的病句，并说说这些错误是由什么原因造成的。

（1）我还把今天的家庭作业没做完。

（2）小偷儿被警察已经抓到了。

（3）同学们练习打排球在操场上。

（4）我们来到中国为了学习汉语。

（迁移提高练习可以在课堂练习，也可以布置为课后练习作业。）

（2007年11月20日在芜湖市三中参加芜湖市第二届“骨干教师”评比考评课）

少年情怀总是诗

——学习任务群教学示例·诵读《再别康桥》 为母校写一首小诗

一、主题：少年情怀总是诗，校园无处不飞歌

二、情境：少年情怀总是诗，校园无处不飞歌。走进母校，重温美好的校园生活，我们有太多的话语要倾诉。老师、同学，教室、操场，小桥、流水，花草、树木。母校的一切一切承载着我们花季的梦想，有梦就有歌，有歌就要唱，让我们重温徐志摩的《再别康桥》，用我们的诗心吟唱母校的校园之歌。

三、任务：读诗、写诗、诵诗

活动一：如何读诗——寻找诗音：心有灵犀一点通（1课时）

1. 阅读谢冕的《重新创造的艺术天地》，为读诗提供理论指导。

2. 读赏徐志摩的《再别康桥》，为写诗提供感性模仿借鉴。

活动二：如何写诗——一见钟情：情到深处句便工（1课时）

1. 诗节尽量在整齐中富于变化，富有建筑美，音乐美。

2. 诗意尽量用一组以上的意象词代替平铺直叙的语言，富有绘画美。

3. 诗句尽量用凝练语言表达，要有含义丰富的“金句”。

4. 诗情诗理要有意味，饱含生活感悟和人生哲理。

活动三：如何诵诗——厚积薄发：腹有诗书气自华（1课时）

1. 诵读四个层次——音读、韵读、情读、创读。

2. 诵读四个层次实践——以痖弦的《秋哥——给暖暖》和食指的《这是四点零八分的北京》为例指导音读、韵读、情读、创读。

四、课标要求

《普通高中语文课程标准（2017年版）》学习任务群5“文学阅读与写作”指出：“本任务群旨在引导学生阅读古今中外诗歌、小说、散文、剧本等不同体裁的优秀文学作品，使学生在感受形象、品味语言、体验情感的过程中提升文学欣赏能力，并尝试文学写作，撰写文学评论，借以提高审美鉴赏能力和表达交流能力。课内阅读篇目中中国古代优秀作品应占1/2。”

结合所阅读的作品，了解诗歌、散文、小说、剧本写作的一般规律。捕捉创作灵感，用自己喜欢的文体样式和表达方式写作，与同学交流写作体会。

五、教材分析

人教版必修一第一单元是现代诗歌单元，所选的诗歌贴近高中学生的生活，读起来亲切自然。《沁园春·长沙》抒发作者的革命豪情；戴望舒的《雨巷》抒发作者对理想或爱情的追求；《再别康桥》抒发作者对母校的眷恋惜别之情；《大堰河——我的保姆》抒发作者对勤劳善良的劳动妇女的歌颂之情。这些诗歌无论是形象、语言，还是表达技巧，都是学生读诗、写诗和诵诗的标杆，本课时着重从写诗的视角，以《再别康桥》为主要借鉴，教会学生初步学写新诗的方法。

六、学情分析

高中生喜欢写诗，古体诗和新诗都有尝试，但是规范性和指导性训练往往不够，基本处于凭感觉和自我摸索阶段，我们希望通过本专题的教学，使学生在诗歌创作上获得一点理论指导和实践感悟，从而提高诗歌创作水平。

七、教学目标

1.诗歌文体知识和诗歌创作知识介绍。

2.《再别康桥》为写诗提供的感性模仿借鉴。

3.诗节、诗意、诗句、诗情、诗理的写作要求。

八、教学重难点

1. 意象、意境、意脉、情感哲理的构思表达。

2. 诗节、诗意、诗句、诗情、诗理的写作实践。

九、教法和学法

诵读鉴赏、点拨交流。

十、课前准备

课前学生完成“母校颂歌”的诗歌创作。

十一、教学过程

（一）导入新课

有请诗歌

——在芜湖一中诗词学会成立大会上的致辞

作者：许纪友

岁末圣诞，躬逢盛会。高朋满座，吟诗论文。忝列会长，聊叙情怀。

今天，我要写诗，
我一定要写我们的百年一中。
因为，
赭山之麓的断垣残碑，
奠基了百年一中人的诗魂。
张家山头的古树红瓦，
孕育了百年一中人的诗韵。
古风古韵，风韵长存……

今天，我要写诗，
我一定要写我们的城东新校。
因为，
扁担河的静静流水，
流淌着新一中人的诗脉。
鸠鸣河畔的芳草徽墙，

延续了新一中人的诗火。

血脉圣火，生生不息……

今天，我要写诗，

我一定要写我们的语文课堂。

因为，

满腹经纶的老师是我们的诗爷，

俊采星驰的学子是我们的诗子。

有了诗爷的把酒问天，

有了诗子的浅斟低唱，

语文课堂，何处不是诗的磁场……

诗是什么？

诗是风的流浪，

诗是水的温柔，

诗是心的漂泊，

诗是情的摇荡。

写诗真好！

诗音诗心，

心心相印。

有请诗歌，

人生如诗，诗情画意……

（二）知识链接

1. 诗是什么？

《诗·大序》曰："诗者，志之所之也。在心为志，发言为诗。情动于中而形于言，言之不足，故嗟叹之；嗟叹之不足，故永歌之；永歌之不足，不知手之舞之、足之蹈之也。"

著名诗人宗白华《小诗》曰："生命的树上/凋了一枝花/谢落在我的

怀里，/我轻轻的压在心上。/她接触了我心中的音乐/化成小诗一朵。”这就是诗。

2. 诗的特点：含蓄、凝练、跳跃——钱钟书

3. 诗从哪里来？

著名诗人宗白华又在《诗》中曰：“啊，诗从何处寻？/在细雨下，点碎花花声！/在微风里，漂来流水音！/在蓝空天末，摇摇欲坠的孤星！”他告诉我们诗从哪里来？

4. 诗的灵感：风的流浪，水的温柔，心的漂泊，情的摇荡。

5. 读诗方法：

熟读唐诗三百首，不会作诗也会吟

操千曲而后晓声，观千剑而后识器——刘勰《文心雕龙》

泡（翻译）、找（意象）、进（情感）、猜（主旨）、补（想象）——谢冕《重新创造的艺术天地》

6. 读诗有三境界：

王国维在《人间词话》中曰：“昨夜西风凋碧树，独上高楼，望尽天涯路。”“衣带渐宽终不悔，为伊消得人憔悴。”“蓦然回首，那人却在灯火阑珊处。”借用这三句话来比喻诗歌阅读鉴赏的独特性——知人世、重品悟、可多解。

（三）诵读《再别康桥》，学生杂谈《再别康桥》为写诗提供的感性模仿借鉴

（四）师生创作诗歌展示和师生创作杂谈

（五）如何写诗——一见钟情：情到深处句便工

（六）播放老师创作《祝福您，一中，永恒!》诗歌朗诵录像（诗歌原文见附录）

（七）课外阅读：痖弦的《秋哥——给暖暖》和食指的《这是四点零八分的北京》

（2018 年 10 月 23 日在芜湖一中为许纪友名师工作室（二期）全体研修人员和全市部分中学高中语文教师所上的示范课和高一教学检查公开课）

劳动光荣古今颂

——基于读写结合的大单元教学任务设计

一、教材分析

劳动改造世界，创造文明，推进了社会的发展。崇尚劳动，热爱劳动，是中华民族的传统美德。本单元围绕劳动光荣的主题组织教学内容，包括三篇人物通讯、一篇新闻评论和两首古代诗歌。

本单元属于“实用性阅读与交流”任务群和“文学阅读与写作”任务群联合组元。学习本单元，要注意每一课内部的整合以及课与课之间的整合。要探究“实用性阅读与交流”和“文学阅读与写作”的特点，注意文本研习、情境体验、写作实践等不同性质任务的融合。

二、任务设计与教学目标

任务设计一：典例与细节，展现劳动者风采。（三课时）

1. 学习本单元的人物通讯，熟悉袁隆平、张秉贵、钟扬等杰出劳动者的事迹及业绩，认识人物身上无私奉献、锐意进取、勇于创新、一心为民的时代精神。

2. 分析文章中典型事例和细节的作用，把握文章立足于事实材料多角度叙写的写作特色。

3. 了解新闻产生的时代文化背景，体味新闻语体的时代特征。

任务设计二：观点与事实，凸显劳动者精神。（两课时）

1. 学习本单元的新闻评论，能认识工匠精神的当代价值。

2. 梳理文章的议论层次，理解评论所依据的新闻事实与评论的立场观点的关系。

任务设计三：吟诵与品读，感受劳动者快乐。(两课时)

1.学习本单元的古代诗歌，最好能在反复吟诵的基础上体味诗歌的情韵与活泼生动的语言特色。

2.感受不同时代劳动者不畏艰难、乐观向上的劳动精神。

任务设计四：创作与评价，读写结合落实处。(两课时)(教学检查课展示内容)

1.总结本单元所学知识点，在歌颂劳动光荣这一中华民族传统美德时，总结不同文体的差异。

2.通过提前布置写作任务和课堂评价，考查学生是否能较好地将本单元的收获运用到认识生活和写作实践的具体活动中。

三、教学过程

(一) 复习导入

本单元的人文主题——劳动光荣。

“一勤天下无难事”，劳动改造世界，劳动创造文明。崇尚劳动、尊重劳动、热爱劳动，树立正确的劳动观念，这是我们新时代青年应该树立的劳动观念。在之前的授课过程我们看到了不同时代劳动者不同的风采，有的无私奉献、勇于创造，有的勤勤恳恳、苦中作乐，有的体现劳动精神、工匠精神。

那这节课我们主要从不同文体中总结各自创作的特点与要求。

(二) 通讯：讲述新闻故事

学生讨论：结合第四课三篇人物通讯，概括撰写通讯的基本要求。

预设结论：生动的标题、确定的主题、丰富的选材、典型的细节、描写的手法、文章的布局……

(三) 评论：媒体的观点

学生讨论：根据第五课，讨论撰写新闻评论的基本要求。

预设结论：明确的观点、多样的论证方法、丰富的论据、生动的语言、鲜明准确的标题……

（四）诗歌：凝练的艺术

学生讨论：结合第六课的两首诗歌，探讨两首诗歌不同的艺术手法，并尝试运用到创作中。

预设结论：重章叠句、铺陈直叙（赋）、朴素通俗、细节与白描……

五、创作与评价

学生活动一：我校第52届运动会刚刚落下帷幕，优秀的运动员、激烈的比赛、热闹的书市，都给大家留下了深刻的印象。我们之前布置了任务，就我们第二单元所学的这三种文体，任选一种，记录自己对运动员或者这次运动会的感受。那我们根据刚才概括的撰写要求，给自己以及别人的文章评评分吧。

评价量表

姓名			班级		
文章标题			文体	人物通讯( ) 新闻评论( ) 诗歌( )	
人物通讯					
	人物精神	典型事迹	细节描写	语言	文章标题
量规	1. 至少能体现两个方面的精神品质； 2. 有关键词	1. 事迹与人物精神相契合； 2. 有一定的顺序； 3. 详略得当	1,至少有两处； 2. 或描写多处或就一处细节反复描写； 3. 有表现力	1. 叙述语言清晰明了； 2. 生动形象； 3. 有特色	简明 生动
个人自评（1—5分）					
同学互评（1—5分）					
总分					
新闻评论					
	观点	论据	论证方法	语言	文章标题

续 表

姓名			班级		
量规	1. 有鲜明立场、指向性 2. 能体现作者的价值判断	丰富的事实论据或有力的道理论据	至少有两种论证方法	深刻、有力议论性强	1. 能否鲜明突出作者观点； 2. 简明生动
个人自评（1—5分）					
同学互评（1—5分）					
总分					
诗歌					
	语言	艺术手法		情感	标题
量规	凝练 朴素	重章叠唱、铺陈直叙或者抓住某一片段，白描		1. 对运动员的赞美； 2. 对体育运动的热爱	简明
个人自评（1—5分）					
同学互评（1—5分）					
总分					

学生活动二：展示并评价部分学生作品

多媒体展示，学生点评，教师提出修改意见。

（六）布置作业

1. 根据课堂上总结的不同文体的撰写要求，评价量表得分较低（人物通讯、新闻评论低于30分，诗歌低于24分）的同学，请重新修改自己的文章或诗歌。

2. 拓展阅读：《人民日报》《光明日报》《参考消息》等。

（七）板书设计

劳动光荣古今颂

劳动光荣——不同文体
- 通讯：讲述新闻故事
- 评论：媒体的观点
- 诗歌：凝练的艺术

（作者为芜湖市第一中学杨丽）

古代农事的苦与乐

——《芣苢》《插秧歌》联读设计

一、教学目标

1. 理解诗意，感受诗歌体现的劳动者的苦与乐，体会古代劳动者的劳动热情和吃苦耐劳、积极进取的劳动精神。

2. 吟咏诗韵，学习《诗经》重章叠句的艺术手法及其效果，体味“诚斋体”的创作风格。

二、教学重难点

1. 紧扣《芣苢》产生变化的六个动词和重章叠句的艺术手法，理解先民的劳动之乐。

2. 分析《插秧歌》自然质朴的语言，理解先民的劳作之苦和勤劳进取的精神。

三、教学方法

1. 诵读法

2. 点拨法

3. 分析法

四、课时安排：1课时

五、课前准备

1. 阅读《浅谈〈诗经〉中的农事诗》，了解农事诗的概念及《诗经》中的农事诗类型。

2. 预习两首诗歌，给生字词注音。

3. 阅读《花红别样》，了解杨万里的生平和“诚斋体”的风格特点。

4.结合课文注释理解诗意，用自己的语言描绘两首诗歌中的农事场景。

六、教学过程

（一）课堂导入

今天我们要进入第二单元“劳动光荣”主题的学习，本单元由三篇人物通讯、一篇新闻评论和两首古代诗歌组成，向我们展现了不同的历史时期和不同职业的劳动者的劳动状态和劳动价值。这节课我们将通过《芣苢》和《插秧歌》两首农事诗，穿越时空，回到千年前的西周和南宋，感受先民们的劳动状态和劳动精神。

（二）检查预习

活动一：学生诵读两首诗歌，检查生字词预习情况。

活动二：学习小组展示写作成果——诗歌中描绘的农事场景。

（三）讨论评价

PPT展示名家点评两首诗歌的内容。

终篇言乐，不出一乐字，读之自见意思。

——元·吴师道评价《芣苢》

这首诗，通篇用口语、俗语连缀成句，用毫不卖弄甚至毫不修饰的白描手法，写出农家插秧的情景，那么浅显，那么真实，那么生动，那么形象，只觉一股活泼泼的生活气息从诗中溢出，向人扑来。

——徐中玉评价《插秧歌》

结合自己描绘的农事场景，说说你是否赞成吴师道和徐中玉对《芣苢》和《插秧歌》的评价？并给出你的理由。

点拨：是否赞成前人的评价，既可以考虑前人评价得对不对，又可以考虑到前人评价得好不好，全不全。各学习小组自由选择讨论的对象，表达观点，阐述理由时要围绕诗歌的内容，做到有理有据。

学生自由探讨分析，教师随机点评。

1.分析《芣苢》——劳动之乐

赞成吴师道的评价

（1）发现茂盛芣苢的喜悦：“采采”不是“采了又采”的意思，注释中解释为茂盛的样子，说明芣苢很多，采摘芣苢的人看见芣苢茂盛繁多，自然心生欢喜。

（2）群体劳动时的欢唱：采摘的对象是“芣苢”，芣苢就是车前草，一种草本植物，车前草的嫩叶可食用，它的种子叫车前子，每株可结4～8粒黑色的籽实。古人认为车前子可帮助女子怀孕，专治难产。今天的中医认为车前草有药用价值，但是在《诗经》时代估计对它没有那么多认知，可能只是当作一种野菜。采摘芣苢是一种轻体力劳动，据此推测劳动者应该是女性。作为《国风》中的民歌明显带有唱和色彩，据此推测劳动者应该不止一位，而应该是一起劳动的一群女性。多人聚集，边劳动边唱歌，劳动的艰辛也化为了劳作的快乐。

（3）重章叠句构成的轻快愉悦的抒情效果：重章叠句是诗经中的常见手法，如果我们删去重章叠句的内容，诗歌将变为“采采芣苢，采之，有之，掇之，捋之，袺之，襭之”，带给人一种劳作的紧张感，可见在重章叠句形成的音乐节奏，切合采摘芣苢动作的轻快节拍。劳动妇女们虽然在劳作，但是却有另一种别样的闲适心情，她们呼朋引伴，三五成群，营造出轻松欢乐的氛围。

点拨：分析时教师可引导学生通过删改原文，诵读感受来体会重章叠句带来的抒情效果。

（4）满载而归的喜悦：采摘芣苢的动作有“采”“有”“掇”“捋”“袺”“襭”六个，且不断变化。从偏旁来看，前四个与手有关，后两个与衣服有关。《说文解字》：采，捋取也，从木从爪。一木一手，形象地表现采摘的动作，用手从树上采集食物。“又”是“有”的本字。又，甲骨文像手张开，抓持东西。当“又”的持有义消失后，金文中加“月”（肉）另造“有”代替，表示手持肉食。远古时代肉食是非常重要的生存资料，古人以“持肉”代替“持有”。“有”在诗歌中指采摘动作后有所收获的状态。两个字合起来构成了一次劳动过程，虽然辛苦，但是劳动有所收获，因而劳动是喜悦的。《说文解字》：掇，拾取也，从手叕声。形旁为手，声旁又包含了四个手，掇表示用手捡拾的动作。我们能想象遍地芣苢，劳动妇女们捡都捡不过来，忙碌中透露着喜悦。“捋”是“寽”的后起字，《说文解字》：“寽”，五指持也。而“捋”指的是双手抓取，一手抓着东西，另一只手抓取，即一手抓住物体，另一手向一端滑动。如果说“掇”是在地上捡，那么“捋”就是成把成把地抓取，动作快了，频率高了，劳动者完全沉浸在劳动过程中，成果更丰富，氛围更加欢快。采摘芣苢的高潮还在继续。“袺”和“襭”这两个本来和采摘没有关系的词语，却充分表现了收获之丰盛，心情之愉悦。《说文解字》：执衽谓之袺，即提起衣襟装东西；以衣衽扱物谓之襭，即翻转衣襟插于腰带来装东西。可见采摘的芣苢太多了，衣襟成了临时的篮筐，提着衣襟装还不满足，还将衣襟插入腰带，腾出双手来采摘。六个动词简约而不简单，不断变化，逐步递进，从劳动过程，到娴熟的动作和采摘的收获，既写出了欢快的场景、浓烈的氛围，又表现了劳动者愉快的心情。

点拨：PPT 展示甲骨文和小篆的写法，从文字学上解读收获的喜悦。

动词	甲骨文、小篆写法	字义	说文解字
采		采摘	捋取也，从木从爪
有		取得，获得	从月又声
掇		拾取，摘取	拾取也，从手叕声
捋		从茎上成把地取下	五指持也
袺		提起衣襟兜东西	执衽谓之袺
襭		把衣襟掖在腰带上兜东西	以衣衽扱物谓之襭

补充主旨评价

追问：妇女们采摘芣苢为什么那么高兴？一首简单的摘芣苢的民歌为什么也能在《诗经》中留有一席之地？

点拨：同学们可以根据以下老师提供的相关资料推测。

芣苢，车前，宜怀妊焉。

——《毛传》

《芣苢》，后妃之美也，和平则妇人乐有子矣。天下和，政教平也。

——《毛诗序》

若天下乱离，兵役不息，则我躬不阅，于此之时，岂思子也？今天下和平，于是妇人始乐有子矣。

——《毛诗正义》

化行俗美，家室和平，妇人无事，相与采此芣苢，而赋其事以相乐也。

——《诗集传》

教师补充：无论是把芣苢当作怀孕生子的良药，还是野菜，我们都能感受到这首诗歌巧妙地摄取田园风光的一角，在这群劳动妇女的欢歌背后，我们看到的是个人的自得、家室的安稳、国家的太平，一股轻松祥和的氛围笼罩在田间地头。妇女们高兴不仅是因为采摘了很多芣苢，也不仅是因为可以顺利怀孕生子，更是因为可以安享太平的欢乐。而《芣苢》能在儒家经典《诗经》中占有一席之地，也恰是因为从侧面反映、歌颂了太平盛世。（侧面表现主题，委婉含蓄）

2.分析《插秧歌》——农家苦乐

赞同徐中玉的评价

（1）列举浅显易懂的口语和俗语：“田夫”“田妇”“大儿”“小儿”“鹅儿”“雏鸭”“照管”“唤渠”“歇半霎”“从头上湿到胛”等。

（2）不加修饰的白描手法：白描手法原指中国画中单用墨色线条勾描形象不加色彩的画法，在文学表现手法中专指用朴素简练的文字描摹形象，不重辞藻的修饰渲染。因为文中使用了很多口语和俗语，文字显得质朴简单，不加任何修饰，勾勒出了农忙时节插秧的场景。

（3）真实、生动、形象地还原农家农忙插秧时的景象：“田夫抛秧田妇接，小儿拔秧大儿插。”农忙时节，全家出动，分工明确，配合流畅。此处用互文的手法，真实的插秧过程应当是小儿拔秧（先在育种的秧田培育秧苗，秧苗密集不利于生长，故要拔出移栽至大田中），田夫抛秧，田妇接秧，大儿插秧，非常真实。到了芒种插秧时节，就渐渐进入了雨季。所以诗歌中农人插秧"从头上湿到胛"，头戴斗笠，身披蓑衣，真实可信。此处作者运用比喻的修辞手法，将"斗笠"喻"兜鍪"（打战时战士所戴的头盔），"蓑衣"喻"铠甲"，农田即战场，农人此刻正如战场的士兵，在天地之间与自然奋勇战斗着，生动形象地展现了农家的辛劳与勤奋。农村有句老话"芒种打火夜插秧""芒种插秧谷满尖，夏至插的结半边"，点豆子、种玉米都可以迟一点，唯独插秧耽误不得。"唤渠朝餐歇半霎，低头折腰只不答"，所以即使有人来唤吃早饭，休息一会儿，农家却未有回应，仍忙着插秧，生怕耽误农时，影响丰收。将农人的心理刻画得十分真实、生动、形象。

（4）活泼富有生活气息：三、四两联的对话，将一个农业家庭的人口结构、劳动分工和家庭的生活气息充分体现了出来。"鹅儿"与"雏鸭"虽然给辛苦的插秧工作增添了一丝烦恼，却给诗歌更添一份清新活泼、幽默俏皮。

小结：这些特点都体现了"诚斋体"活泼自然、饶有谐趣的创作风格。

补充情感评价

追问：最初统编教材高中语文必修上册第二单元第六课由《芣苢》和《文氏外孙入村收麦》构成，2019年版的教材中，以杨万里的《插秧歌》替换了苏辙的《文氏外孙入村收麦》，大家觉得编者替换的原因是什么？

点拨：可以从内容和情感上来比较分析，若有其他角度亦可。

PPT出示诗歌《文氏外孙入村收麦》并提供诗歌的介绍材料。

文氏外孙入村收麦

苏　辙

欲收新麦继陈谷，赖有诸孙替老人。
三夜阴霪败场圃，一竿晴日舞比邻。
急炊大饼偿饥乏，多博村酤劳苦辛。
闭廪归来真了事，赋诗怜汝足精神。

注释：苏辙后期仕途不顺，接连遭贬，晚年退居颍川，潜居颍滨，他深入到农村生活之中，对百姓疾苦有了更加深刻的认识。这个时期苏辙创作了大量的现实主义诗作，多反映农民的劳苦生活。这首诗就写于这一时期。

译文：快到收割新熟的麦子来接续去年的陈谷了，幸有各孙辈来替我收麦。连续几个晚上的阴雨毁坏了收打作物的场圃，初升的太阳令乡邻欢欣鼓舞。赶紧做好大饼给外孙吃以补偿他的饥饿困乏，多取一些自酿的酒来慰劳辛勤收割的外孙。收好新麦关闭粮仓回到家里总算结束了农事，写下这首诗来赞扬外孙不辞劳苦的精神。

学生各抒己见。

教师补充：

（1）内容：《插秧歌》详细记录了农忙时节农民插秧的真实景象，场景感和画面感十足。《文氏外孙入村收麦》并没有生动具体的劳动场景的描述，只是简单交代文氏外孙帮助自己收麦的事实。

（2）情感：《插秧歌》算是乐府民歌一类的诗歌，体现的是对普通劳动者艰辛生活的悲悯，以及对他们勤奋进取的赞美。农民一年到头，艰辛备尝，顶风冒雨，插好了秧苗，还要时刻担心家禽的破坏，时时要面对难以预料的灾害和忧患。即使如此艰辛，劳作中的农民却忘我而尽力，其中更饱含着先民们战胜自然的勇气和勤奋乐观的精神。“民生在勤，勤则不匮”，“勤劳”是我们中华民族自古以来的传统美德。《文氏外孙入村收麦》属于日常记事类诗歌，虽然也反映劳动的辛苦，但是情感更为局限，囿于个人亲情范围内。

（四）课堂小结

评价诗歌可以从内容、情感、主旨、语言、表现手法等方面入手，今天我们学习的两首农事诗虽内容、语言、情感和手法各异，但古代先民们用劳动创造的中华文明却源远流长，我们今人亦将续写辉煌。李大钊曾说“人生求乐的方法，最好莫过于尊重劳动。一切乐境，都可由劳动得来，一切苦境，都可由劳动解脱”。希望同学们尊重劳动，热爱劳动，让劳动充实人生之乐，让劳动冲淡人生之苦。

（五）作业布置

阅读《〈诗经〉农事诗及后世对其的承继与发展》，自己挑选3篇文中提及的经典农事诗进行阅读赏析并在班级分享你选诗的理由。

（六）板书设计

劳动光荣

苦乐

尊重、热爱

（作者为芜湖市第一中学徐艳）

藏露之间寻稼轩

——《永遇乐·京口北固亭怀古》用典品读

一、教学设想

《永遇乐》被誉为“辛词第一”，是高中语文教材中的“定篇”。但是由于此词用典过多，故与刚进高一的学生之间产生了不小的隔阂。如何引导学生体味稼轩隐藏在诸多典故之后的复杂情感，这是教授本课的重点，也是难点，基于这种考虑，本节课的设计重在赏读结合。赏，意在明意，尽力从小处着手，细节入手，引导学生分析文中出现的典故人物的“称呼”及带有情感暗示的关键性词语，从典故中品情；读，意在悟情。不同形式的读贯穿课堂始终，自读、齐读、默读、范读……通过不同层次的诵读拉近学生与文本的距离，深化学生对文本的认知，让学生逐步走进文本，走入作者的情感世界。

二、教学目标

1.了解作者及词的写作背景。

2.重点鉴赏词中的典故，探究典故背后词人的人生体验。

3.体会作者有志报国、壮志难酬的情怀，学习古人积极进取，渴望建功立业、报效国家的精神。

三、教学重点

用典、对比手法在文中的运用。

四、教学难点

体会作者有志报国、壮志难酬的情怀，以及词人蕴含于作品中的爱国精神。

五、教学方法：朗读法、点拨法、合作探究法等

六、教学课时：1课时

七、教学过程

（一）温故知新寻稼轩

（引导学生背诵初中学过的《破阵子·为陈同甫赋壮词以寄之》）

师："了却君王天下事，赢得生前身后名。可怜白发生！"词人杀敌报国的渴望和壮志难酬的无奈溢于言表。写完这首词五年之后，两鬓苍苍的词人登上京口北固亭，北望被敌人铁蹄践踏的大好河山，感慨万千，写下了著名的《永遇乐·京口北固亭怀古》，今天我们一起学习这首词，再次感受词人的爱国情怀。

（板书课题、作者）

（二）诵读词作品稼轩

1.学生自由读：诵读两遍，读准字音，熟悉词的内容。

2.学生展示读：个别展示，把握节奏和语气，教师适时点评。

3.教师指导读：结合注释，梳理诗词内容，初步感知作者情感。

（三）析典品句懂稼轩

引问：大家读完全词后，体会出怎样的情感？（引导学生回答自己的感受）

预设点拨：

刚才大家提到的这些情感，是不是词中直接表达的，你从哪里体会出来的？

1.点出典故，关注名称

（板书：仲谋、寄奴、元嘉、佛狸、廉颇）

2.逐个品味，点拨情感

预设任务一：每个典故中对人物的称呼都不一样，背后又蕴含着怎样的情感密码呢？

（1）孙仲谋："千古江山，英雄无觅，孙仲谋处。舞榭歌台，风流总被，雨打风吹去。"

点拨情感：对孙仲谋的仰慕之情、英雄不再的惆怅之情。

点拨要点：

①点孙权之字“仲谋”的特殊用意。

②分析“英雄”及“风流”等词表达的仰慕之情。

③分析“无觅”“总被雨打风吹去”等词句，体味英雄难觅，功业无存的惆怅失望之情。

板书：仰慕、惆怅

（2）寄奴：“斜阳草树，寻常巷陌，人道寄奴曾住。想当年，金戈铁马，气吞万里如虎。”

点拨情感：对刘裕的敬仰之情、“英雄难再”的惋惜之情。

点拨要点：

①点刘裕的小名“寄奴”表达亲切之情的特殊用意。

②“金戈铁马，气吞万里如虎”中蕴含的赞誉、仰慕，体会英雄志同的相惜之情。

③品“曾”“想当年”，引导学生感受辛弃疾英雄志同路不同的失望无奈之情。

板书：敬仰、失望

（3）元嘉：“元嘉草草，封狼居胥，赢得仓皇北顾。”

点拨情感：对刘义隆草草北伐，“赢得仓皇北顾”的讽刺，告诫当权者。

点拨要点：

①引导学生了解刘义隆好大喜功，听信谗言，草草北伐，导致兵败垂成的史实。

②“赢”字点出借古讽今的手法和文中用年号“元嘉”的暗示用意。

补充背景：

辛弃疾写这首词，是宋宁宗开禧元年（1205年），当时的词人已经66岁高龄，正值宰相韩侂胄当权，为了迎合宋宁宗抗金的主张，想通过北伐打一些胜仗来巩固其在朝廷的地位，于是重用主战派人士，启用赋闲在家二十余年的辛弃疾，在未做充分准备的情况下，准备迅速北伐，以期获得胜利。

板书：讽刺、告诫

（4）佛狸祠："四十三年，望中犹记，烽火扬州路。可堪回首，佛狸祠下，一片神鸦社鼓。"

点拨情感：百姓遗忘历史的忧虑，当权者偏安的愤懑。

点拨要点：

①补充故事：元嘉年间宋文帝北伐失败，北魏太武帝拓跋焘率兵追至长江北岸瓜步山（在今江苏六合），在那里筑了一座行宫，后改为祠庙，称为佛狸祠。佛狸，是拓跋焘的小名。

②从拓跋焘外来入侵者的身份和佛狸祠耻辱的象征意义入手，点出"佛狸"的讽刺轻蔑之意。

③分析"可堪"一句，点出辛弃疾内心忧虑和愤懑。

④品味"四十三年，望中犹记，烽火扬州路"中，一"忘"一"记"对比中蕴藏的坚定爱国心。

板书：耻辱、愤懑

（5）廉颇："凭谁问：廉颇老矣，尚能饭否？"——为什么会提到廉颇？

点拨情感：自比廉颇，有建功立业的渴望，又有无人问津的绝望。

点拨要点：

①补充材料："君父之前称名,他人则称字也。"（《仪礼·士冠礼》），古人只在自称或上对下、尊对卑时,才能呼其名。

②点出正名"廉颇"的用意——自况，对比廉颇，品渴望，表绝望。（"凭谁问"）

板书：渴望、绝望

预设任务二：能不能把文中五个典故的顺序换一下？

点拨要点（略）

3. 概括小结，点出精髓——爱国

（生带着感情再齐读全词）

（四）传承诗情悟稼轩

其人虽已殁，千载有余情。在历史的长河中，有很多如辛弃疾般的执着于理想却始终事业未竟的英雄，他们总能掀起阵阵巨浪，于悲壮之中，振聋发聩，感人至深。

（1）思考：历史上像辛弃疾一样为爱国、为理想虽怀才不遇却又矢志不渝的文人有哪些？（引导学生列举，并思考一下他们或爱国，或为理想矢志不渝的诗句）

（教师点拨：孔子、屈原、杜甫、文天祥、岳飞、陆游、梁启超、鲁迅等）

（2）教师展示辛弃疾的《贺新郎·同父见和再用韵答之》（PPT展示）

贺新郎·同父见和再用韵答之

辛弃疾

老大那堪说。似而今、元龙臭味，孟公瓜葛。我病君来高歌饮，惊散楼头飞雪。笑富贵千钧如发。硬语盘空谁来听？记当时、只有西窗月。重进酒，换鸣瑟。

事无两样人心别。问渠侬：神州毕竟，几番离合？汗血盐车无人顾，千里空收骏骨。正目断关河路绝。我最怜君中宵舞，道“男儿到死心如铁”。看试手，补天裂。

提示：这首词表达了辛弃疾怎样的情感？与辛弃疾的《永遇乐·京口北固亭怀古》的用典“藏”情相比，抒发感情的方式有什么不同？比较两首词，写一个500字的文学短评。

（五）名家点评颂稼轩（PPT展示）

辛词比其他文人更深一层的不同，他的词不是用墨来写，而是蘸着血和泪涂抹而成的。他的词不是用笔写成，而是用刀和剑刻成的。

他本来是以身许国，准备血洒大漠，马革裹尸的。但是南渡后他被迫脱离战场，再无用武之地。像屈原那样仰问苍天，像共工那样怒撞不周，他临江水，望长安，登危楼，拍栏杆，只能热泪横流。

他手里立即失去了钢刀利剑，就只剩下一支羊毫软笔，他也再没有机会奔走沙场，血溅战袍，而只能笔走龙蛇，泪洒宣纸，为历史留下一声声悲壮的呼喊、遗憾的叹息和无奈的自嘲。

——梁衡《把栏杆拍遍》

（六）板书设计

永遇乐·京口北固亭怀古

辛弃疾

用典	仲谋（字）	仰慕、惆怅	爱国
	寄奴（小名）	敬仰、失望	
	元嘉（年号）	讽刺、告诫	
	佛狸（小名）	愤懑、忧虑	
	廉颇（本名）	渴望、绝望	

（作者为芜湖市第一中学韦晓静）

附录:《祝福您,一中,永恒!》诗歌原文

祝福您,一中,永恒!

——庆典大会《序曲》

第一章　序歌

美丽的江城沐浴着金秋的阳光,
丰收的果实散发着沁人的芬芳。
在这秋实盈盈的季节里,
芜湖一中迎来了她期盼已久的
建校239周年暨新学101年庆典。
此时此刻,
皖江之滨喜迎八方宾朋,
鸠兹瑞风为莘莘学子洗尘。
欢迎你们,亲爱的校友!
祝福你们,八方的朋友!
今天我们如期相约,真情相会,
共同分享母校百年庆典的喜悦,
共同见证这个激动人心的历史时刻,
共同创造百年一中的美好未来!

第二章　百年圣火

漫漫百年路,浓浓世纪情。
如今,芜湖一中已走过239周年的征程,

几度风雨，几度坎坷，
几度沉浮，几度辉煌，
以她丰厚的人文底蕴，
演绎着母校的百年沧桑，
书写着母校的光荣与梦想。
从中江书院到皖江中学堂，
从省立五中到芜湖一中，
从一个综合性的教育机构演变为
现代意义的中学，
这里曾留下多少仁人志士，
革命先驱追求真理和苦读求学的足迹。
严复、刘希平、高语罕、恽代英、
沈泽民、蒋光慈等一大批历史名人，
他们高举着“科学、民主”的大旗，
播撒着十月革命的种子，
传承着中西文明交汇的圣火，
为母校的历史写下光辉的一页。
他们是母校的星火，
点燃了一代代一中人的理想；
他们是母校的丰碑，
镌刻在一代代一中人的心中；
他们是母校的骄傲，
激励着一代代一中人
自强不息，勇往直前！

第三章　真心英雄

亲爱的校友，
曾几何时，

阔叶梧桐下有你们求知的身影，
林荫小道上有你们求学的脚印。
昨天，你们是书生学子，少年才俊，
今天，你们已是兴业英才，治国栋梁。
你们当中有思想深邃，
卓越超凡的科学家、中科院院士；
你们当中有享誉全国、蜚声海外的
知名大学校长；
你们当中有文韬武略，让火箭飞天的将军；
你们当中有奋发创业，雄才大略的企业家；
你们当中有远见卓识，驾驭全局的高层领导；
你们当中还有各条战线的精英代表。
你们建功立业于五湖四海，
你们叱咤风云于神州大地。
你们传递着母校不息的薪火，
你们演奏着一中学子动人的乐章。
一中的昨天，因你们的付出而精彩，
一中的今天，因你们的拼搏而声名远扬，
一中的明天，因你们的奋发有为而更加辉煌！

第四章　俊采星驰

长江后浪推前浪，
芳林新叶催陈叶。
看今朝，
一大批充满朝气的虎虎后生，
如雨后春笋般茁壮成长。
他们踏着时代的音符，
秉承先辈的传统，

高扬名校的风范，
在新时期母校发展史上又写下了新的篇章。
他们中有芜湖世纪大桥的总工程师；
他们中有值得江城人自豪的高考状元；
他们中有在国际大赛中载誉归来的骄子；
他们中有受到港首董建华接见，
获全国计算机竞赛最佳最小年龄奖的少年；
他们中有在亚洲青年田径锦标赛
撑竿跳中一举夺金的健将；
他们中有中央电视台
《三星智力快车》的顶尖选手；
他们中有在全国学科竞赛中勇夺第一的强者；
他们中有在青少年科技创新大赛中
获奖的小科学家；
他们中有获得夏衍电影文学奖
优秀剧本奖的文学才子；
他们中还有翱翔蓝天的军中豪杰。
一串串闪光的名字，璀璨夺目，
一枚枚金灿灿的奖牌，光彩照人。
他们是江城父老的光荣与骄傲，
他们是百年母校的自豪和希望。

第五章　世纪辉煌

亲爱的校友，
如今的母校已成为皖江之畔
一所传统与现代交融的知名学府。
她吮吸着百年文化的精髓，
她蕴藉着江南水乡的风情。

以她独有的特色展现着百年母校的风采。
当你徜徉在美丽的一中，
你会领略到花香四溢，
绿树成荫的大自然的气息；
高标准的多媒体教室，
多功能视听演播室，
数百接口的校园宽带网，
使你感受到现代化教育的神奇；
一流的体育馆、游泳池，
标准化的塑胶跑道，
成了学子们强身健体的场所；
卷帙浩繁的图书馆、阅览室，
是学子们在书海中
尽情遨游的天地；
合作兴建的荟萃中学，
以其独特的办学模式成为
江城校园中一道亮丽的风景；
久经磨炼的领导集体，
精诚团结的教职员工，
形成了一股凝聚人心的巨大力量，
推动着母校大踏步地向前迈进，
办学规模不断发展，
教学质量持续提高，
母校声誉日益彰显，
计算机教育取得令人瞩目的全国“七连冠”，
省理科实验班成绩斐然，
还有一块块奖牌，一座座奖杯，
一面面旌旗，

她们记录着母校百年奋斗的业绩，
铸就了一中人追求卓越的精神风貌。

第六章　心灵有约

亲爱的校友，
回眸母校百年路程，
我们心潮澎湃、热血沸腾，
这是青春荡漾，激情燃烧的美好时光，
这是魂牵梦绕，难以忘怀的珍贵记忆，
更是令人振奋、令人鼓舞
永远值得一中人回味的光荣岁月。
从长城内外到大江南北，
从塞北高原到天涯海角，
从台澎港澳到异域他邦，
无论你们身在何处，
你们的心儿都与母校紧紧相连，
你们的心儿都与昔日同窗梦魂相牵，
即使青丝变成白发，
此心不改；
即使足迹遍布全球，此情不变。
我们坚信，
你们一定会把对母校的深深眷恋
化作振兴母校教育的力量，
你们一定会把对母校的浓浓情意
汇成一股推动母校前进的洪流。
愿我们携手并肩，同舟共济，
在“三个代表”重要思想的指引下，
共同打造母校全国示范高中的品牌，

为芜湖一中争创全国百强名校再创辉煌，

再续华章！

（创作：许纪友　策划：余进　审稿：程博雅　朗诵：庞开山 孙云苗小平 孙燕。2004年9月28日为芜湖一中百年校庆而创作）

后　记

呈现在你面前的是一本我自选的文集，文章记录了我从1996年至2021年二十多年时间在安徽省著名示范高中百年名校芜湖一中的教育教学的实践、探索和思考。这些学习研究的心得，取名为《语文教学的哲学与诗意》，是基于我对语文教学充满着智慧、方法和艺术、激情的理解与追求。做真人，讲艺术，创风格是我永远的追求。

全书共分四个部分：一、创造真善美的人格。主要是我围绕着陶行知教育思想的学习和研究，在语文教学中着力培养学生真善美的人格。二、放飞创造的诗情。这是我在全国著名语文特级教师蔡澄清先生指导下，学习和运用语文点拨教学法的实践和思考。三、秀出你的个性和风采。这是我运用马克思主义辩证法的原理和新课标新课程改革的理念，探索出来的具有自己个性风格的语文教学的方法和策略。四、情蒸诗意的语文课堂。根据语文课程的人文性和工具性的性质，在语文教学是科学性和艺术性相结合的思想指导下，我执着追求充满科学、艺术和诗意的语文课堂。

岁月不居，时节如流；生命有限，生活留痕。回望已经走过的人生，走过激情燃烧的青春年华，走向邂逅偶然的语文教师，走进平淡朴实的课堂人生，30多年的教学生涯就这样静静地流淌在这些记录成长的文字中，它记录着我对百年一中的教育情思和成长过程中的追求与感恩。苦乐年华，痛并快乐着。本书是源于一线课堂的实践和哲思。不论稚嫩也罢，错误也罢，记录的都是我的真实做法和真实想法。我把它总结出来，既是对过去一个阶段的总结，更是对未来要与时俱进的一个鞭策。十年磨一剑，教无止境，人是终生发展的。随着《普通高中语文课程标准》（2017年版，2020年修订）和新教材的学习与实践，语文教学又会面临新的问题和机遇，我将继续御风前行。

在繁忙的教学行政管理工作和高三文科实验班复习迎考的教学中，我抽空整理精选了这部30万字的书稿。由于编排体系和版面字数的限制，我还有一些文章未能收录此书，这些文章将在我的另一本著作《三人斋文存》里呈现。由于书稿上的文章大都是过去发表和获奖的，重新检索、编排、打印、修改和校对，花费了大量的时间，因而错误在所难免，欢迎不吝指正。在这部书稿完成之际，我要感谢我的导师蔡澄清先生，他在87岁高龄的情况下审阅了全部书稿并撰写了序言，我取得的成绩中包含着蔡老师的心血。我要感谢我的夫人夏春元老师，这部书稿都是她在工作之余输入电脑的，我只做了修改和校订工作。我要感谢我的儿子许凌超，他在意大利佛罗伦萨大学建筑学院读研究生阶段是专攻设计学专业的，本书的封面设计和排版他提出了宝贵的建议。我要感谢安徽师范大学文学院李平教授和侯宏堂教授为本书的出版牵线搭桥热情推介。我要感谢安徽师范大学出版社副社长、总编辑戴兆国教授为本书的出版奖掖指导。我要感谢安徽师范大学出版社的编辑为本书的出版严谨审稿、辛勤校订。最后，我要特别感谢芜湖市教育局批准的2021年度芜湖市直属高中校本课程立项项目“新课程背景下芜湖一中语文点拨教学研究”，它为拙著的正式出版提供了宝贵的经费支持。

芜湖一中语文组是一个学术氛围浓厚、温暖友爱的大家庭，一代代一中语文人不忘初心、牢记使命，承前启后、继往开来，与时俱进、改革创新，不断创造新的辉煌。期盼语文组在程丽华老师和李先虎老师的领航下，语文教师源源不断的有更多的专著正式出版。这本书的出版还有两个纪念意义，那就是为2021年7月20日芜湖一中“蔡澄清教育思想研究所”的成立和2023年10月芜湖一中办新学120周年献礼。如果本书的出版能为百年名校芜湖一中的高质量发展特别是优势学科的建设起到添砖加瓦和抛砖引玉的作用，那将幸甚至哉。这本书凝聚了我的导师、家人、朋友、同事和芜湖一中领导的无限的温暖、爱意和关怀、支持，感动满怀，感恩满心。

书似青山常做伴，灯如红豆最相思。“三人行，必有我师焉；五更读，应舍他物也。”（三人斋自题联）张元济先生说：“天下第一好事，还是读书。”每当夜幕降临，万家灯火辉煌时分，三人斋灯光暖暖，其乐融融。我们仨端坐在书桌前，手握书卷，浸润着文字的灵光，氤氲着浓浓的书香味。香远益清，溶入美丽温馨的夜色。

许纪友

2021年5月1日劳动节于芜湖三人斋